JN118733

「再話」を取り入れた日本語授業

初中級からの読解

読んで理解したことが伝えられるようになるために

小河原義朗・木谷直之 著

OGAWARA Yoshiro / KITANI Naoyuki

にほんごの凡人社
BONJINSHA

はじめに

私がある日本語コースで初級を終えたばかりの中級レベルの読解クラスを担当することになったとき、「ある読解教材を第1課からそのまま順番にそって教える」という、いわゆる教科書を教える授業をしていました。学習者からの授業後のフィードバックも特に悪いものではなく、そのまま続けることもできたと思います。そこで当時思ったことが、「学習者は教材やこちらの質問に答えているだけで、ちゃんと理解できているんだろうか?」「読解って淡々と教材をこなしているだけでいいんだろうか?」という疑問でした。実はChapter01で述べている教師の悩みというのは当時の私の想いそのものです。

そんなときに思い出したのが「再話」でした。学習者がある文章を読んで何をどう理解したのかは目で見ることはできません。学習者が的確に理解できているかどうかを知るには、外に出してもらう、つまり話してもらうか書いてもらうしかありません。「再話」自体は、Chapter02で述べるように特に新しい手法ではありません。英語教育ではよく用いられていた活動で、私自身90年代に英語教育のワークショップに参加したこともあります。

「再話」について考え始めていたころに偶然出会ったのが卯城(2009)『英語リーディングの科学 ──「読めたつもり」の謎を解く』で、副題の「読めたつもり」というのがとても印象的でした。その中で、「再話」は「ストーリーを読んだ後に原稿を見ない状態でそのストーリーの内容を知らない人に語る活動」と定義され、教授活動として紹介されていました。しかし、私の担当していたクラスは初級を終えたばかりで、知識としては一応、初級文型を勉強してはいますが、それらを使って話したり書いたりすることは十分にできず、2、3行のまとまった文章すらまだ読んだことがない学習者がほとん

どでした。非漢字圏の学習者も多かったので、漢字が入っているだけで読む作業がなかなか先に進みませんでした。そのため、お互いに知らない素材を読んで理解したことを相手に話すという活動をそのままクラスに導入することが難しい状況でした。

そこで思いついたのが、「ペアで同じ素材を読んで、知らない相手に話すつもりで話す」という活動で、本書での「ペアによる再話活動」の原型が生まれたのです。

当時、最初にこの活動を実践したときの情景をはっきり覚えています。30人程度のクラスでペアになって読んだ内容を話しますから、ものすごくにぎやかというか、急にうるさい授業になりました。ところが、学習者が読めているのか読めていないのか見てすぐにわかりますし、何がわからないのかもすぐにわかりますから、コントロールさえできれば人数が多くても効率的に対応ができます。学習者も自分の理解を自分のペースで話せるからか見るからに楽しそうでしたし、自分でわからない語彙や文法、内容について主体的に調べたり、相手に聞いたりして、お互いに助け合って読んだ内容を自分なりに再構築して、おもしろそうに話している姿が見られました。その結果、受講者の数がほとんど減らず、最後のフィードバックにもこれまでと違い「楽しかった」という表現が多く見られました。当時は初めての試みで、Chapter27に示したようなチェックリストはありませんから、ほとんどやりっ放しに近かったと思います。ただ、ICレコーダーで再話活動を録音して聞いていたので、実践としての手応えは感じていました。

そんなときに出会ったのが木谷さんと熊谷智子さんでした。たまたまこの実践の話をしたら、「それ、おもしろいんじゃない?」ということになり、いっしょに学習者間のやりとりの分析

が始まり、学習者が読んだ内容を2人で伝え合う中で非常に興味深い相互行為が観察され、それが学習者の内容理解につながっている様子が確認できました。

次の学期はここを修正して、次の学期は読む文章を変えて……というように、実践をしては改善を重ね、最終的に本書で紹介した3つの段階を取り入れた「再話活動」になったというわけです。

この間、いろいろなところで発表や報告をしてきましたが、現場の先生方からは私が読解の授業を始めたころの想いを同様に感じていることを耳にし、現状の問題や悩みを解決するために「再話を取り入れてみたい」という声をいただきました。短い発表時間だけではなかなかその中身を伝えることは難しいと感じていました。

一方で、実践の分析を進めていく中で、「再話」が従来型の読解の課題を解決する突破口になるのではないかとも感じていました。「学習者はちゃんと理解できているのだろうか」という問いに答えるためには、「読んで理解する」だけではなく、「読んで理解したことを自分の言葉で話す」ことが必要なのです。なぜなら、読んで理解したことを自分の言葉で話すことができなければ、読んで何をどのように理解したのかを確認することはできないからです。みなさんも、読んで理解したはずなのに、相手に話そうとしたら「あれ、どうだったっけ？」と話せなかったという経験はないでしょうか。まさに「読んだつもり」になっているだけなのです。

このように「読んで話す」という「再話活動」は、日常生活でも当たり前のように行われていて、「読む」と「話す」が切り離されて独立しているのではなく、「読んで話す」ことを通して初めて自分の理解が確認されるのであり、「読む」と「話す」は相乗効果となって向上していくのではないでしょうか。だからこそ、クラスでは、「問題を解くための読解」ではなく、「日常生活での読みにつなげる」、つまり、「読んでわかったことを相手に的確に伝える」という目的で読む練習をすること、そのために素材を変えて繰り返し「再話活動」をすることで、読む力だけでなく話す力を同時に伸ばそうと考えたわけです。

以上から、本書に私たちが考える現段階での「再話活動」をまとめることで、読解授業に「再話活動」を導入する意義と可能性について世に問うことにしました。

本書に著わした「ペアによる再話活動」は、初級レベルの日本語コースを終えたばかりの、まだまとまった文章をしっかり読んで内容を理解することがそんなに簡単にできない日本語学習者が、次のレベルに進んで、自分が理解できたことを他の人に伝えることを通して、自分が理解したことを再確認したり、自分の体験を結びつけたりすることができるようになるために、教室活動としてこのような活動も可能なのではないかという、1つの提案であって、まだまだ課題があります。

具体的な課題については、本書の中で述べていきますが、私たちが何をどのように考えて実践し、改善を繰り返していったのか、そのプロセスを詳細に記述し共有することによって、さまざまな現場において課題解決に向けた実践が行われ、その結果がお互いに報告、共有され、より良い読解活動につながっていけばと願っています。

2020年4月
小河原　義朗

もくじ

文字化資料凡例

ペアの談話部分の文字化に用いた記号は、以下の通りです。

//	その語の部分が次の発話と重なっていることを示します
{ }	笑いなどの非言語行動を示します 例：{笑い}
?	上昇音調で発せられた、パートナーに対しての質問・疑問の発話を示します
(↗)	上昇音調で発せられた、聞き返しや確認要求などの発話を示します 例：刺身（↗）とか。
［〇秒］	沈黙の秒数を示します 例：［1秒］
※※※※※	当該箇所の聞き取りが不可能であったことを示します
（〇〇語）	外国語で話されている部分 例：（英語）

その他、下線、網掛け、枠囲みなどを用いることがありますが、それらについては当該の文字化例に即して、随時、但し書きをします。

【3 段階のペアによる再話データに登場する学習者】

 O さん 来日直後でまだ日本語で話すことに慣れていない

 P さん 漢字圏出身でかなり話せるし、積極的に話そうとする

 Q さん 漢字圏出身で話せるし、積極的に話そうとする

 R さん 正確さはないが、積極的に話そうとする

 S さん まだあまりうまく話せない

 T さん 日本に長いが、日本語で話す機会がほとんどなく、うまく話せない

CHAPTER 00

本書の目的は？

本書は、初級修了レベルの学習者が、ある程度のまとまった文章を読んで理解したことを相手に話すことを、易しい素材から難しい素材へと段階的に挑戦していくことによって、読む力と話す力を同時に伸ばすことを目的としています。

まず、本書の対象者とレベルを具体的にイメージしてみましょう。『みんなの日本語』などの初級教科書を終えた学習者に、以下の【資料1】のような問題をやらせてみてください。

【資料1：読解問題の例1】

「ファストフード」という言葉（ことば）がよく聞かれる。簡単（かんたん）に言えば、早く食べられるものというような意味だが、ファストフードの店の利用者（りようしゃ）に、なぜそのような店へ行くのかを尋ね（たず）たら、意外な答えもあった。

それは、長時間いられる、というものである。早く食べても、そのあとゆっくり店に居座（いすわ）ることができるという意味だろう。確（たし）かに、早く食べ、早く立ち去（たちさ）らなくてもいい店もある。

（参考：2007 年 4 月 7 日付け朝日新聞土曜版 be between）

文章（ぶんしょう）の内容（ないよう）と合（あ）っているのはどれか。

1　早く食べ物を作ることをファストフードと言う。
2　ファストフード店では、早く食べなくてはならいない。
3　ファストフード店のなかには、ゆっくりいられる店もある。
4　座（すわ）れるのでファストフード店に行くという人がほとんどである。

（『短期マスター　日本語能力試験ドリル　N3　第 2 版』より）

一つひとつの知らない単語を取り上げて「知らない単語がいっぱいある〜」「この漢字、読めな〜い」と言って読むことを諦めてしまう非漢字圏の学習者はいないでしょうか。一方で、内容はおおむね理解できるのですが、「どんな内容か話してみてください」と聞くと、話す力がまだおぼつかなくて、その内容を知らない人に伝えようとしてもたどたどしくてうまく伝えられない漢字圏の学習者はいないでしょうか。私たち教師は、日々の授業の中でこのような学習者にどのように対応したらいいのでしょうか。

また、プレイスメントテストの結果に基づいてクラス分けをしたのに、「自分は日本語能力試験のN1を取得しているから、このクラスは簡単すぎる。上級クラスにかえてほしい」と要求してくる学習者はいないでしょうか。このような学習者に以下の【資料2】の問題をやらせてみてください。

【資料2：読解問題の例2】

次の文章を読んで、後の問いに対する答えとして最もよいものを、1・2・3・4から一つ選びなさい。

　ヒトの進化の歴史にとって最も重要な道具の一つに石器がある。石器の作り方は誰かがどこかで思いついたもののはずだ。しかし、その発明の伝達がなければ、皆が石器を使えるようにはならない。(中略)

　例えば石ころからナイフを作らねばならないとする。作り方を知っている人は、知らない人に、どのような角度でどう石を削ればナイフになるかを伝えねばならない。①それは言葉があれば可能だと思う人がいるかもしれない。しかし、本当の技術とは、言葉で表すことはできない。それは感覚でしかないからだ。

　学ぶ側はまだシンプルだ。先生の体の動きを注意深く観察すればいい。(中略) より複雑なのは教える側だ。何かを積極的に教えようとすると、教わる側から見て、自分がどのように見られているかを意識しなければならない。伝わりにくいと思われる個所にくれば、動きを強調したり、速度を遅くしたりして感覚を伝える努力をする。それをうまくやるには、他者の感覚に敏感であるのみならず、その他者から見て、自分がどのように見えているかがわかっていなければならない。(中略)

　仮にチンパンジーであれば、たとえよい生徒になれたとしても、②決してよい先生にはなれない。チンパンジーは積極的に教えるということをしない。他者に見られながら自分を見せるという③双方向の伝達が存在しないからだ。この「教える／教わる」という奇跡的な能力こそ、個人が思いついた発明を、社会的な財産へとつなげるヒト特有の能力なのである。

（金沢創「他者の心・自分の心」2009年3月15日付け朝日新聞朝刊を一部改変）

（1）<u>①それ</u>は何を指しているか。

　1　石ころからナイフを作ること

　2　ナイフの作り方を伝えること

　3　石を適当な角度で削ること

　4　適当な石ころを探すこと

（2）<u>②決してよい先生にはなれない</u>のはどうしてか。

　1　本当の技術は言葉で表すことはできないから。

　2　まねはできても、言葉で伝えることができないから。

　3　体の動きを注意深く観察することができないから。

　4　自分の見え方を意識しながら伝えることができないから。

（3）<u>③双方向</u>とは何を指しているか。

　1　教える側と教わる側

　2　作る側と使う側

　3　言葉と体の動き

　4　技術と感覚

（『短期マスター　日本語能力試験ドリル　N2　第2版』より）

　おそらく質問には答えられると思います。

　次に、どのような内容だったか、テキストを見ないで説明するように言ってください。うまく話せない、あるいはキーワードや1文しか話せない学習者が意外に多いのではないでしょうか。まさにこのような学習者をどのように指導すればいいのかを考えていらっしゃるみなさんに本書を読んでいただければと考えています。

　以上から、本書の「ペアによる再話活動」が対象とする学習者とレベルは、主に次の2つにまとめられます。

①初級修了後で、

・数文レベルから400字程度までのまとまった文章を読んで理解できるようになりたい。

・文章は理解できているのに、理解したことを話そうと思うと、うまく文章を作ることができず、まとまった話ができない。

②日本語能力試験のN1、またはN2を取得済みで、言語知識は十分あるが、その知識をうまく使ってまとまった話をすることができない。

POINT

本書で紹介する活動の目的は、初級修了レベル、または中上級レベルでもまとまった話がうまくできない学習者を対象に、文章を読んで理解したことを相手に話すことによって、読む力と話す力を伸ばすことです。

CHAPTER 01
これまでの読解の授業でいいの？

みなさんは普段どのような読解授業をしているでしょうか。読解授業というと、中級、上級のレベルが対象で、市販されている読解教材を使って、あるいは教師が用意した何らかの素材を使って以下のような流れで授業をしているのではないでしょうか。

①これから読む素材の内容の背景知識を活性化するプリタスクをする
↓
②クラスで一斉に素材を読む
↓
③内容に関する質問に回答させて、学習者の理解を確認する
↓
④学習者から質問があれば答える
↓
⑤クラスで内容に関するディスカッションをする

このような授業の中で、教師の悩みとして次のようなことを思ったことはないでしょうか。

読解の教科書を課ごとに淡々とこなしているだけで、教えていてどうもつまらないし、学習者からの反応が薄く、手応えがない

いつも、できる学習者が内容把握の質問に答えて終わってしまい、できない学習者に聞いても「大丈夫です」「わかりました」と答えるだけになっている

読む内容やトピックとしてなるべく学習者の興味関心をひく素材を選んでいるからか、読んだ後の活動は、広くそのトピックについて楽しそうに話したり、盛り上がったりするけど、内容を理解したうえで話しているのかわからない

クラスの特定の、あるいは一部の人とディスカッションするだけになっている

クラスの全員が素材内容をきちんと理解できているのか？

本当に学習者は授業を通して読解力がついているのか？

学習者が１人で教科書を使って問題演習をするのと何が違うのか？

日本語能力試験のための受験テクニックを磨いているだけのような気がする

そもそも読解を教えるってどういうことなのか？

学習者はどうやって読んでいるのか？どうしたら読む力がつくのか？

読解授業がどうも学習者の日常生活における読みにつながっていない、役に立っていない気がする

これらの悩みを解決するにはどうしたらいいのでしょうか。解決策の1つとして、私たちは、「再話」という活動を読解の授業に取り入れることにしました。

実際に実践を繰り返して分析してみると、読む力はもちろんですが、話す力や語彙力などにも良い結果が見られることがわかってきました。そして、学習者からは「おもしろい」という声が上がり、静かだった授業がにぎやかになって活性化し、教師も手応えを感じ、授業が楽しくなってきました。さらに、読解とは何なのか、もっとこう考えたらいいのではないかなど、いつのまにか読むことの意味を追究し、授業を客観的に振り返って改善することによって、毎回学習者の反応を楽しみにしている自分に気づきました。

そこで、ぜひみなさんにもこの再話活動を取り入れた読解授業の意義、おもしろさを知っていただき、実践していただきたいと思い、本書にまとめました。ただ、再話は1つの活動にすぎません。そのため、「これを使って、このようにやればうまくいきますよ」というように、この活動を指導書という形でパッケージ化して示すことはできません。また、読解素材と内容把握の質問を並べただけのいわゆる読解教材という形で示すこともできません。そして、当然ながら、1人として同じ学習者、1つとして同じクラスは存在しませんし、みなさん教師一人ひとりも異なります。

そこで、本書では、まず私たちが考える再話活動の意義、本質、エッセンスを共有しつつ、みなさんが一人ひとりの実践者として各現場の実情に合わせた再話活動としてアレンジし実践できるように、実際の手順、読解素材、素材選択や配列のポイント、活動や評価の方法の具体例を示しました。そうすることで、再話活動の良さ、エッセンスを保障しながら、みなさん一人ひとりのオリジナルな読解授業を創り出していけると思います。本書で示す実践例はあくまで一例にすぎません。そのようにして創造された実践が国内外の現場で行われ、それらの実践が相互に公開・共有されて、さらに改善されていくことを願っています。

再話は、とてもシンプルな活動です。そのため、実際に授業に取り入れてやること自体はとても簡単です。しかし、ただやるだけではその効果は得られません。そこで本書では、実際に授業で再話をすると何が起きるのか、具体的な事例をもとにしてみなさんにもいっしょに考えていただきます。そのプロセスの中で、その効果、意義について実感していただければと思います。そのうえでご自分の授業に導入できるかどうか検討していただけたら幸いです。

では、さっそく次章から、私たちが考える再話活動とはどのようなものなのか、その本質について理解を深めていきましょう。とても重要なポイントです。なぜなら、これが十分に理解、共有されなければ、結局これまでの読解授業と変わらず、何の改善にもつながらなくなってしまうからです。このポイントが共有されていれば、再話活動はさまざまに応用される可能性があると考えられます。ぜひじっくり読んで理解していただければと思います。

本書の構成は次のページの図のとおりです。

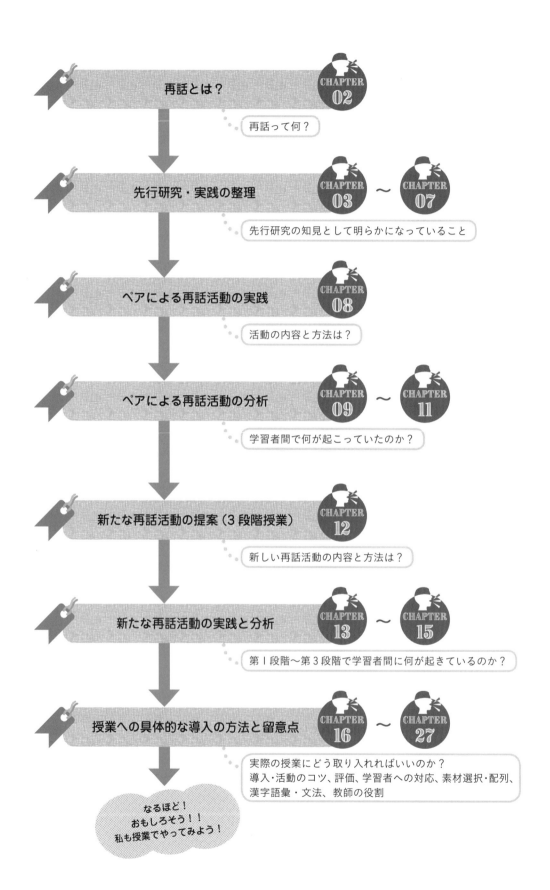

再話とは？ **CHAPTER 02**

> 再話って何？

先行研究・実践の整理 **CHAPTER 03** ～ **CHAPTER 07**

> 先行研究の知見として明らかになっていること

ペアによる再話活動の実践 **CHAPTER 08**

> 活動の内容と方法は？

ペアによる再話活動の分析 **CHAPTER 09** ～ **CHAPTER 11**

> 学習者間で何が起こっていたのか？

新たな再話活動の提案（3段階授業） **CHAPTER 12**

> 新しい再話活動の内容と方法は？

新たな再話活動の実践と分析 **CHAPTER 13** ～ **CHAPTER 15**

> 第1段階～第3段階で学習者間に何が起きているのか？

授業への具体的な導入の方法と留意点 **CHAPTER 16** ～ **CHAPTER 27**

> 実際の授業にどう取り入れればいいのか？
> 導入・活動のコツ、評価、学習者への対応、素材選択・配列、
> 漢字語彙・文法、教師の役割

なるほど！
おもしろそう！！
私も授業でやってみよう！

CHAPTER 02

再話って何?

「再話」とはどのような活動でしょうか。卯城 (2009) は、以下のように定義しています。

> 再話はストーリーを読んだ後に原稿を見ない状態でそのストーリーの内容を知らない人に語る活動です。再話は文字通り「再び話す (retell)」活動を指します。
>
> (卯城, 2009, p.119)

　私たちは、日常生活の中で、時に、自分が見た映画や読んだ小説、友人から聞いた話、テレビ報道で視聴した事件などについて、自分が理解した内容を他の人に伝えることがあります。そのような活動が、まさに「再話」だと言うことができます。

　「再話」を行うためには、まず、素材を読んで正確に理解することが必要ですが、文章理解のメカニズムについて、今までどのようなことが研究され、明らかにされてきているのでしょうか。先行研究の知見を見てみましょう。

Kintsch の文章理解理論 (モデル)

　読んだ後で、その内容を他の人に素材を見ないで伝えるためには、まず、素材の内容がしっかり理解できていることが必要です。Kintsch (1994) の文章理解理論 (モデル) によ

ると、文字や音声で文 (素材) を受け取って理解するまでの過程は、「文章の表層構造 (surface structure)」「テキストベース (text base)」「状況モデル (situation model)」の 3 つのレベルの処理からなっています。岸 (2008) は、この 3 つのレベルを以下のように説明しています。

> ① 表層構造の処理は、文の読みの段階であり、入力された単語や句を、言語学的関係をもとに符号化 (coding) していく段階
>
> ② テキストベースは、文章の意味的・修辞的な構造を表象する段階で、文を構成する要素 (命題) 間の関係をはっきりさせ、いわゆる文の意味をとらえていく段階
>
> ③ 状況モデルは、文章から得られた情報を、先行知識をもとにしてより詳しく (精緻化)、まとめていく (統合化) 段階であり、文章全体に書かれている内容の状況を表すメンタルモデル (mental model) を作る段階
>
> (岸, 2008, pp.10-11)

例えば、「私は温泉が好きで、よく日本のいろいろなところを旅行する」という文があります。私たちは、まず、視覚的情報として「温泉」や「好き」という文字を知覚し、それを意味情報へと変換します。つまり、「温泉」や「好き」という単語の意味を、自分の長期記憶の語彙的知識から探し出し、上の文脈に合った意味として固定します。そして、他の文字や単語についても同じような作業を繰り返し、一つひとつの単語の意味を確認し記憶していきます。このプロセスが前掲の①の「表層構造の処理」にあたります。文字や単語などの認識や意味確認の力が十分でないレベルの学習者は、どうしても一字一句、文字を追いかけ意味を確認しながら、文の理解を進めていくことになりますから、時間がかかります。

では、一つひとつの単語の意味が固定できたら、次は何をするでしょうか。私たちは、長期記憶の中の文法的な知識を使って、それらの単語のつながりを文や句として解析します。そして、その文や句が何を意味しているのかを表す命題を構成します。例えば、「私は温泉が好きで、よく日本のいろいろなところを旅行する」という文章は、2つの命題から構成されています。「温泉が好きだ」という命題1と、「よく日本のいろいろなところを旅行する」という命題2です。では、この2つの命題はどのような関係で結ばれているのでしょうか。この文では、前件の「温泉が好きだ」の命題が、後件の「よくいろいろなところを旅行する」の理由になっています。つまり、この2つの命題は、前件で述べられた理由から、後件の出来事が起こるということを表しています。たぶん、多くの人は、この文を読んで、「ああ、これからどこかへ旅行したときの、温泉にまつわる話が続くんだな……」というような、後続の文章の展開や流れを予測することもできるでしょう。このように命題間の関係をはっきりさせて、文が指示している意味を論理的、客観的に理解していくプロセスが、前掲②の「テキストベース」の処理にあたります。この「テキストベース」の処

理が進む中で、命題の集まりとしての段落と段落がどのような関係になっているか、文章全体の要点は何かというような読み取り作業も進められていきます。

「テキストベース」の処理が終わると、次は何をするでしょうか。私たちは、文章が述べている内容や状況について、自分の読む動機や目的、好み、興味・関心、個人的経験や既有知識と照らし合わせて意味を想像したり解釈したりします。つまり、読み手一人ひとりが個人的、主観的な経験をもとに、文章の意味を理解し、心の中にイメージ（モデル）をつくり上げていきます。この読み手の知識や推論まで加えた理解像が前掲③の「状況モデル」にあたります。

次ページの【図1】は、上に述べた文章理解の3つのレベルの処理を積み木に見立てて表したものです。

最初の段階では、いろいろな形の積み木がバラバラに置かれています。読み手はその一つひとつの積み木の形や大きさを見て、どの積み木とどの積み木を組み合わせればいいのかを、これまで学んできたことや経験してきたことと合わせて考えます。この段階が「表層構造」のレベルでの処理だと考えられます。

次に、読み手はいくつかの積み木を合わせて作ったものを組み合わせて、少しずつまとまった大きな形（屋根や柱、土台など）を作っていきます。文章理解で考えると、命題と命題の関係を考え、文や段落を作り上げていく「テキストベース」のレベルでの処理だと考えられます。

そして、最後に、屋根や柱、土台が適切に組み合わされて1つの建物が作られます。屋根の色や、建物の装飾、土台の石の大きさや模様などには、一人ひとりの読み手の既有知識や体験が生かされ、建物の構造は同じでも、全体的なイメージは違うものになるかもしれません。この段階が「状況モデル」のレベルだと考えられます。

もちろん、私たちの日常生活では、上に述べた「表層構造」→「テキストベース」→「状況モデル」の3つのレベルの処理が、いつも整然と

順序よく行われているわけではありません。文字や単語、文の意味を確認しながら、自分がすでに持っているさまざまな知識や情報と関連づけて、文と文の関係がどうなっているかを考える中で、この後どのような流れで文が続いていくのかを予測したり、読んだ内容と自分の知識や経験と比べて新しい疑問が出てきたりします。言い換えれば、3つの段階の処理が前後に往復したり交差したりしながら、私たちは最終的に自分の理解モデル、つまり「私はこのようにこのテキストを理解した」というメンタルモデルを構築していきます。

✎ ボトムアップ処理とトップダウン処理

　文章を理解する過程については、ボトムアップ処理とトップダウン処理の相互作用の議論も重要です。ボトムアップ処理とは、視覚や聴覚を通じて入力されてきた言語情報について、まず文字、単語、句、文のレベルで意味を解釈し、それをもとに文と文、段落と段落の間の意味関係を捉えてより大きな単位の意味にまとめてい

き、最終的に文章全体の意味を表したものをつくって記憶する過程です（岸, 2008, p.9）。それに対して、トップダウン処理とは、理解のときに、文章全体の構造や論理構造についての知識を使って文章の展開を予測したり、背景知識を使って意味内容を推測したりしながら読み進めていく過程です。このボトムアップ処理、トップダウン処理の観点から前述のKintsch（1994）の文章理解理論（モデル）を見てみると、「表層構造」から「テキストベース」の処理では、読み手は文章を構成している一つひとつのピース（文字や単語、句、表現）の意味を同定しながら、ピース間の関係を考え、一つひとつの命題（文の意味）を理解していきます。そして、命題間のつながりを理解し、全体の意味を理解します。この段階は、ボトムアップ処理が重要な働きをしています。しかし、「テキストベース」から「状況モデル」のレベルになると、読み手一人ひとりが文章の内容や意味、イメージを予測したり推測したりしながら、自身の興味や関心、背景知識、経験などと関連づけ、「自分の理解」、すなわち「状況モデル」をつくっていきます。この段階では、トップダウン処理も重要な働きを

【図１：文章理解の３レベルの処理】

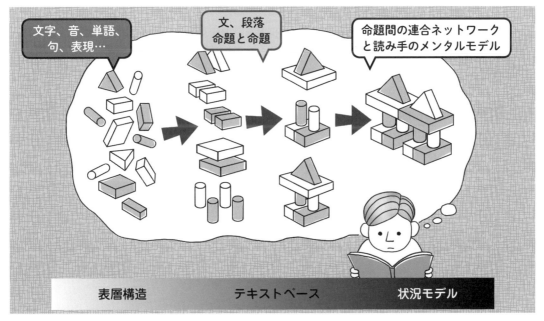

文字、音、単語、句、表現…　　文、段落 命題と命題　　命題間の連合ネットワークと読み手のメンタルモデル

表層構造　　　テキストベース　　　状況モデル

していると考えることができます。言い換えれば、「表層構造」から「テキストベース」、「状況モデル」へとレベルが進んでいく中で、まさにボトムアップ処理とトップダウン処理の相互作用が必要に応じた形でなされていると考えることができます。

　そして、ここで注目しておきたいことは、読み手が「自分の理解」を進めていくとき、必ずしも皆が同じイメージで理解しているとは限らないということです。

　3つの段階の境界線は曖昧で、特に「テキストベース」から「状況モデル」への過程の中では、読み手は「単語 → 文 → 段落」と、理解するまとまりが大きくなるにつれて、自身の背景知識や経験と素材の内容との関連を考え、一人ひとりが異なるパーツの組み合わせによって内容理解を進めていく可能性があります。

　【図2】は、【図1】の「文章理解の3つのレベル」に読み手の背景知識がどのように関わり合っているのかを表しています。いちばん上に描かれている幾重にも並んだファイルのようなものの中には、読み手の背景知識が整理されています。開いたファイルは、今活用中であることを表しています。開いたファイルから、3つのレベルに向かって引かれている矢印は、背景知識と文章理解の処理作業との関わり合いを表しています。矢印の数が多いほど、あるいは矢印が太いほど、両者の関わり合いが強いことを表してい

【図2：文章理解の3レベルの処理（背景知識の活用の観点から）】

表層構造　　テキストベース　　状況モデル

ます。

「表層構造」のレベルでは、文字や単語、単語間の結びつきなどに関する読み手の知識が動員されて、単語や表現の意味の同定が行われます。

「テキストベース」のレベルでは、読み手は自分の背景知識を活かしながら、文や段落の意味、文と文、段落と段落との関係などを理解していきます。

そして、「状況モデル」のレベルでは、自分の背景知識や興味関心などと、理解した素材の内容を統合して自分の理解モデルを完成させます。その自分の理解モデルは、一人ひとりの読み手の背景知識が同じものではないことを考えると、みな同じ形になるとは限りません。

つまり、「自分の理解」をつくるプロセスの中で、一人ひとりの頭の中に描かれる自分の理解は、読み手によって異なっている可能性があるということです。もちろん、「表層構造」から「テキストベース」のレベルで単語や表現、文の意味や、相互のつながりや関係性は正確に理解されていなければなりません。しかし、それらと読み手自身の背景知識や経験が作り上げるイメージは、一様なものではなく、多様な姿を持っているということです。

Cummins, 2000; 卯城, 2009)、特に初中級から中級レベルの日本語の読解授業の中に取り入れ、日本語を学ぶ学習者の、読んで理解する力と理解したことを他の人に伝える力を伸ばすために、どう授業を展開していけばいいかを考えていきます。

前述した文章理解の3つのレベルの処理や、トップダウン、ボトムアップの処理のことを考えると、的確な再話活動を行うためには、少なくとも読み手が「テキストベース」のレベルの処理ができるかどうかが重要になると思われます。なぜなら、「表層構造」の処理だけでは、個々の単語や表現、文の理解はできても、一つひとつの文がどのような命題を表し、それが全体としてどのような命題を形づくっているのかが理解できていないと考えられるからです。「テキストベース」の理解ができて初めて文章全体が何を言おうとしているのか、文章の内容や意味を相手に伝えることができると考えられます。

では、そもそも再話とは、どのような意義や効果、可能性をもつ活動として考えられてきたのでしょうか。再話を導入した授業設計を具体的に考える前段階として、再話の意義や可能性について、これまでの先行研究で明らかにされてきたことを整理しておきましょう。

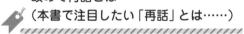

改めて再話とは……
（本書で注目したい「再話」とは……）

再話は、特に新しい手法ではありません。Benson & Cummins (2000, p.6) によれば、再話は子どもたちの言語教育の分野では1920年代から評価方法として用いられています。読んで（あるいは、聞いて）理解した内容を母語で再話させ、それを録音し、その録音データを分析し、原文の内容がどれだけ正確に再生されているか、その再生率を調べるという手法で学習者の理解度が測定されてきました。

本書では、評価方法としての再話ではなく、教室活動としての再話に注目し（Benson &

POINT

私たちの文章理解の過程は「文章の表層構造 → テキストベース → 状況モデル」という3つのレベルからなっています。

表層構造のレベルでは、ボトムアップ処理が中心になると考えられますが、処理が進むにつれて、トップダウン処理も行われるようになると考えられます。

私たちの文章理解は、私たち一人ひとりが持っている背景知識に大きな影響を受けています。

CHAPTER 03

再話をする意義って何？

再話にはどのような意義や可能性があるのでしょうか。私たちの言語活動は、日々のさまざまな生活場面で「伝達された他者の言葉」をどう理解し、理解した内容に対する自分の反応（感想や意見、コメントなど）をどう発信していくか、そのやりとりによって形づくられています。そこでは「他者の発話、他者の言葉の伝達とそれについての論議」（バフチン、1996）が重要なテーマになります。バフチンは、その議論として、学校教育に注目し、以下のように述べています（以下、引用文中の下線は筆者）。

文学系の科目が学校で教えられる際には、他者のことば（テキスト、規則、規範）を習得しつつ伝達する二つの基本的な学習方法——＜その言葉の通りに＞と＜自分の言葉で＞——がある。後者は小規模ながら芸術的散文に固有の文体論的課題を提起する。つまり自分の言葉によってテキストを語るということは、ある程度、他者の言葉について二声的に語ることなのである。というのも、＜自分の言葉＞は、他者の言葉の独自性を完全に溶解してしまうことはありえず、自分の言葉による叙述は、必要な箇所では、伝達されるテキストの文体と表現を再現するため混成的な性格をになわざるをえないからである。まさにこの後者の様式、すなわち＜自分

の言葉による＞他者の言葉の学習は、習得されるテキストの性格と、その理解ならびに評価における教育上の諸目的とに応じて他者の言葉を習得し伝達するためのきわめて多様な一連の方法をその中に含み込んでいるのである。

（バフチン、1996, p.159）

上掲のバフチンの言葉を筆者なりに解釈すると、「他者のことば」を習得し伝達する学習の過程には、＜他者の言葉の通りに＞語ることと＜自分の言葉で＞語ることの2つの方法があります。私たちは日常生活の中で、＜他者の言葉＞によって語られたり書かれたりしたものを聞いたり読んだり見たりして、感激したり驚いたりおもしろいと思ったりしたことを家族や友人に話すことがあります。そのとき、自分が伝えたい内容を、どんな言葉や表現や文で相手に話せばいいか、適切な言葉を探し出し、それらを組み合わせることによって相手に伝えています。しかし、そのとき、＜他者の言葉＞をそのまま引用したり一部分を＜自分の言葉＞の中に組み込んだりして話すことがあります。学校でいろいろな科目を勉強しているとき、ある単元で出てきた専門用語（例えば、理科の授業で出てきた「蒸発」「引力」「密度」や歴史の授業で出てきた「武士」「貴族」など）を、いつの間にか、意味を正しく理解したうえで、自分が自由に使える言葉として使いこなせるようになって

います。私たちがことばを習得して自由に使えるようになるということは、他者によって語られた言葉（＝＜他者の言葉＞）を理解し、その言葉を自分の言説の中に適切に組み込み、他者の声を自分の声の一部として使いこなせるようになっていくことだと考えられます。つまり、＜自分の言葉による＞他者の言葉の学習は、テキストの内容や自身の反応を人に伝えるために、必要に応じて他者の言葉を「内的説得力」を持つことばとして、自分のことばの中に統合していく作業だということができます。中村（2002, p.56）は、上掲引用文中の「＜その言葉通りに＞と＜自分の言葉で＞」という表現に注目し、前者を「暗唱」、後者を「自分のことばによる語り直し＝再話」と捉え、＜自分の言葉で＞「自己の言語生活の中で培われてきた体験や言語表現を通して原文・テキストの言葉を自分にしっくりするかたちに語り直し、再編集すること」の重要性を強調しています。そして、中村（2002, p.57）は、国語教育における読解指導と表現指導の接点としての再話の意義について次のように述べています（以下、引用文中の下線は筆者）。

> 　テキストの理解（読解）とは、すべて表現することによってもたらされる。この点が徹底的に肝要である。学習者の表現を経なければ、真に読んで理解することにはならない。表現なき理解は、曖昧で浮遊した理解であり、読み手に定着したものにはなりえない。つまり、真の読解力とは、読み手による文の表出・表現によって測られるのである。
> 　この表現には、原文＝「他者のことば」と読み手のもつ「自分のことば」との依存度のさまざまな違いがとうぜん伴っている。表現の中にどれだけ原文が尊重されているのか、あるいはどれだけ「自分のことば」で原文が再構成されて

> いるかという違いが、まさに＜読み＞の違いであり、読みの学習形態の相違なのである。どちらにしろ、真の理解・読解は表現を通して可能になると考えれば、読解学習（読解指導）とは、「他者のことば」と「自分のことば」との間で展開する絶えざる「再話」の過程と考えられよう。テキストの理解＝読解は、絶えざる「再話」、その表現の自己展開によって深化するのである。
> 　　　　　　　　　　　　　　中村（2002, p.57）

　中村（2002）によれば、テキストを読んで理解できたかどうかは、読み手の「文による表出・表現」によって確認されるということになります。そして、読み手は他者に伝えたい内容をテキスト中の「他者のことば」と「自分のことば」の連続的な統合活動によって再構築し、表しているということになります。

　同様の指摘は、国語教育だけでなく、英語教育の分野でも見られます。英語における再話活動について論じた卯城（2009, p.13）は、「『再話』では、そのテキストに目を通していない相手にもわかるように伝えるために、自分の頭の中で英文内容を一度整理することになります。じつはこの過程が、テキストから得た情報と読み手の背景知識を統合する読解プロセスと類似しているとも言えます。頭の中にばらばらに入った英文の情報を、少し時間をかけて整理し、一つのストーリーとして筋が通るように構築するというこのプロセスが読み手の理解を深めることにつながるのです。」と述べ、再話によって理解が深められる可能性を述べています。Gambrell et el.(1991) も「再話(retelling)」の教授ストラテジーとしての意義を、自分が読んだ文章の内容や情報を統合して再構築することに読み手の注意を向けさせることにあると説明しています。また、Muranoi (2007, p.65)は、第二言語習得研究の見地からアウトプットの重

要性を述べる中で、学習者に自分が理解した文章を再構築させることが学習者のアウトプットを引き出すうえで最も効果的な教授テクニックの1つだと述べています。

　さらに、Benson & Cummins（2000）は、子どもたちを対象にした授業に「再話」をどう取り入れるかを考え、（1）Reading、（2）Retelling、（3）Responding の 3 つのステップを踏むことを提案しています。そして、（2）Retelling の段階について、学習者 2 人が同じ文章を読み、再話をし合うことによって、自分の理解と相手の理解を照らし合わせ、共通点や相違点を確認し合ったり、内容の理解・解釈に誤りがないか、お互いに確認したり、原文にはない言葉を使って説明した箇所を確認し合ったりすることで、読みが深められる可能性があることを説明しています。

　このように、国語教育、英語教育の分野で再話の意義や可能性が述べられていますが、では、実際に再話は学習者の読解能力向上にどのような影響を与えていると考えられるのでしょうか。Chapter04 では、英語教育と日本語教育の分野で、「再話」を用いた実践研究によって明らかにされてきたことを振り返ってみましょう。

POINT

　文章を読んで理解できたかどうかは、読み手による表出によって確認されます。
　読み手は、他の人に伝えたい内容を、文章中の「他者のことば」と、「自分のことば」を統合させることによって、再構築して表しています。

CHAPTER 04

再話は学習者の読解を促進するの？

再話が学習者の読解能力向上にどのような影響を及ぼすのかについては、Kai (2008, 2009, 2011) が日本人の英語学習者（大学生）を対象に、素材を読んだ後、再話をして読解テストを受ける場合と、再話をしないで読解テストを受ける場合を比べて、テストの結果にどのような違いがあるかを調べています。【表1】は、Kaiの3つの研究の調査対象者と実験授業の流れをまとめたものです。表中、網掛けが付されている「再話」、および「再生」活動は、母語（つまり日本語）で行われています。なお、ここで用いられている「再話」は素材を読んだ後の口頭再話を、「再生」は素材を読んだ後の筆記自由再生を表しています。また、表中の「×」は、再話活動が行われなかったことを表していま

す。また、表中の【A】と【B】は、【A】が授業に再話を取り入れた「実験群」、【B】が再話を取り入れていない「統制群」を表しています。

この実験の結果、Kai は、調査協力者の英語能力と再話、読解テストの結果の三者の関係について、興味深い結果を報告しています。

まず、①Kai (2008) では、英語能力が高い大学生については、再話をすることによって読解テストの結果が良くなる傾向が確認されましたが、英語能力が低い大学生については、再話の効果は確認されませんでした。

一方、②Kai (2009) では、学習者の英語能力いかんにかかわらず、再話をしたほうがしないより読解テストの得点が高いことが確認され

【表1：Kaiの3つの研究の調査対象者と実験授業の概要】

	対象者	読み素材と実験授業の流れ
① Kai (2008)	日本人大学生20名 （英語能力上位者10名 と下位者10名）	物語文 【A】読み (1) →読み (2) →再話 (1) →再話 (2) →読解テスト 【B】読み (1) →読み (2) → × → × →読解テスト
② Kai (2009)	日本人大学生34名 （英語能力上位者18名 と下位者16名）	メイン・アイデアの位置が異なる3種類のテキスト 【A】読解テスト→読み→再話→読解テスト→質問紙調査 【B】読解テスト→読み→ × →読解テスト→質問紙調査
③ Kai (2011)	日本人大学生69名	メイン・アイデアの位置が異なる3種類のテキスト 【A】読み→再話→読解テスト 【B】読み→再生→読解テスト

ました。この2つの研究では、英語能力の高い大学生の場合どちらも、読解テストの得点に再話の効果が見られましたが、英語能力が低い大学生の場合は、必ずしも効果は確認されませんでした。このことから、再話すれば、すべてのレベルで読解テストの得点が上がると言えないことが確認されました。言語能力があまり高くない学習者を対象に再話を行う場合、どのように行えば効果があるかをしっかり考える必要があることがわかります。

また、③Kai（2011）では、再話と再生の2つのポスト・リーディングタスクのどちらが学習者の読解をより進めるのかを調べていますが、結果として前者のほうが、後者よりも読解テストの得点が高かったこと、そして、両者の再話データを調べた結果として、前者のほうがより多くのストラテジーが使用されていたことを報告しています。③Kai（2011）は、再話の中で確認されたテキストの再構築のプロセスと多様なストラテジー使用が学習者の読みをより深いものにしていると述べています。

再話が文章理解にどのような影響を及ぼすか、その影響は学習者の言語能力によってどの

ような違いがあるかについては、日本語教育の分野でも興味深い研究が行われています。ここでは、渡辺（1998）と白石（1999）の研究を紹介します。【表2】に両者の研究概要を整理しました。

【表1】に挙げたKaiの一連の研究では、読解能力は読解テストの得点によって測られていましたが、【表2】の渡辺（1998）、白石（1999）では、調査対象者一人ひとりの再話データ（再話を録音し文字化したもの）を分析し、原文の内容が正確にどれだけ再生されているか、再生率を測定することによって調べられています。

渡辺（1998）は、日本語母語話者と英語を母語とする日本語学習者（中級・上級）に物語文の再話課題を英語と日本語で課し、「再話プロトコル」の音声録音テープを文字起こししたもの（再生データ）を言語能力別に分析・比較し、産出言語による再生率の違いを調べました。その結果、上級学習者は、中級学習者よりイベント[注1]・命題[注2]ともに有意に再生率が高いこと、そして、母語による産出のほうが再生率が高く、正確に読解力を測ることができることを

【表2：渡辺（1998）と白石（1999）の実験の概要】

	対象者	読み素材と実験の流れ
渡辺 (1998)	日本語母語話者12名 中級日本語学習者10名 上級日本語学習者12名	物語文2編 ①テキストAを読み、日本語で再生 ②再度テキストAを読み、日本語で再生 ③テキストBを読み、英語で再生 ④再度テキストBを読み、英語で再生 ⑤テキストの難易度・おもしろさ、課題の難易度についてインタビュー
白石 (1999)	日本語母語話者10名 中級日本語学習者10名 上級日本語学習者10名	ニュース雑誌の記事2編（1,000字程度で同レベル） ①読解（学習者20分、母語話者5分） ②被験者情報の記入（短期記憶阻止のため） ③母語による再話（再話あり、再話なし） ④母語による自由再生（時間制限なし）＝直後再生と遅延再生

確認しました。この点は、菊池（1999）でも確認されています。

　白石（1999）は、英語を母語とする日本語学習者（中級・上級）と日本語母語話者を対象に、2つの異なるニュース雑誌の記事を読ませ、母語による再話をして自由再生課題をする場合と、再話をしないでする場合で、原文の再生率にどのような違いが現れるかを分析しています。自由再生課題は、再話してすぐ再生課題をする「直後再生」と、1週間後、再生課題をする「遅延再生」の2つを行っています。分析の結果として、白石（1999）は、再話の効果は言語能力レベルによって異なり、上級学習者においては読後に再話すると、直後・遅延再生とも再生率が有意に上がること、母語話者は読解後に再話をしても直後の再生率は上がらないが、遅延再生には有意な影響があること、中級学習者においては、再話をしても再生率に有意な効果はないことを報告しています。

　以上の実験研究の結果から、再話は読解能力向上に一定のプラスの影響を与えること、しかし、その効果は学習者の言語能力のレベルによって必ずしも一様ではないことが確認されました。

［注1］「物語中に提示される出来事や行動、あるいは状態の単位で、基本的に一つ以上の動詞述語を含む節」（渡辺, 1998, p.27）

［注2］「論理的構造を持つ最少意味単位。一つの変項（argument）と述語（predicator）の結びつきを最小単位とする」（渡辺, 1998, p.28）

POINT

　再話は、読解能力に一定のプラスの影響を与えますが、それは学習者の言語能力のレベルによって、必ずしも一様ではありません。

CHAPTER 05
文章構造の違いと再話の関係は？

　私たちは日々の生活でいろいろなジャンルの、いろいろな構造の文章を読んでいます。新聞や雑誌の記事を読むとき、小説や物語、エッセイを読むとき、説明文や報告文、論文を読むとき、私たちは読む文章のジャンルやタイプによって読み方を変えたり、読んだ後、他の人に伝えるときの伝え方を工夫したりします。では、再話と素材の間にはどのような関係があるのでしょうか。文章構造の違いによって、再話の再生率にどのような違いが見られるかについても、興味深い研究が行われています。

　Chapter04【表1】に挙げたKai（2009）は、のメイン・アイデア[注1]の位置を意図的に変えた３種類の文章（Top-theme の文章、Bottom-theme の文章、No-theme の文章）[注2]を読ませた後、内容理解確認の読解テストを受けさせ、再話をする場合としない場合でその成績にどのような違いがあるかを調べました。その結果、文章の大局的一貫性が弱い場合（No-theme の

文章）のほうが再話の効果が大きかったことがわかりました。Kai（2009）は、この結果から、第二言語学習者は、再話活動の中で一貫性が欠けた部分を補完し、全体的なつながり（一貫性）を確認していくことができると考え、再話活動には第二言語学習者の大局的一貫性の構築を促す機能があると述べています。

　日本語教育でも文章構造の違いと再話の関係に注目した研究が行われています。ここでは、菊池（1997）の研究結果を紹介します。実験の概要は【表3】を参照してください。

　菊池（1997）は、記述列挙型と比較対照型という、２つの異なるタイプの構造を持つ文章を、日本語学習者（中級・上級）と日本語母語話者に読ませ、読後に母語による再話活動をさせました。そして、その再話データをアイデア・ユニットに分け、Meyer（1985）の内容構造分析を参考に、top-level structure[注3]とmain idea、supporting idea[注4]に分類し、再

【表3：菊池（1997）の実験の概要】

	対象者	読み素材と実験の流れ
菊池 （1997）	中級日本語学習 44 名 上級日本語学習 41 名 日本語母語話者 41 名	2 種類の説明文（記述列挙型と比較対照型の構造）： 難易度は同程度 ①文章の読み（時間制限なし） ②7 項目のアンケート回答（直後の短期記憶の阻止） ③母語による再話

生率を調べました。その結果、記述列挙型（ゆるやかな構造）より比較対照型（はっきりした構造）の文章のほうが再生されやすいこと、そして、学習者の言語能力レベルが上がるにつれて、はっきりした構造の文章では、全体の体系を把握しながら読む力が高まり、上級学習者は母語話者に近い言語運用ができること、しかし、ゆるやかな構造を持つ文章の細部の内容は、上級学習者にとっても再生が難しく、中級学習者と同じ言語運用をしてしまうことが確認されました。菊池（1997）は、この結果から、読解教育の初期の段階では、ゆるやかな構造よりはっきりした構造の文章のほうが学習者の理解をより促進し、素材としても有効であると考察しています。

［注1］ main idea：文章の内容を伝えるときに重要なアイデア・ユニット。アイデア・ユニットとは、述語を含む節（副詞節・関係詞節を含む主節、および従属節、不定詞句、動名詞句、その他重要な句）（Carrell , 1992）。

［注2］ Kai（2009）では文章のメイン・アイデアの位置を意図的に以下の3つにして、一貫性の強弱と再話の効果を調べています。
　　　　Top-theme：オリジナルの文章そのままで、何も手を加えていないもの
　　　　Bottom-theme：文章の最初に書かれていたメイン・アイデアを最後に移動させたもの
　　　　No-theme：メイン・アイデアを文章から取り除いたもの

［注3］ top-level structure：全体的な体系に関わるアイデア・ユニット

［注4］ supporting idea：top-level structureとmain idea 以外の細部の内容を表すアイデア・ユニット

POINT

　文章構造と再話の再生率には関係があります。はっきりとした構造（比較対照型）の文章のほうが再生されやすく、ゆるやかな構造（記述列挙型）の文章は上級学習者でも難しいようです。
　先行研究による再話は母語ですが、学習者の言語能力のレベルに合わせて、読ませる素材の文章構造を考える必要がありそうです。

再話の過程でどのような
処理が起こっているの？

これまで紹介してきた先行研究の結果から、いろいろな条件によって、再話の効果に違いがあることが確認されました。では、学習者は再話を行うとき、実際にどのようなことを、どのような形で話しているのでしょうか。再話のプロセスの中で具体的に起こっている処理活動に注目した研究を見てみましょう。

Kai（2009）は、実験授業の終わりに再話の効果について学習者同士がどう考えているか、質問紙調査を行い、再話活動後、学習者が自分の読み行動をどう見ているかを調べました。その結果、再話をした場合、学習者は再話をしない場合より、より厳しく自分の読みの理解を評価していることを確認しています。そして、このような結果になった理由として、この厳しい自己評価は、学習者がより深い理解ができていることを示しているためだと考察しています。

渡辺（1998）と白石（1999）も、再話の過程で学習者がどのような情報処理を行っていたかを、再話データを観察することによって調べています。

まず、渡辺（1998）は、再話データ中の付け足し（推論）部分と、読解中の母語によるメモを照らし合わせて読解中の推論と再生率について調べ、上級学習者と中級学習者の推論行動の違いを明らかにしています。渡辺（1998）によると、上級学習者では因果関係に関する推論メモが多く、この部分の再生率も高く、適宜情報

が補足されていたのに対し、中級学習者では、逐語的処理のメモが主で、再生データの付け足し部分は、因果的に関係づけられたものではなく、読解中に高度な推論処理をした形跡は見られませんでした。

次に、白石（1999）は、再話データの中で見られた学習者の情報処理活動を、Sarig（1987）の読解ストラテジーを援用して以下のように分類しました。

- ・モニタリング：
  再話者が自分の理解や表現を自分自身で評価したり分析したりする

- ・ラベリング：
  再話中の情報を自分なりにラベル付けして整理する

- ・まとめ：
  詳細な情報を自分なりの理解で大きくまとめて語る

- ・コメント：
  再話者の感想や意見を述べる

- ・推論：
  再話者の背景知識を使って、テキスト情報にない解釈を行う

そして、このような情報処理のための付加活動がなされる頻度を、学習者の日本語能力別に調べました。その結果、上級学習者はこのような活動をよく行い、特に「ラベリング」の使用頻度が非常に高かったこと、それに対して、日本語母語話者はこのような情報処理活動が全体的にもっとも少なかったこと、中級学習者は「まとめ」の使用頻度が高かったことを確認しました。そして、学習者の言語レベルが上がるにつれて、このような付加活動がいったん増加して再び減っていくという推移をたどっていたことを明らかにしています。

POINT

　先行研究を見ると、再話活動の中でいろいろな処理活動を行っていること、しかし、言語能力の違いによってその処理活動の種類とそれらの効果には違いがあることがわかります。

CHAPTER 07 再話についてまだ明らか になっていないことは？

再話と読解の関係について、英語教育、日本語教育の分野でこれまで行われてきた研究の成果を見てきました。その結果、再話と読解の関係について、以下のようなことが確認されました。

- ・学習者の言語能力レベルによって、再話の効果には違いがある

- ・文章構造の違いによっても再話の効果には違いがある

- ・再話活動ではいろいろな処理行動が行われている

- ・処理行動の頻度やバラエティには、言語能力レベルによって違いがある

また、これまでの研究の中での再話の使われ方については、以下のような点が確認されました。

- ・再話データは、原文の内容をどれだけ正しく再生できたかを評価するために分析されることが多い

- ・学習者の母語を使って再話が行われるケースが多い

- ・再話は、個人作業で行われることが多い

では、私たちの日常生活の再話行動を考えてみましょう。何かおもしろい文章を読んで、その内容を友だちに伝えたいと思ったとき、再話行動は自分ではなく友だちに向かって行われます。伝えたいことを一人でずっと話し続けるケースもあるでしょうし、友だちのコメントや質問に対応しながら再話を続けることもあります。異なる母語の人に伝えるときは、相手が理解できる目標言語で話すことも必要になります。外国語で書かれた文献やレポートを読んで、その内容を日本語で同僚や仲間に伝えることもあるでしょう。

本書では、読解後の再話を「読んで理解した内容を的確に他の人に伝える」活動、言い換えれば、「インプット理解をアウトプットにつなぐ」活動として捉えています。この視点から考えると、これまでの研究だけでは、十分に解明されていない点があるように思われます。

多くの研究で再話データが収集され、分析されていますが、多くの再話データは母語によるものであり、そこではアイデア・ユニットの再生率が注目されています。再話をインプットからアウトプットへつなぐ教室活動として捉え、目標言語を使って再話を行う場合は、原文の内容が目標言語でどのように語られているの

か、理解された内容と形式が実際の再話データの中にどのように現出しているかが重要になります。読解の本文・読み物という「他者の言葉」がどのように理解され、それが再話の中で学習者のことばとしてどのように語られているのか、学習者のことばが再話活動を通して、どのように変容し、豊かになっていくのか（あるいは、豊かになっていかないのか）を見る必要があると思われます。

では、日本語の文章を読んでわかったことを、日本語を使って他の人に伝えられる、学習者がそのような能力を身につけることができるようになるためには、どのような授業を考えればいいのでしょうか。

そこで、小河原・木谷・熊谷（2012, 2015）、小河原・木谷（2016）は、日本語を学んでいる中級レベルの大学生を対象に、読解後の再話を、日本語を使って、ペアで行わせる活動（実際に相手に向かって語る）を、大学の半期の授業15回、継続的に実施し、ペアによる再話の

談話データを質的に分析し、学習者間でどのようなやりとりがあったか、2人の学習者がどのように文章の内容理解を促進・確認し合ったのかを調べました。Chapter08では、小河原・木谷・熊谷（2012, 2015）、小河原・木谷（2016）の実践研究の結果、どのようなことが明らかになったのかを見ていきましょう。

POINT

これまでの先行研究では、学習者が文章を読んで理解した内容を実際に再話の中でどのように表出したかは、具体的に明らかにされていません。

本書では、読解後の再話活動を「インプット理解をアウトプットにつなぐ」活動としてとらえ、学習者が理解した内容を「自分のことば」として、どのように発話したのかを見ていきたいと思います。

CHAPTER 08

再話をどう授業に取り入れるの？

ええっと、この話はね…。それから…

うん、そうですね。…ええっと、そこは…

「同じ素材（文章）を読んで、わかった内容をパートナーに話す」、それだけです。

　これまで検討してきた再話に関する先行研究の知見をふまえて、私たちは「再話」を、読んで理解した内容を相手に伝えるという目的を持って読み、自分が理解したことを相手に伝えるという「ペアによる再話活動」として読解の授業に導入しました。この活動では、ペアが同じ素材を読んで自分が理解したことを伝え合い、協力して素材の内容を口頭で再生することを目指しました。「ペアが同じ素材を読む」という点は、「読んだ内容を、"その内容を知らない人"、つまり、その素材を読んでいない人に伝える」という「再話」本来の活動とは異なっています。その意味で、この「ペアによる再話

活動」は、本来の意味での「再話」とは異なった活動だと考えられます。この点を考慮し、以下、本書では、小河原・木谷・熊谷（2012）で行った活動を、「ペアによる再話活動」と呼び、本来の意味での「再話」と区別して使用します。

　対象としたクラスは、1週間1コマ90分×15回、多国籍で日本語能力試験旧3級〜2級程度の中級レベルの日本語学習者約20名の読解クラスでした。授業は、【表4】のような流れで行いました。

　【表4】中の①〜⑤の活動を1セットとして、1回の授業で3セット行いました。素材は2、

【表4：小河原他（2012）のペアによる再話活動の進め方】

①	［個人活動］	一人ひとりが素材を3〜5分で読む
②	［ペア活動］	ペアになり「読んだ内容を、その内容を知らない人に話す」という想定で、素材を見ずに交互に伝え合う（5分程度）
③	［ペア活動］	ペアで話し合って各素材の内容理解確認問題に答える
④	［クラス活動］	クラス全体で内容理解確認問題の解答を確認する
⑤	［クラス活動］	素材の内容についてディスカッションする

教師は、各ペアの活動を観察しながら、学習者の内容理解確認問題への解答を確認します。

3段落、400字程度の短い文章で、辞書を使わなくても大まかな理解ができるレベルのものを、学習者の興味・関心に応じて選定し、使用しました。そして、上掲②のペア活動をICレコーダーで録音し、再話データを分析しました。

初級を終え中級レベルに上がったばかりの日本語学習者にとって、たとえ2、3段落で400字程度の短い文章であっても、読んで理解した内容について、自分の言葉で他の人に伝える活動を、1人で行うことはけっして容易ではありません。しかし、同じ素材を読んで、内容を知り合っているパートナーと協力しながらであれば、素材の内容を口頭で再生することが可能になります。自分が十分に理解できなかった部分をパートナーの語りから確認・補強し、自分の理解をより確実なものにし、それをどう伝え合えばいいかを協力して考えることは、このレベルの学習者にとって、理解したことを産出につなげるという意味で、非常に重要な意味を持つ活動になると考えられます。

これらの点を考慮し、小河原・木谷・熊谷（2012）では、本来の1人で行う「再話」の前段階としての活動として、同じ素材を読んで、内容を理解し合っている2人の学習者が、自分たちが理解していることを、自分たちが使用できる日本語で伝え合う「ペアによる再話活動」を行いました。そして、その過程で学習者間に起こる協働作業によって、さらに理解が深まり、運用できる日本語が広がっていくことを目指しました。

POINT

本書では、本来の「再話」の前段階として、同じ素材を読んで内容を理解した2人の学習者が、理解している内容を相手に伝え合う「ペアによる再話活動」を行って、日本語の文章を読んで理解する力と、発信する力を向上させることを目指しました。

CHAPTER 09

学習者はどんなやりとりをしているの？

再話データの分析の結果、学習者ペアの談話は、大きく「①読んだ内容の再生」と「②再生以外のやりとり」の2つのタイプに分類されました（小河原・木谷・熊谷, 2012）。2つのタイプについては、さらに以下のようなパターンが確認されました。

①読んだ内容の再生
[a] 自分の読んだ内容をペアが各々交互に話す

[b] 相互に読んだ内容を述べ合い、2人で1つの内容を再生する

[c] 内容を問う質問を交代で相手に投げかけ、互いにそれに答える形で内容を再生する

②再生以外のやりとり
[d] 読んだ内容を話題として話し合う

[e] 未知語や漢字の読みなどを確認する

✏️ 「①読んだ内容の再生」のパターン

「①読んだ内容の再生」の3つのパターンについて見てみると、[a] のパターンは、次の図のように、基本的に1人が主だった部分を全部話した後で、もう1人が話すというパターンで、ペアによる相互行為はあまり見られませんでした。

[a]

この話は、……………
それで、……………
それから、……………
そして、……………
最後に、……………
以上ですね。

そうですね……

[b] のパターンは、基本的に1人が話し始めて、つかえたところからもう1人が代わって話を継続するという形で、交代で再生が行われるパターンと、1人が一通り話せる部分を話し、それを受けてもう1人が補足や修正を述べるというパターンが見られました。

[b]

この話は、……。それで、……ええっと……

ええと、それは、……、
それから、……ですね。

そうそう、それから、……

　［c］のパターンは、ある特定のペアに見られ
たパターンで、1人が内容的なまとまりがある
部分について質問してもう1人が答え、答え
た1人が次のまとまりについて質問してもう
1人が答えるという「質問⇔回答」を交互に繰
り返して相互行為的に再話を完成するというパ
ターンでした。

[c]

この話は、……　それで、……。
次は、どうなりましたか？

そうですね。
次は、……ですね。
そのあとは、どうでしたか？

次は、……ですね。
そして、最後は……です。

そうですね。
以上ですね。
うまくできました。

　この［a］～［c］の3つのパターンの中でい
ちばん多く見られたのは、b のパターンでした。

「②再生以外のやりとり」のパターン

　「②再生以外のやりとり」についても、どの
ようなパターンがあったのか、簡単に見ておき
ましょう。
　まず、［d］のパターンは、次の図のように
2人が素材の内容に関連して、自分自身の個人
的な体験やエピソード、さらには自国の関連事
象や具体的な出来事などについて、状況を説明

したり質問し合ったりしているケースです。こ
のパターンでは、2人の話し手それぞれが自分
の個人的な情報や経験と素材の内容との関連づ
けを進め、一人ひとりの「状況モデル」構築に
つながっていく可能性が感じられる語り合いに
なっているケースもありましたが、話し合いが
素材の内容から外れてしまっているケースも少
なくなく、必ずしも再話として望ましいパター
ンばかりとは言えませんでした。

[d]

この話に関連して、私の国では……。
〇〇さんの国では？

へえ、そうなんですか……。
私の国では、……

へえ、おもしろいですね。
〇〇については、どうですか。

そうですね。〇〇は、この文
の内容とちょっと違って……

　［e］のパターンは、2人の学習者が素材の内
容についての話し合いではなく、未知語や漢字
の読み方、表現や文の意味などを2人で確認
し合っているパターンです。この活動を行う際
には、教師は読む素材がすべての学習者にとっ
て「i＋1」、つまり、「理解できるインプット」
になるように素材のレベルを調整することは必
要ですが、どうしても素材のレベルと学習者の
日本語能力のレベルが合わないケースが出てき
ます。そのような際には、内容理解以前に［e］
のようなやりとりが2人の学習者間の協働作
業の中心になってしまいます。

[e]

ねえ、この漢字の言葉の
読み方は？　意味は何ですか？

ええと、この漢字の読み方は
……です。意味は、……です。

このように、小河原・木谷・熊谷（2012）では、ペアで再話活動を行うことによって、学習者間でさまざまなやりとりが起こることは確認されました。素材の内容についての伝え合いだけでなく、漢字の読み方や言葉の意味、文の意味など不十分な言語知識を補い合う活動も観察されました。

しかし、それらの語り合いの中で、一人ひとりの学習者が素材の内容をどのようにパートナーと伝え合っていたのか、さらには、2人の間でどのようなインターアクション（相互行為）、例えば、明確化要求や理解確認、同意や不同意、修正や追加などの行為が行われ、それがテキスト全体の理解にどのように結びつけられていったのかなどについては、明らかにされていません。

POINT

再話データの分析の結果、学習者ペアの談話は、大きく「読んだ内容の再生」と「再生以外のやりとり」の2つに分けられました。

「再生以外のやりとり」には、再話の内容が素材の内容からそれてしまうものと、未知語や漢字の読み・意味の質問・確認に終始してしまうものの2つのパターンが見られました。数はけっして多くありませんでしたが、これらは、本書で提案する再話活動としては望ましくないものと考えられます。

CHAPTER 10

ペアで再話をすると、どんなことができるの？

　小河原・木谷・熊谷（2015）では、学習者間のやりとりの内容を詳しく見るために、週1コマ90分×15回、学習者約20名（中国、韓国、台湾、インドネシア、ドイツ、スイス、イギリス、アメリカ、フィンランド）の中級レベル（日本語能力試験N3レベル程度）の読解クラスの中で「ペアによる再話活動」を行いました。この「再話活動」の基本的な進め方は、Chapter08の【表4】（p.25）に従っていますが、今回の実践では、「ペアによる再話活動」に際して、「相手の再生に不十分な点があれば補い、自分の理解と異なる場合は指摘し、相互に確認するように」と、明示的な指示を与えました。活動中、学習者間のやりとりをICレコーダーで録音し、その録音データを分析しました。データは、延べ132ペア分（異なりで32ペア分）で、合計474分に上りました。この実践で観察されたペアによる相互行為を、Chapter09に挙げたパターン（p.26）に分類すると、下記のようになりました。

背景知識の違いから、文章の内容すべてをうまく表出できたものもあれば、うまくできなかったものもありました。ここでは、再話活動を行った12回の授業の中から録音データを収集した5ペアがすべて文章の内容の理解ができていた回の再話活動を取り上げて、学習者間にどのようなやりとりがあり、それがどのように文章の全体的な理解につながっていったのか、見ていきたいと思います。

　次のページの【資料3】はその活動で用いられた文章です。この文章は全部で19のアイデア・ユニットに分けられます。文章に付されている IU1 ～ IU19 の番号は、アイデア・ユニット（以下、IUと略記）を表しています。

　5つのペアの再話データを分析した結果、読んだ内容の再生は、左記の [b] のパターンで行われていました。学習者のやりとりに注目してみると、[b] のパターンは大きく次の2つのタイプに分けられました。

①読んだ内容の再生
　[a] 自分の読んだ内容をペアが各々交互に話す……3ペア
　[b] 相互に読んだ内容を述べ合い、2人で1つの内容を再生する……129ペア

学習者同士の再話には、当然のことながら、文章の難易度や2人の学習者の日本語能力や

＜タイプⅠ＞
1人がかなりの部分を話し、もう1人が足りない部分を補い、その後、2人で補充や理解の齟齬（そご）を確認しながら全体を再生するケース

＜タイプⅡ＞
2人が交互に補い合いながら少しずつ再生を続け、全体を再生するケース

【資料３：素材❶「風力発電」】

IU1風力発電は、風の力を利用して電気を生み出します。IU2火力発電で使われる石油などの資源は限りがありますが、それにくらべて、IU3風はなくなる心配がありません。IU4また、電気を起こすための風車を一度作ってしまえば、IU5空気を汚すこともごみを出すこともないので、IU6環境にもいいと言えます。

IU7しかし、最もきれいなエネルギーと言われている風力発電にも、IU8弱点があります。IU9まず、風が吹かなければ発電できません。IU10それから、風車が大きいと騒音が出るので、IU11住宅地のそばに作るのが難しいです。IU12山の中に作る場合も、IU13自然や鳥たちの生活を壊さないよう注意しなければなりません。

IU14風力発電は、19世紀ごろに始まりましたが、IU15日本で注目されるようになったのは最近です。IU16今後、技術がさらに進み、IU17地方自治体や住民の理解が得られるようになれば、IU18風力発電の利用は大きく増えると思われます。IU19風力発電は21世紀の新しいエネルギーと言えるでしょう。

（和栗雅子ほか『読むトレーニング　基礎編　日本留学試験対応』（初版）スリーエーネットワークより）
＊2017年発行の『新訂版』には、この読み物は掲載されていません。
＊IU1 の記号は本書筆者による

では、具体的にそれぞれのタイプで、学習者間でどのようなやりとりがなされたのでしょうか。少し長くなりますが、2つのタイプの代表的な例として、小河原・木谷・熊谷（2015）から学習者間のやりとりを引用します。

まず、＜タイプⅠ＞から見ていきましょう。

❶ 学習者間のやりとり＜タイプⅠ＞

AとBのやりとりは、内容的に大きく以下の5つのまとまりに分けられます。

《1》	1A〜6B：Aの語り
《2》	7A〜11A：自分の話に対するA自身の振り返り
《3》	12B〜24B：Bの役割
《4》	25A〜32B：残った部分の再生
《5》	33A〜42B：残った部分の再生

？ 考えよう！【再話データ1】《1》《2》

まず、《1》と《2》の部分を考えてみましょう。みなさん、次の学習者AとBのやりとりを見て、気がついたことを話し合ってみましょう。次ページからの【再話データ】中の、IU＋数字の記号付きの下線部分は、【資料3】の文章中のアイデア・ユニットが話されていることを表しています。

《1》のやりとりでは、Aの発話に注目してみましょう。Aは1A・3A・5Aで自分が覚えている内容をまとめて一気に話し、全19のアイデア・ユニットうち、11を効率よく再生し、ペア活動をリードしています。Aが読解力に加え、高い語彙力や発話力を備えていることがうかがわれます。3Aの「弱点も強点もありますよ」という発話に注目すると、もちろん「強点」はAの造語で、日本語としては正しい言葉ではありませんが、この「強点」という言葉によって、

Aが素材の第1段落の内容(風力発電の良い点)と第2段落の内容 (風力発電の弱点) の対比関係が明確に理解できていたことがわかります。5Aでは、第3段落の内容にも触れ、すべてが正確に再生されているとは言えませんが、全体的な内容は捉えられています。

では、続いて《2》を見てみましょう。《2》では、Aは「言う途中で、なんか文章の初めを忘れちゃって」(7A)、「くだらない」(9A)、「文章、を話したけど」(11A)(【再話データ1】中の網掛け部分)と、自分が第1段落の内容を十分に

話せていないことを少し自嘲気味に、メタ的に述べています。このような、自分が再生できていない部分の的確な認識も、Aが文章全体の概要をつかんでいることを示していると考えられます。

Aのこれらの語りに対して、Bは《1》《2》では、「はい」と笑いのみの対応 (2B、4B、6B、8B、10B) で、もっぱら聞き役に徹していて、多くを発言していません。では、Bはペア活動の中でどのような役割を果たしているのでしょうか。

【再話データ1：<タイプⅠ> 学習者AとBのやりとり《1》《2》】

《1》

1 A：じゃあ、風力発電だね。えっと、ま、まず、風力発電についてのテキストですけど、**IU1** えっとーま、風力発電とは、えっと、ま、風をなんというか、なんというかな、えと、風能力の力を使ってエネルギーを作る機械です 。

> 弱点の反対だから "強点" ……言いたいことはよくわかります。

2 B：はい。

3 A：えっと、さ、ま、もちろん、あの、**IU8** 弱点も強点もありますよ。強点はえっとー、**IU7** きれいなエネルギーがつくれる、と、えーと、ま、**IU6** 環境、環境というか、ま、か、環境にえと環境を汚せない 、なんか、えと、発電です。

4 B：はい

5 A：弱点は、ま、一番目は、えーと、ま、**IU10** 大きな発電なので、えーと、ま、うるさくて、えと**IU11** 例えばあの人がよく住んでいる地方に、ま、作ることが難しい、と思われています。えーと、さ、それで、んー、ま、なんか、**IU14** に、まー 200、100 年前に初めて、えっとー、ま、発展されたのに 、えっとー最近、えっと日本では**IU15** 最近、えっとーま、風力発電が、えっと、ま、なんという、えっとー、ま作られて、います 。で、んーま、**IU16** 技術の進みなので 、えっとー、ま、なんかやり方が、あの、この、ま、なんか、**IU17** 地方に住んでいる人に、えっとーわかってもらえると 、えっと、ま、んー、ま将来にはえっとー、ま、え 21 世紀のなんか、ま、**IU19** 発電と言われる と思います。はい。[笑い]

> A は、1A、3A、5A で覚えている内容を一気に話しています。全 19 の IU のうち、11 個を再生しています。

6 B：[笑い]

《2》

7 A：なんか、言う途中で、なんか文章の初めを忘れちゃって [笑い]

8 B：はい

9 A：くだらない、

10 B：大丈夫です [笑い]

11 A：なんか、文章、を話したけど

> A は、7A、9A、11A で自分が十分に再話できていないことを、自嘲気味に振り返っています。

Bの発話に注目して、見てみましょう。

Bは、【再話データ 1】《1》と《2》ではAの発話へのあいづちや笑いを返すことがほとんどでしたが、【再話データ 2】では 7A の発言を受け、14B「火力発電に比べると」（【再話データ 2】中の網掛け部分）と反応し、まさにAが話せなかった第一段落の IU2 IU3 に話を向けています。そして、このBの 14B および 20B「風は、なんか」、22B「足りる、足ります」（【再話データ 2】中の網掛け部分）を受けて、Aが 23A で「風はなくなる心配がない」という重要な IU3 の再生に成功しています。このように見ると、BはAの未再生部分を補っていたということができます。Bは、Aの発話を聞きながら、次々と再生されるアイデア・ユニットを自分の理解と突き合わせ、再生されていないアイデア・ユニットを的確に特定していました。Bは、Aとは異なる形でペア活動に参加し、自身のテキスト理解を協働的な再話活動に効果的に活かしていたということができます。このようなBの役割と

貢献は、ペアによる協働作業の中であるからこそ、生まれた行為だと見ることもできます。

《1》《2》《3》の流れを受けて、AとBは、最終的にペアの再話をどのように締めくくったのか、【再話データ 3】《4》《5》の部分を見てみましょう。

【再話データ 3】《4》では、Aが 25A で「えーっと、うん、今思い出した、あの一弱点がひとつもある」と始め、再び、理解を自分の表現で再生しています。25A は、「風は常に吹くわけではないので、風力発電が難しいこともある。一方、石油は限りがあるが、限りが来るまでは続けて発電できる」という意味のことを言っていますが、ここでAは「風力発電－風」と「火力発電－石油」を対比し、「風は限りがないが、

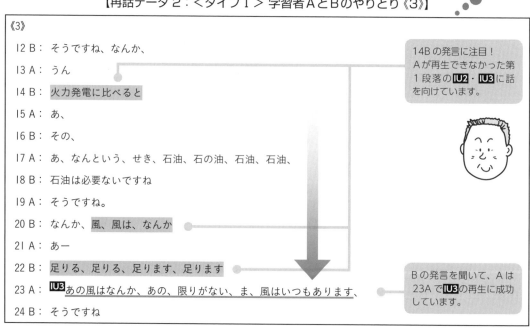

あまり話さないBはどんな役割を担っているのでしょうか？
次はBの発言に注目して、《3》を見てみましょう。
気がついたことを話し合ってみてください。

【再話データ 2：＜タイプⅠ＞学習者AとBのやりとり《3》】

《3》

12 B： そうですね、なんか、

13 A： うん

14 B： 火力発電に比べると

15 A： あ、

16 B： その、

17 A： あ、なんという、せき、石油、石の油、石油、石油、

18 B： 石油は必要ないですね

19 A： そうですね。

20 B： なんか、風、風は、なんか

21 A： あー

22 B： 足りる、足りる、足ります、足ります

23 A： IU3 あの風はなんか、あの、限りがない、ま、風はいつもあります、

24 B： そうですね

14B の発言に注目！
Aが再生できなかった第1段落の IU2 ・ IU3 に話を向けています。

Bの発言を聞いて、Aは 23A で IU3 の再生に成功しています。

石油は限りがある」「風は吹かなくて発電ができないこともあるが、石油はなくなるまでは持続的に発電できる」という内容を自分の言葉で話しています。素材（文章）には、「石油がなくなるまでは、発電を続けられる」といった記述はありません。これはAが「風」と「石油」という2つの資源を比較対照して補足し、話を完成させたとみることができます。このAの発言を引き出したのは、【再話データ2】《3》で不足部分（IU2 IU3）を的確に補ったBの発話だと考えることもでき、改めて14B、20B、22B

の発言の重要性を認めることができます。

【再話データ3】《5》では、33A「あとなんだっけ」を受けたBの発話34B、36B、38Bが手がかりとなり、34B～40Bの2人のやりとりで、表現としては正確でないものの、未再生であったIU12 IU13が出ています。そして、Bの最後の42B「以上です」が、「『風力発電』の話について自分が理解したことは全部再生できた」という宣言となっています。

このように、AとBのやりとりでは、Aがかなりの部分を話し、Bが足りない部分を補い、

【再話データ3：＜タイプⅠ＞ 学習者AとBのやりとり《4》《5》】

《4》

25 A： なのに、えーっとうん、今思い出した、あのー IU8 弱点がひとつもある 、えっと— IU9 風はあのー、なんかいつも同じ強さ、に、えっとーひくわけは、ではないので、えと、ま、ちょっとまなんか難しいです ね、ま、IU2 なんか、ま、石油は、ま、なんかそういう限界までに、えっとーいつも、同じ、なんか、な、なんという、えとー、んー、ま

26 B： レベル？

> A は、25A と 27A で、「風力発電—風」「火力発電—石油」を対比して発言しています。

27 A： ま簡単に、に言うと、うん、レベル、なんか簡単に言うと、あの、IU2 いつもある、という、ま、なんか、そういう、限界までに、です けど、あの、IU9 風はちょっとうん、強さがま、なんという、

28 B： 強さがー

29 A： 変わる

30 B： 変更する

31 A： うん変更、変更する、変わる、

32 B： うん。はい

> 「風は常に吹くわけではないので、風力発電が難しいこともある。石油は限りがあるが、限りが来るまでは続けて発電できる」
> A は、風と石油を比べて話しています。

《5》

33 A： あとなんだっけ

34 B： あー、IU12 山の中にも

35 A： あー、例えば、あのーえー、動物とか、えっとー

36 B： IU13 鳥

37 A： うん、鳥とか、動物、

38 B： の生活がちょっと

39 A： うん、こわせる

40 B： こわせるように注意するほうがいい

41 A： {笑い}ということでーす

42 B： はい、以上です

> テキストには、「石油がなくなるまでは、発電が続けられる」という内容の記述はありません。
> A が自分で「風」と「石油」を対比させて、自分の理解を語っています。

その後、2人で補充や理解の齟齬（そご）を確認しながら全体を再生していく様子を見ることができました。

❷ 学習者間のやりとり＜タイプⅡ＞

次に、学習者CとDの間の＜タイプⅡ＞のやりとりを見てみましょう。ここでは、前述の学習者AとBのケースと同じように、注目したい部分を取り上げて、見ていきたいと思います。CとDのやりとりは、以下の4つのまとまりに分けられます。

《1》 1C〜16D：第1段落の再生
《2》17C〜46D：第2段落の再生
《3》47C〜78D：第3段落の再生
《4》79C〜90D：第1段落の内容補足

考えよう！【再話データ4】《1》

まず、《1》を見てみましょう。

【再話データ4】《1》では、1Cと3Cで「風力発電」というトピックを導入し（網掛け部分）、続く5Cで「いい点があります」と第1段落のポイントを言ってから、7Cの「例えば」以降で具体的な内容に話を進めるというように、Cが再話のイニシアティブをとっています。7Cでは「観光客のために、いい、{笑い}いい発電です。」と、「観光客」という語を間違って話していますが、これはDが14Dで「環境」と正しく言い直しています（【再話データ4】中の矢印部分に注目）。また、11C〜16Dでは、2人の間で「汚す」の活用形をめぐるやりとりがなされています（【再話データ4】中の四角囲いの部分に注目）。

【再話データ4：＜タイプⅡ＞ 学習者CとDのやりとり《1》】

《1》

1 C： 風力発電？

2 D： 発電

3 C： 風力発電についてです。まず、風ー力発電はとく、とくてん、ノー、特徴？

4 D： んー

5 C： いい点があります。{笑い}

6 D： うん、うん

7 C： 例えば、あーん、{笑い}あー、{笑い} **IU6** 観光客のために、いい、{笑い}いい発//電です。

8 D： 　　　うん、うん

9 C： あん、**IU5** 他の発電の比べて、

10 D： うん、

11 C： 空気を汚、りません？

12 D： うん、そう、と

13 C： よご、うん

14 D： うん、**IU6** 環境を汚れ、ません、そう、

15 C： よご、す、よご、

16 D： よごら、よごらせません、よごら、よごる、よごす、よごさ、せません。

> Cが1Cと3Cで「風力発電」と言うトピックを導入しています。再話のイニシアティブをとっています。

> 「観光客」→「環境」
> 間違いの相互訂正も大切なポイント

> 2人で「汚す」の正しい活用を確認。残念ながら、完成できていませんが……

💭 考えよう！【再話データ5】《2》

続いて、【再話データ5】《2》を見てみましょう。《2》でも、Cが2人のやりとりのイニシアティ ブをとっています。まず、Cは17C「じゃ、でも」、19C「弱点もあります。」で話を切り替え、第1段落の「良い点」に対する第2段落の「弱点」へと話を進めます。そして、19C〜35CでIU8

【再話データ5：＜タイプⅡ＞ 学習者CとDのやりとり《2》】

《2》

17 C： じゃ、でも

18 D： うん

19 C： IU8 弱点もあります。　———● Cが第2段落へ話を展開しています。19Cで第1段落の風力発電の「いい点」に対して、「弱点もあります」という頭出しをしています。

20 D： うん、はい

21 C： IU9 まずは、風が、吹いていませんが、ああ、のときは、あー電気が、　———┐ Cは、21Cと23Cで「風が吹かないと電気がない」という弱点を話しています。

22 D： はい

23 C： ありません。　———┘

24 D： うん、うん、

25 C： そして、あん、あー風力を使うのは、

26 D： うん

27 C： 大きい

28 D： そう

29 C： あー、IU10 機械は大きい、大きくて、あーうるさい、うるさいだから　———┐ Cは、25C、27C、29C、31C、33Cで、「風力発電の機械は大きいから、どこにでも作れるわけではない」という弱点を説明しています。

30 D： うんうん

31 C： あー、いつ、あ、どこでも、

32 D： うん

33 C： つくりません。　———┘

34 D： はい、

35 C： 例えば、IU11 住んで、あ、人が住んでいる、の地域はだめです　———● 35Cで、Cは「人が住んでいる地域には、風力発電はダメ」だという弱点を説明しています。

36 D： うん、そう、たぶん、

37 C： そし// て

38 D： IU12 IU13 他の地方にも、動物の、うん　———┐ 注目‼ 再話のイニシアティブがCからDへ移動しています。DがIU12 IU13について話し始めます。

39 C： あ、はい、

40 D： 生活　———┘

41 C： 鳥とか、鳥、はいはい// はい、

42 D： 　　　　　　　　うん、うん

43 C： そして一番目のひゃく弱点がありますか？　———┐ 再話のイニシアティブが再びCに戻ります。

44 D： あーんー

45 C： 多分ないね。　———┘

46 D： 多分ありません。そう

IU9 IU10 IU11 という4つのIUを再生していま
す。その後、それまで聞き手にまわっていたD
が36Dから発話を始めます。そして、37Cで
Cが続けようとするのに重ねる形で38D「他の
地方にも、動物の、うん」、40D「生活」と述べて、
完全な文の形ではないものの、IU12 IU13 にあ
たるものを再生しています。Cは41CでDの
再生に同意した後、43Cで弱点が他にないか
というメタ的な質問を発し、45Cで「多分ない
ね」と自ら答えています。Dも46Dで同意し、
両者で確認がなされています。

《1》《2》を通して、前に挙げた学習者AとB
のやりとりと比べると、学習者CとDのやりと
りは、一人ひとりの発話が短いことがわかりま
す。また、11C～16Dに見られるような、単
語の正しい形を2人で出し合うというのも特
徴的なやりとりであると見ることができます。

? 考えよう！【再話データ6】《3》

続いて、【再話データ6】《3》を見てみましょ
う。Cは47Cの「じゃあ」で第3段落へと話を
切り替えますが、IU14 IU15 に関して風力発電
の開始や日本で注目され始めた時期の理解が曖
昧で、Dからも明確な反応が得られません。さ
らに「時代」に関してDが60Dで IU19 の「21
世紀」に言及したため混乱しています。Cは
65Cで「じゃあ、最近」といったんまとめます
が、続く66DでDが第3段落の結論である「新
しいエネルギー」に話を発展させたことから、
IU16 IU17 IU18 が抜けたまま IU19 の結論の理
解が一致して話が終わっています。これによっ
て文章全体のアイデア・ユニットの再生率は下
がっていますが、風力発電の良い点と弱点を述
べたうえで将来性に言及していることから、C
とDは文章の全体的な内容は理解していたと考
えられます。

【再話データ6：＜タイプⅡ＞学習者CとDのやりとり《3》】

《3》

47 C： じゃあ、風力が、あー 17 世紀に、んー ●┄┄┄ ┃ Cが第3段落へ話を展開します。
┃ でも、17 世紀？？？

48 D： ん、でき、できました ｛笑い｝

49 C： できました？

50 D： 始まりました？

51 C： 始まりました、はい

52 D： うん

53 C： 研究は、17、世紀に始まりました ●┄┄ ┃ 研究？？ 17 世紀？？
┃ Cは何が言いたいのかな？

54 D： うん

55 C： でも日本では ┃ 「19 世紀から始まった」。
┃ 正しい理解ですね。

56 D： うん

57 C： じゅう、きゅう世紀から、使いました？

58 D： 2000 から、｛笑い｝そう、うん、うん、2 世紀、20 世紀

59 C： 20 ？ ┃ いつ始まったのか、Cも
┃ Dもしっかり理解できて
┃ いないようです。

60 D： 21 世紀？

61 C： 19 じゃない、あーなん、19、8、あ、はい、21 世紀から、

62 D： うん

63 C： 使いました？

64 D： IU15 うん、最近だ、そう、 ●┄┄ ┃ 「最近」は何が最近なので
┃ しょうか？

65 C： じゃあ最近、あーん

66 D： うん、あー、あー最後は、とーあー IU19 この、エネルギーを作るの ┃ 66D でDが「風力発電
方法は、えっと、世界の、｛笑い｝新しい、あーん、うん、どういえば、 ┃ は 21 世紀の新しいエネ
えとー風力は、新しい ┃ ルギー」という最後のま
┃ とめを言おうとしていま
┃ す。でも、不完全なまま
┃ …

67 C： 再生、

68 D： ｛笑い｝はい

69 C： 新しい再生可能// エネルギー？ ●┄┄ ┃ 「再生可能エネルギー」
┃ … ちょっと話がずれた
┃ かな…

70 D： あ、そう、そう

71 C： エネルギーです？将来、の

72 D： うん

73 C： エネルギー

74 D： と、言われ// ました

75 C： だろう？

76 D： うん、そう

77 C： はい

78 D： うん、はあ、と、多分それは

一度結論に至った後、《4》でCが IU2 IU3 を思い出し、それを補っています。Dは、Cの挙げた「石油は限りがあるが風力は限りがない」（79C、81C、83C）という点について84D、86Dで「（風力発電には）ガスや石炭は不要」と別の資源の例も挙げて補足しています。

前掲の2つの事例（＜タイプⅠ＞と＜タイプⅡ＞）からわかるように、学習者たちは、やりとりの内容はかなり違いますが、お互いに読んだ内容を述べ合いながら2人で1つの内容を再生しています。2人で同じ文章について理解できた部分を伝え合うという活動を通して、一人ひとりの学習者は、確実に文章の内容にアクセスする機会が増えていました。すなわち、まず、自分が読んで理解し、次に理解できたことを相手に伝えながら自分の理解を再確認し、さらに、パートナーの話を聞きながら、自分が理解した内容と照合・確認し、必要に応じて修正・追加・削除など、次の作業を進めていっています。学習者はこのようなローテーションを体験しながら、パートナーと協働して文章の内容を再構築していたということができます。

ここまで私たちがどのように分析したかを追体験してもらいました。どうでしたでしょうか？　一人ひとりでは十分な再話ができなくても、相手がいて、しかも同じ素材だからこそ、話すことができるのではないでしょうか。

POINT

再話活動がうまくできていたペアの再話データを分析したところ、1人がかなりの部分を話し、もう1人が足りない部分を補い、その後2人で補充や理解の齟齬を確認しながら全体を再生するケースと、2人が交互に補い合いながら少しずつ再生を続け、全体を再生するケースが見られました。

いずれのケースでも、一人ひとりの学習者はストーリーにアクセスする回数が増え、2人で文章の内容を再構築することができていました。

【再話データ7：＜タイプⅡ＞ 学習者CとDのやりとり《4》】

《4》	
79 C：あ、でも、さ、最初のテキストのさい、最初は、あー他のエネルギーが、い、あ、例えば、あー	C は、79Cで第1段落の内容に話を戻そうとしています。
80 D：あー	
81 C： IU2 石油は、限り、限りがありますから	「石油は限りがある、風力は限りがない」という第1段落のポイントを確認。
82 D：うん	
83 C：弱点です。でも、IU3 ふう、風力は限りがありません	
84 D：うん、そう、えっと、はい、あー、そう、あー資源が、うん、さいげん、さいげん？	
85 C：さいげん？	
86 D：うん、例えばガスやコールのし、資源、すみません、資源、が、はい、必要がない	D が、86Dでテキストにはない「ガスやコール」を出して、「風力発電には風だけあれば大丈夫」ということを強調しています。
87 C：うん、限りが	
88 D：うんうんうん、資源	
89 C：特徴、	
90 D：うん	

CHAPTER 11 ペアの再話活動は いつもうまくいくのかな？

ペアの再話活動がうまく進まないケースもあります。前にも少し書きましたが、そもそも再話を行うためには、一人ひとりの学習者が「テキストベース」の処理ができていることが前提となります。ですから、文章の日本語レベル（漢字や単語、文法の難しさなど）が学習者の日本語能力に比べて難しすぎるというケースでは、学習者は「表層構造」から「テキストベース」への処理がうまくできませんから、ペアの再話活動もうまく進めることができません。その意味で、まず、学習者の日本語能力と比べて、いわゆる"i + 1"のレベルの文章を選ぶことが第一の条件になります。では、文章の日本語レベルのことだけを考えればいいのでしょうか。

小河原・木谷（2016）は、Chapter10 に述べた 132 ペア分のやりとりの中で学習者が理解に至りにくかった 5 つの素材の中から 3 つを取り上げ、学習者間のやりとりの分析を通して、理解の妨げやつまずきになったと思われる要因を探索しています。文章の「難しさ」とはどのような点にあるのか、素材選択の際に教師が注意しなければならない点は何かについて、小河原・木谷（2016）が挙げた 3 つの素材についての学習者のやりとりを見ながら考えてみましょう。

❓ 考えよう！【資料 4】〜【資料 6】

小河原・木谷（2016）が取り上げた 3 つの素材は、次のページのもの【資料 4】〜【資料 6】でした。3 つの素材を見て、学習者はどのような部分につまずいて、「テキストベース」の理解がうまくできなかったと思われるでしょうか。考えてみてください。

どうしてうまく再話できなかったのでしょうか？
教師は素材を探すとき、どんな点に注意しなければならないのでしょうか。

【資料4：素材例❷「パック旅行」】

　人気のある旅に「パック旅行」があります。多くの人がパック旅行に参加するのは楽だからでしょう。けっして言葉を話せないからではありません。それが証拠に言葉に問題のない国内でも、人といっしょに旅をしています。行きたくもない土産物屋に連れて行かれるとか、空港には出発時間の2時間前に入っていなければならないとか、見たいところをゆっくり見られないとか、不便なこと、不愉快なことがたくさんあります。けれど、自分で考えなくてよいので楽なのです。「右を向いて」「はあ」「左を向いて」「はあ」という具合に、自分で選択しなくてはいけないことから逃れることができるのです。それこそがパック旅行人気の大きな理由の一つなのです。

（ピーターフランクル『ピーター流　わくわく旅行術』岩波ジュニア新書）

（和栗雅子ほか『読むトレーニング　基礎編　日本留学試験対応』スリーエーネットワークより）

【資料5：素材例❸「オカリナ」】

　オカリナという楽器は、小さな鳥のような形をしています。ちょっと見ると、どうやって音を出すのかわかりませんが、吹くと、きれいな音がします。ちょうどジュースやワインのビンを吹くと音が出るように、オカリナも吹くと音が出るのです。ビンには穴がありませんが、オカリナには10個くらいの小さな穴があります。それを押さえながら吹くのです。オカリナの音はやわらかい感じがします。皿や茶碗と同じように、土でできているからかもしれません。ですから、こわれやすいのですが、温かい感じがします。

（和栗雅子ほか『読むトレーニング　基礎編　日本留学試験対応』スリーエーネットワークより）

【資料６：素材例 ❹「温泉旅館の料理」】

　私は温泉が好きで、よく日本のいろいろなところを旅行する。特に山の中の静か
な温泉が好きだ。ゆっくり温泉に入ったあとの旅館の料理がまた楽しみなのだが、
あるとき、山の中の旅館で出た食事にびっくりした。テーブルの上には、いろいろ
な料理がたくさん並んでいた。山でとれた野菜の料理、その場所で有名な牛肉を使っ
た料理、また海でとれたばかりの新しい魚で作ったさしみもあった。どうして海の
ものを山の中まで持ってくるのだろう。山では山でしか食べられないものを出すだ
けではだめなのだろうか。

（和栗雅子ほか『読むトレーニング　基礎編　日本留学試験対応』スリーエーネットワークより）

　以下、３つの素材について、どんな点が学習者にとって難しかったのか、再話データの分析を通して、具体的に見ていきましょう。

素材例 ❷「パック旅行」

　学習者が素材 ❷「パック旅行」（p.40【資料4】）の文章をどのように読んだのか、どんなところが難しかったのかを具体的に見る前に、この文章の構造を少し見ておきたいと思います。

　この文章は、冒頭に「人気のある旅に『パック旅行』があります。多くの人がパック旅行に参加するのは楽だからでしょう」という主題文が述べられています。その後、「行きたくない土産物屋に連れて行かれる」「空港には出発時間の２時間前に入っていなければならない」「見たいところをゆっくり見られない」など、「パック旅行」の不便なところ、不愉快なところが書かれています。そして、その後で、「自分で考えなくてよいので楽」という「パック旅行」が人気がある大きな理由が書かれています。話の流れを図で表してみると、次のようになります。

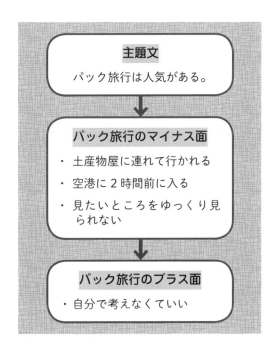

主題文
パック旅行は人気がある。

パック旅行のマイナス面
・土産物屋に連れて行かれる
・空港に２時間前に入る
・見たいところをゆっくり見られない

パック旅行のプラス面
・自分で考えなくていい

　この話の流れのどこが読み手にとって難しかったのでしょうか。読み手としては、冒頭部分を読んで、なぜ「パック旅行」が楽なのか、まず、その理由を知りたいと思って読み進めるのではないでしょうか。特に、今回のペアの再話活動の最初の段階での「読み」（個人作業）の活動は、３分という短い時間で文章を読んで、

内容を理解しなければなりません。そのような活動では、話の流れが読み手の期待や想定通りに進まない場合、読み手の理解に差し障りが起こる可能性があります。「パック旅行」の文章の場合、上の図に示したように、中央部分の「パック旅行のマイナス面」の説明が、「パック旅行の人気の理由」の説明を遮断するような位置にあるため、読み手は自分が求めている情報をスムーズに得ることができません。このことがこの文章の読みを難しくしているのではないでしょうか。

　また、この文章は、内容面から考えると、「パック旅行」とは何かを知っていることを前提とした書き方になっています。「行きたくもない土産物屋に連れて行かれる」とか「空港に2時間前に入らなければならない」「見たいところをゆっくり見られない」というような不便な点は、パック旅行を経験したことがある人、パック旅行がどんなものか知っている人には、ピンとくるエピソードですが、パック旅行をあまり知らない人にとっては、理解しにくいポイントではないでしょうか。

　では、実際に学習者はこの文章を読んで、どのようにペアの再話を行ったのでしょうか。今回、やりとりを分析した4ペアのうち、パック旅行のマイナス面とプラス面の話であるという理解ができたのは1ペアだけで、残りの3ペアは理解できず、うち2ペアはパック旅行のマイナス面とプラス面の対比を、パック旅行と普通の旅行との対比と読み違えていました。具体的に談話例を見てみましょう。

❓考えよう！【再話データ8】

　まず、【再話データ8】を見てください。以下、再話データ中の網掛け部分は注目していただきたい発話を表しています。

　Aは9Aで「たくさんの人がいて」「人と一緒に旅行して」「時間が少し厳しくて」、11Aで「行きたくないのお土産屋」と述べ、それらを15Aに見られるように不自由、不愉快な点として理解しています。BもそれらのAの発話を受けて10Bで「多すぎで」、12Bで「連れて行き」と述べ、16Bで「不愉快なことがすごくあります。そうです」と同意しています。さらに、Aは17Aと19Aでガイドに指示されることが不自由、不愉快であると述べながら、しかし、その後、19Aで「だって、すごく最近はパック旅行がすごく人気がある」と話しています。そして、Bは22Bと24Bで「それは、うん、まず、普通な旅行なほうは、なんか不愉快があるんで、だから新しいの旅行の方法選ばれた」と述べ、パック旅行とは別の、本文には書かれていない「普通な旅行」を作り出し、先に述べた不自由、不愉快な点をその旅行の説明として理解しています。そして、「そうですね、そういうことです」と自分で自分の理解に納得し、Aも25Aで「はい」と同意しています。2人がもう少し「パック旅行」とはどんな旅行かについて知識や情報を持っていれば、このような誤解はなかったのではないかと思われます。

学習者はどんなところが
うまく再話できなかった
のかなぁ？

【再話データ８】

…… （前略） ……

7 A： この、なんか、あー、ここ、うーん、※※//

8 B： 　　　　　　　　　　　　　　　あーまず。

9 A： はい、まず、あー、まず、たくさんの人がいて、あー、いっしょ、おー、
人と、ん、一緒に旅行にして、あーなんか、あー、時間が、あー、あー、
時間が少し厳しくて、土産屋さんの行くの時間とか。

10 B： 多い、多すぎで。

11 A： おー、イエス。き、来たくない、あ、行きたくない// のお土産屋の//

12 B： 　　　　　　　　　　　　　　　　　はい　　　　　も連れて行きます。

13 A： はい、も、連れて、すごく多いで// あとで、うーん、なんか、あー //

14 B： 　　　　　　　　　　　　はい　　　　　　　　　　不自由

15 A： あーすごく不自由で、不愉快がすごく// あります。

16 B： 　　　　　　　　　　　　　はいはい、すごく不愉快なことがすごくあります。そうです。

17 A： あとで、なんか、人、んー他、ガイドに｛笑｝// ガイドによって、右
にまわってとか// はい、つれて// ちょっとつらい、

18 B： 　　　　　　　　　　　　　　　　ガイドにはい
　　　　　　　　　　はい　　　　　はい

19 A： なんか、すごく不自由で// 不愉快でだって// すごく最近は// あパッ
ク旅行がすごく人気がある。

20 B： 　　　　　　　　　　はい　　　　　　はい　　　　　パック旅
行が人気になりました。そうですね//

21 A： 　　　　　　　　　　　　　　　はい

22 B： それは、うん、あ、まず、普通な旅行なほうは、あの// なんか不愉快
があるんで//

23 A： 　　　　　　　　　　　　　　　　　　　はい
　　　　　　　はい

24 B： だから新しいの旅行の// 方法選ばれた。// そうですね、そういうこと
です。

25 A： 　　　　　　　　　　はい、はい　　　　あー、選ばれた

26 B： はい。

Aがイニシアティブを
とって、パック旅行のマ
イナス面を話し始めてい
ます。

Aの話にBも同調。
２人でパック旅行の良く
ない点を挙げています。
Bが16Bで「不愉快なこ
とがすごくあります」と
強調。

あれ、あれ？？　16Bま
で２人はパック旅行のマ
イナス面を話していたの
に、どうしてここで「最
近はパック旅行がすごく
人気がある」という話に
なるのでしょうか？

「普通な旅行」というの
は？　不愉快なことがあ
るのは「普通の旅行」で
すか？
ということは、パック旅
行は「新しい旅行」？

次に、【再話データ9】を見てください。

Cが1Cで「たくさんの人はパック旅行に参加します」と言った後、「あーあー、全然忘れました」と述べ、文章の内容がうまく理解できなかったことを述べています。Cの話を受けて、Dも4Dで「パック旅行のいいところが、はっきり言えないです」（網掛け部分）と述べ、続けて、「2時間前に空港に入らなければならない」「行きたくないところに連れて行かれる」というパック旅行のマイナス面を、「空港で2時間待つことを、しません」「行きたくないところが行きません」と読み違え、「これは、人気があるの理由の一つです」（網掛け部分）（6D）と述べています。

【再話データ8】（p.43）のAとBと同じように、CもDもパック旅行がどのような旅行なのか、背景知識が十分ではないため、このような誤解をしてしまったとも考えられますが、加えて、パック旅行は人気があるという冒頭の文について、その後には、パック旅行のプラス面が述べられているだろうという自分の筋書きに合わせて文章を読んでしまったために、このような誤解が起こったのではないかとも考えられます。

さらに、この素材では、文章全体の意味を理解するために重要なキーワードがいくつか省略されており、この点も学習者にとって内容の理解を難しくしていると考えられます。【資料4】（p.40）の素材を見ると、例えば次のように下線で示した言葉や表現が省略されています。

> 「多くの人は言葉を話せないからではありません」（2行目）

> 「多くの人は人といっしょに旅をしています」（3行目）

> 「パック旅行には行きたくもない土産物屋に連れて行かれるとか……不愉快なことがたくさんあります」（3～6行目）

> 「パック旅行は自分で考えなくてよいので……」（6～7行目）

> 「パック旅行は『右を向いて』『はあ』……」（6～7行目）

次は、学習者はどんなところがうまく再話できなかったのかなぁ？

【再話データ9】

1C：	あー、うーん、[3秒]パック、パック旅行が今人気があります。あー、あー、たくさんの人は、あーパック、パック旅行に参加します。あー、あー、[15秒]全然忘れました{笑}。
2D：	あ、パック旅行の
3C：	はい
4D：	いいところが、はっきり、言えないです。言えないです。例えば、えー、えーお土産が、いかな、いたくない、とき、えー、あー空、空港で、2時間待つ、あーこと、を、し、ません。あ、あん、自分の行き、行きたいところ、自分でいき、き、決めて、え、行きたくないところが行きません。
5C：	はい。
6D：	これ、これは、人気がある理由の1つです。

Dは、4Dで「パック旅行のいいところが、はっきり言えないです」と言っています。

Dは、「空港で2時間待つこと」「しません」、「自分の行きたくないところ」「行きません」、「これ、人気がある理由」と言っていますが、本当は？？

そのため、「国内でも人といっしょに旅をする」「土産物屋に連れて行かれる」「空港に2時間前に入らなければならない」「見たいところがゆっくり見られない」などがパック旅行について述べられているということがわかりにくくなっています。

さらに、7行目からの「『右を向いて』『はあ』『左を向いて』『はあ』という具合に、……」という部分は、パック旅行を知らない人には、どのような状況で、誰と誰のやりとりであり、なぜ起こることなのかわかりにくくなっています。また、「はあ」がため息を表していることがわからないことも理解を難しくしていると考えられます。そして、続く「自分で選択しなくてはいけないことから逃れることができるのです」という文の構造が複雑で、初級文法を学習したばかりの学習者にとっては「自分で選択しなくてもいい」という意味であることを理解することは容易ではありません。

以上の点をまとめると、この素材は、話の流れが必ずしも読み手が期待するものになっていない点、話が読み手のパック旅行について背景知識をベースにしている点、さらにはキーワードの省略によって文章の題述関係がわかりにくくなっている点から、内容の理解が難しい文章となっています。これらの点から、パック旅行と普通の旅行の対比という誤解が生じ、理解に至らなかったのではないかと考えられます。

素材例 ❸「オカリナ」

素材 ❸「オカリナ」（p.40【資料5】）については、5ペアの再話データを分析しました。その結果、5ペアのうち1ペアしか再話に成功できませんでした。この素材の要点は、以下の4点です。

> ① オカリナは小さな楽器で、鳥のような形をしている。
>
> ② オカリナには10個ぐらいの穴があって、その穴を押さえて吹くと、音が出る。
>
> ③ オカリナの音はやわらかい感じがする。
>
> ④ オカリナは、土でできているから、こわれやすいが、温かい感じがする。

先の「パック旅行」同様、この素材も、「オカリナ」について背景知識がない学習者にとっては、それがどのような楽器なのか、どのような音が出るのかを、イメージすることが難しかったように思われます。

オカリナの話、学習者はどこ
が難しかったのかなぁ？

【再話データ10】

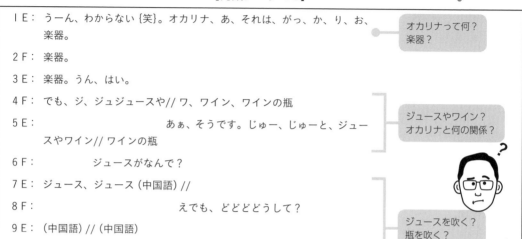

1 E：	うーん、わからない〔笑〕。オカリナ、あ、それは、がっ、か、り、お、楽器。	オカリナって何？楽器？
2 F：	楽器。	
3 E：	楽器。うん、はい。	
4 F：	でも、ジ、ジュジュースや//ワ、ワイン、ワインの瓶	ジュースやワイン？オカリナと何の関係？
5 E：	あぁ、そうです。じゅー、じゅーと、ジュースやワイン//ワインの瓶	
6 F：	ジュースがなんで？	
7 E：	ジュース、ジュース（中国語）//	
8 F：	えでも、どどどどうして？	ジュースを吹く？瓶を吹く？
9 E：	（中国語）//（中国語）	
10 F：	あ、ワイン、あ、瓶の、ああ、ああ、え、どうしてビンを吹くと。	

考えよう！【再話データ10】

【再話データ10】を見てみましょう。

上掲の部分は、オカリナの吹き方（音の出し方）について、2行目から3行目にかけて、「ちょうどジュースやワインのビンを吹くと音が出るように」という例を挙げて説明している部分ですが、この例示が学習者にとってはかえって理解を難しくしたように思われます。【再話データ10】の4Fから10FのFとEのやりとりを見ると、2人がオカリナという「楽器」と、ジュースとワインにどのような関係があるのか、困惑している様子がうかがえます。確かに「オカリナ」と「ジュースとワインのビン」には、「吹くと音が出る」という共通点がありますが、ジュースやワインのビンを吹いて音を出した経験を持ち、オカリナを吹くと同じように音が出るということを知っている人には、わかりやすいと言えるかもしれませんが、そのような経験を持っていない学習者には、かえってわかりにくい例示になっていると考えられます。

さらに、この素材には、もう1点、学習者の理解を難しくしている日本語表現があります。それは、オカリナの音を「やわらかい感じ」「温かい感じ」と説明している部分です。学習者がその部分をどのように再生しているか、次の【再話データ11】で見てみましょう。

【再話データ 11】

> 音があたたかい感じ？？
> どういう意味だろう？？

1 G :	そして壊れやすい。	
2 H :	あ、あ、じゃあ。はい。壊れやすいので、あたた、あたた、あたたい 感じがあります。	
3 G :	温かい感じ？	
4 H :	はー、温かい感じが、あります。	
5 G :	えー、その、きじで、あの、そのことちょっとわかりませんでした。 どうして、いいや、えー、えーと。あー。	
6 H :	どうして温かい//。	
7 G :	壊れやすいので温かい感じが//。	
8 H :	あぁ。	
9 G :	その関係、ちょっとわかりません。	
10 H :	それは、ええ、オカリナは、皿とちゃ、茶碗（↗）はい。Bowl。	
11 G :	あ、はい。	
12 H :	皿と型が似ていますから、えーと、皿とちゃ、the bowl。	
13 G :	あ、はいはい。	
14 H :	は、壊れやすいものです。じゃあ、茶碗とは、壊れやすい。ですから、 温かい感じがあります。	
15 G :	わかりました//。ええと。	
16 H :	ああ、	

> 「壊れやすい」ので、「あ たたかい感じ」？ どうして？

？ 考えよう！【再話データ 11】

【再話データ 11】では、オカリナの音についてHとGが 2H から 9G にかけて、「壊れやすいからあたたかい感じ」という内容のやりとりをしています（網掛け部分）。そして、Hが 10H で「ええ、オカリナは、皿とちゃ、茶碗（↗）はい。Bowl。」と言ったことから、「オカリナ」と「皿と茶碗」は形が似ていて、皿と茶碗が壊れやすいので、温かい感じがあるという結論にたどり着いています（14H 網掛け部分）。本文の主張は、「オカリナは茶碗や皿と同じように土でできているので、こわれやすく、温かい感じがする」ということですが、「音」を「やわらかい感じ」「温かい感じ」というような主観的な表現に結び付けることは、読み手が「音」に対する共通感覚を持っているからこそ、可能になることだと思われます。ここでは、「オカリナ」の音が金管、木管楽器とは異なる音質であることを、皿や茶碗というオカリナと同素材の食器を出すことで伝えようとしていますが、学習者にはその知識がないために、かえって混乱を招いています。

これまで述べてきたように、「パック旅行」「オカリナ」、どちらの素材も、トピックがかなり特殊なものであり、背景知識を持たない学習者にとっては、理解しにくいものでした。このように背景知識が十分でないために、文章の内容が正しく理解できず、そのため的確な再話活動ができなかったというケースは他にも見られました。もう１例、見てみましょう。

素材 ❹「温泉旅館の料理」

素材 ❹「温泉旅館の料理」（p.41【資料 6】）については、4つのペアの再話データを分析しました。その結果、文章の意味を正しく理解し、筆者の主張を正しく理解し再生できたペアは 1 ペアだけでした。では、残りの 3 ペアはこの文章のどの部分につまずいたのでしょうか。

この文章の重要なメッセージは、最後の 2 つの文「どうして海のものを山の中まで持ってくるのだろう」「山では山でしか食べられないものを出すだけではだめなのだろうか」に述べられているように、山の中の温泉旅館の料理は「山のものだけでいいのではないか」という筆者の主張にあります。

しかし、その前提として、まず、「ゆっくり温泉に入ったあとの旅館の料理が楽しみ」であることを理解することが重要です。日本を旅行して温泉旅館に泊まった経験がある人であれば、温泉に入った後の、温泉旅館の料理が旅人の楽しみの一つであることは了解できますが、学習者にとっては、そのことは必ずしも自明のことではありません。

❓ 考えよう！【再話データ 12】

次の【再話データ 12】を見てみましょう。

まず、J が 5J で、「温泉に入ったあと、料理は、また楽しいは、そんなに美味しくない？」と K に問いかけています。それに対して、K は

> 温泉に入った後の、料理、おいしいですよね。何が難しいのかな？

【再話データ 12】

1 J： よく日本でいろいろところに旅行します。あー、[1 秒] そしてあの、[1 秒] ある時、山の中で、旅館がある。があります。あー、温泉に入った後、あー、旅館に出て食事にびっくりしました。うーん、あの、テーブルの中、テーブルの上で、いっぱいものが、うーん、並んでいます。{笑い} 山、山で取れたの野菜でつくった料理の、そして、うしにく（↗）

2 K： あー、牛肉。

3 J： 牛肉、牛肉で作った料理とか、そして、海で、あー、海の中で取れたばかり、あー、新しい魚で作った刺身（↗）とか。やー、でも、どして山の中で食事をするとき、海の中のものがある、このことが私は、よくわかっていません。

4 K： あー、{笑い} そうですか。ちょっとびっくりしました。

5 J： でも、このセンテンスがちょっと。そうですね。[1 秒]
このセンテンスの意味は、温泉に入ったあと、料理はまた楽しいは、そんなに美味しくない（↗）

> 温泉を出て、どこで料理を食べる？
> 旅館の外で、山の料理を食べますか？
> どうして？？？

6 K： え、この温泉、温泉に出て、この旅館、旅館の中で温泉と料理が両方あります。でも旅館の提供する料理を、食べなくて、この旅館の外をでて、外の料理//、山の料理を食べて、この、びっくりしました。

7 J：　　　　　　　あーあ。
じゃこのセンテンスの意味は、旅館の料理が、料理が、そんなに、そんなに美味しくないので、旅館に出た？

> 「旅館の料理がおいしくない」という理解はどこから出てきたのかなあ…

8 K： 美味しいかどうかはわからない。楽しみなのだが、たの、楽しみですけど。

6K で「旅館の提供するの料理を、食べなくて、この旅館の外をでて、外の料理。山の料理を食べて、この、びっくりしました。」と答えています。この発話を見ると、K は旅館の外の料理＝山の料理と理解しているようで、それを聞いて、J は「じゃこのセンテンスの意味は、旅館の料理が、料理が、そんなに、そんなに美味しくないので、旅館に出た？」(7J) と誤った理解に誘導されています。J と K のこのようなやりとりからは、2 人が日本の、特に山の中の温泉旅館の料理の楽しみ方について、あまり背景知識を持っていなかったのではないかと考えることができます。背景知識を持っている学習者であれば、山の中の温泉旅館で山の幸、海の幸をふんだんに使った料理が出されることは理解できることだと思われます。この文章では、このような前提があって、最後の 2 文に筆者がどのような主張を込めているかを理解することが重要です。

💭❓ 考えよう！【再話データ 13】

次に、L と M、2 人の学習者がこの文章のメッセージの理解にどのように挑んだか、【再話データ 13】を見てみましょう。

L と M はこの文書のメッセージをどう理解していったのかなぁ？

【再話データ 13】

1 L：えと、筆者は温泉が好きですから、あの、えーとよく行きます。あ、そして、山の温泉はとても静かで、あ、静かで、えっと、あー、自然的ですから、あー、えっと、それほど、好きです。えーと、あ、いいえ、あの、それの方がすきです。そして、あー、でもある温泉の旅館に行ったときに、あの、とても、えー、あー、ええと、珍しい食事をもらいました。えっと、海から、海から、あー、の魚があったから、とても変でした。どう、あの、えーと、どう海から来ましたか、あー、わかりませんでした。はい。

> 1L を見ると、L はどうして、海の幸が温泉旅館の料理に入っているのか、それが気になってしかたがないようです。

2 M：うーん、じゃ、あー、筆者は言いたいことは、あー、たぶん、あー、なんで、山で、海、海の食べ物、食べますか。なんでこの旅館は、魚を料理、魚の料理をしますか。

3 L：は、はい。

4 M：山の食べものの方が食べます。食べたいです。筆者は。

5 L：{笑い} そうでは、あの、えっと、あの、山の野菜や//。

6 M： うん。牛肉？

7 L：牛肉、はい。有名な牛肉。{笑い} そして、それは、あの、まぁあの、どう、どうここから来ましたかわかります、多分。でも、あの、新しい、しん？ 新しい？

> L は、7L でも料理の材料がどこから来たのかにこだわっているようです。

8 M：うーん。読み方はわからない、私も。

9 L：フレッシュさが、どう、あの、どう、あの、その旅館に来ましたか、あの、はい。

10 M：でも筆者は、たぶん、この、うーん、この魚を食べるのは、この旅館で、魚を食べるのは賛成できない？

> M は、テキストの大切なポイントがわかっています。それを L に確認しようとしますが…

11 L：ええと、賛成。

Lは、Mの質問に正しく反応できていません。

12 M：賛成、じゃあ。

13 L：賛成、賛成、あ、はい。

14 M：これはダメと思いますね。

15 L：え、あ、彼はダメと思いましたか？

Mは、もう一度、自分の理解したことをLに伝えようとしますが…

16 M：賛成できない？　なんで山で、旅館の山で、海の食べものを、あー、料理を、の料理を作りますか？それは、とてもビックリ// したね。

17 L：　　　　　　　　　　　　　　　　　　　　　　うん、とてもびっくりしたけど、えーあの、賛成かどうかあまりわからない。あの、私の影響？　影響は、えっと、あー、素晴らしいだけど、全然わからない。

Lは、やっぱり大切なポイントがわかっていない…

18 M：あー、本当？　じゃ私、あー、素晴らしいじゃないと。わかりました。

19 L：うんうん、はい。それも、えっと、あー、その意見よくわかります。

20 M：あーはい。じゃあ、質問は。海の食べ物はどうやって持って来たのか、知りたいと思った。どうして。[7秒]

21 L：うん、最後の。

22 M：山では山でしか食べられないものを出すだけではだめなのだろうか。[2秒] やー、でも、これは、質問じゃないね。

23 L：あ、はい。

24 M：意見、筆者の意見ですね。筆者の意見は、山では山し、し、でしか食べられないものを出すのは、すごいと思います。じゃ、海の食べ物は、必要がない。

Mは、テキストの大切なポイントを正しく理解しています。22Mと24Mでそれをしに伝えようと努力しますが…

25 L：あ、はい。えっと、あの、あ、と、あの、これは、あの、あの、あなたの、あの、※※※※はい、えっと。

26 M：じゃ、こた答えは何ですか、なにだと思いますか？２？

27 L：はい、私の答えは今も２けど。あの。

28 M：旅館に海の食べものをどうやって持って来たのか。あー。わかりました//。質問がわかりました。

29 L：　１番もあってると思います。

30 M：じゃ、私の。じゃ、ここからどうして海のものを山の中まで持ってくるのだろう。そして、そしても、この最後の文、文？　じゃ。

「再話活動の手順」（【表4】p.25）で述べたように、今回の実践では、学習者はペアで再話した後、素材に付いている内容理解確認問題に答えなければなりません。この素材には、「筆者がもっとも言いたいことはどれですか」という質問があり、選択肢として次の①〜④が与えられています。

> ① 山の旅館の食事は山の食べ物だけでもいいと思う。
>
> ② 山の旅館に海の食べ物をどうやって持ってきたのか知りたいと思った。
>
> ③ 山の旅館でも海の食べ物が出たので、すばらしいと思った。
>
> ④ 山でとれたものを食べるのはあまり好きではない。

【再話データ13】のLとMのやりとりを見ると、2人は再話活動を終えた後、上掲の内容理解確認問題の解答を探しながら話し合っていますが、Mは、2M、4M、10M、16Mの網掛け部分の発言を見ると、筆者の主張を正しく理解しているように思われます。さらにMは、22Mで「山では山でしか食べられないものを出すだけではだめなのだろうか。やーでも、これは、質問じゃないね。」と述べ、続く24Mで「意見、筆者の意見ですね。筆者の意見は、山では

山し、し、でしか食べられないものを出すのは、すごいと思います。じゃ、海の食べ物は、必要がない。」と、最後の文を正しく理解していることを示しています（22Mと24Mの網掛け部分を参照）。それに対して、Lは、食事に出た海のものが「あの、えーと、どう海から来ましたか、あー、わかりませんでした。」（1L）、「フレッシュさが、どう、あの、どう、あの、その旅館に来ましたか、」（9L）と述べているように、海のものをどうやって山の中まで持ってきたかという疑問に囚われ、再三のMの質問や意見にも自分の考えを変えることはありませんでした。

この素材の最後の2文に込められた筆者の主張を正しく理解するためには、Mが22M、24Mで述べているように、「山では山でしか食べられないものを出すだけではだめなのだろうか」という文章の意図を正しく理解することが必要です。この文は、逆説的・間接的に筆者の意見や主張を表明する表現方法ですが、その表現意図を読み取るのは、初級を終えたばかりの学習者にとってはけっして簡単ではありません。「温泉旅館の料理」を再話した4ペアの再話データを分析した結果、他のペアでもLのように「どうやって海のものを山の中に持ってきたのだろう」というように文章を理解しているケースが見られました。素材に含まれる文の機能に関する知識が欠如している場合、言い換えれば、2人の学習者の「テキストベース」の処理が的確に行われていない場合、ペアでの再話活動をしても、正しい理解の再構築に結びつきにくいと考えられます。

以上、ペアによる再話活動がうまくいかな
かった３つの素材について、どうして理解が
うまくできなかったのかを、学習者の再話デー
タを分析することによって考えてきました。そ
の結果、文章の理解が困難になる要因は、次の
ように整理することができます。

まず、背景知識の不足です。それぞれのテー
マについて必要な背景知識を持っていないと、
話の流れを正しく理解し、要点をつかむことが
難しくなります。

次に、文章の日本語（漢字や単語、文法など）
のレベルの問題です。前述したように、的確な
再話を行うためには、テキストベースの処理が
できなければなりません。学習者が有する言語
知識（漢字、単語、文法など）が文章のレベル
に大きく及ばない場合は、学習者は表層構造の
処理に追われ、限られた時間内にテキストベー
スまでの理解をすることができません。

さらに、文章の流れの問題があります。話の
流れが自分の予測や期待と大きく異なっている
場合、学習者は、「次は……かな、次は……かな」
という予測を立てることができず、文章全体の
要点をつかむことが遅くなります。

これらの点が、学習者のテキストベースの理
解を困難にしていました。

この章では、小河原・木谷（2016）が報告し
ている学習者が理解に至りにくかった５つの
素材の例から、３つの例を紹介しました。本書
で紹介できなかった２つの例についても、前
述したような背景知識の不十分さ、学習者の文
章の内容や構成に対する予測と実際とのずれ
は、学習者の再話活動に大きな影響を及ぼして
いました。

POINT

文章の理解が困難になる理由として、以
下の３つの点が挙げられます。

①文章の内容に関わる背景知識が不足して
いること

②文章の日本語レベルが学習者の日本語能
力のレベルと離れていること

③文章の話の流れが学習者の予測
や期待と大きく異なっているこ
と

3段階の
「ペアによる再話活動」
とは？

🏷 本書の提案：コースを3段階で構成する

　ここまでは、「ペアによる再話活動」が読解にどのような影響を与えるかについて、私たちの実践例としてうまくいった例、うまくいかなかった例を見てきました。このようにただ再話を授業に取り入れるだけでは問題がありそうです。そこで、この章では、実際の授業に再話をどう取り入れていけばいいかについて考えてみます。

　大学であれ、日本語学校であれ、あるいは、小学校や中学校であれ、1回や2回の授業に再話を取り入れて、その結果から再話は効果的だとか、効果的ではないとかを考えることは、現実的ではありません。

　大学や日本語学校の読解授業の場合であれば、例えば、1週間に1回、90分の授業が、前期15回、後期15回、計30回で1年のコースが作られるというようなケースが多いのではないでしょうか。前期の15回のコース全体の流れやつながりを見据えて、「再話」を一つひとつの授業にどのように取り入れればいいかを考えてみることも重要な視点だと思います。

　そこで、これまでの実践を踏まえ、読解のコースに再話をどう取り入れればいいかについて、筆者らの授業での「ペアによる再話活動」の取り組みについて説明したいと思います。

　「ペアによる再話活動」の目標は、chapter8で述べたように、学習者一人ひとりが同じ素材を読み、2人で協力して素材の内容のより正確な口頭による再生ができるようになることです。もちろん学習者が1人で素材を読み、その内容を知らない相手に的確に伝えることができることが最終目標です。1人で読んで話す本来の再話をそのまま実践に取り入れることも可能です。

　しかし、本書で想定している学習者にいきなりやらせてもChapter00で述べたように文章が難しいと言われたり、読めたつもりで終わってしまいます。

　そこで、私たちは学習者のレベルや活動への慣れなどの観点から、「ペアによる再話活動」を効果的に進めるために、3つの段階に分けて導入してみました。

　次のページの【表5】は、90分×16回の授業のうち、45分（1セット15分×3素材。以下、「1セット約15分」を「基本セット」と呼びます）を「ペアによる再話活動」に使った場合のスケジュールの一例です。16回の授業中、「ペアによる再話活動」は第1回のオリエンテーション、第8回の中間テスト、第16回の期末テストを除く13回で、再話の経験のない学習者に無理なく効果的に再話活動ができるように少しずつやり方を変えて、「第1段階 ⇒ 第2段階 ⇒ 第3段階」の段階別に導入したものです。

【表5：再話を読解のコースに取り入れた例】

	段階	目的	セット① (15分)	セット② (15分)	セット③ (15分)
1	オリエンテーション				
2	第1段階	再話と活動のルールに慣れる	素材1	素材2	素材3
3			素材4	素材5	素材6
4			素材7	素材8	素材9
5			素材10	素材11	素材12
6	第2段階	2人で協力して再話することに慣れる	素材13	素材14	素材15
7			素材16	素材17	素材18
8			中間テスト		
9			素材19	素材20	素材21
10			素材22	素材23	素材24
11	第3段階	手助けを使わずに2人で再話を完成する	素材25	素材26	素材27
12			素材28	素材29	素材30
13			素材31	素材32	素材33
14			素材34	素材35	素材36
15			素材37	素材38	素材39
16	期末テスト				

本書の提案：基本セットを7つのステップで構成する

再話活動の基本セットは、【表6】にあるように1つの素材について（1）〜（7）の流れで行います。

第1段階、第2段階、第3段階とも、この流れは共通ですが、「（3）ペアによる再話活動」の進め方（表内の網掛け部分）は、段階に合わせて変えていきます。

それでは、「（3）ペアによる再話活動」の各段階の進め方を具体的に見ていきましょう。

【表6：ペアによる再話活動の基本セット（約15分）】

（1）学習者にペアになるように指示
（2）個人の読み作業 ・素材本文を学習者が個人で読む。 ・読む時間は3分で、時間になったら素材を伏せるように指示する。
（3）ペアによる再話活動　⇒3段階化 ・ペアで再話（5分）を行う。
（4）内容理解確認問題への解答
（5）学習者を1人指名して音読
（6）クラス全体での内容確認（学習者から質問があれば、それに答える）
（7）全体音読（全員で素材本文を音読する）

第1段階で行う「ペアによる再話活動」

再話を経験したことがない学習者にいきなり再話をさせてもなかなかうまくいきません。そこで、第1段階では、学習者に再話と活動のルールに慣れてもらうことを目的とします。

【表6】の「ペアによる再話活動の基本セット」の「(3) ペアによる再話活動」は、第1段階では以下のように進めます。

［第1段階の手順］

① ペアのX、Yのどちらが先に再話をするか決めます。先に再話する人を「再話者」、もう1人を「支援者」と表します。

② 一人ひとりが3分で素材を読みます。

③ 2人が読んだ後に、再話者Xが素材を伏せて見ないようにして内容のキーワードを1分で別紙に書きます。別紙は何でもかまいません。その間、支援者Yは素材を読んでいてかまいません。

④ 再話者Xはそのキーワードのメモのみを見ながら再話し、支援者Yは素材を見ながら再話者Xの次の発話を促す質問をするなど、不十分な再話にならないように支援します。

⑤ 次の素材では、再話者と支援者の役割を交代し、再話活動を行います。

X、Yとも素材を読む。

Xはキーワードをメモする。

Xはメモだけを見て再話。
Yは素材を見ながら聞き、Xの再話を支援する。

このように第1段階は学習者1人で再話をすることになりますが、パートナーが素材を見ているので、初中級の段階で最初から2人で素材を見ないように伏せて話すことへの抵抗はなくなり、各自が再話をすることに慣れていきます。

再話活動中、教師が注意するポイントは、支援者Yが、Xがうまく再話できないために再話者になってXの代わりに再話してしまっていないか、そして、再話者Xがつまったときに自分で答えを言わずにあくまでXの再話を促すような質問をしているかを確認することです。

素材は、初中級で最初なのでなるべく短く易しいものを使いますが、少しずつ難しいものへと配列します（詳しくはChapter21で解説します）。キーワードを書いた別紙のメモは、学習者の読解や素材の難易度を確認するために、授業後に回収します。

📋 第2段階で行う「ペアによる再話活動」

　第1段階で再話することに慣れてきたら、第2段階では2人で協力して再話することに慣れることを目的とします。

　【表6】(p.54)の「ペアによる再話活動の基本セット」の「(3)ペアによる再話活動」は、第2段階では以下のように進めます。

[第2段階の手順]

① 第1段階と同様に、どちらが先に再話するかを決めます。

② 一人ひとりが3分で素材を読みます。

③ X、Yともに素材を見ないように伏せて、それぞれが内容のキーワードを1分で別紙に書きます。

④ その後、再話者Xは自分で書いたキーワードのメモだけを使って再話を始めます。

⑤ 支援者Yは、自分が書いたキーワードだけを見て、再話者Xに質問したり、Xの発話をサポートするヒントを出したりします。

⑥ お互いに助け合いながら2人で素材内容を再構築します。

⑦ 次の素材では、再話者と支援者の役割を交代し、再話活動を行います。

X、Yとも素材を読む。

X、Yがそれぞれキーワードをメモする。

Xはメモだけを見て再話。

Yもメモを見ながら聞き、Xの再話を支援し、2人で協力して再構築する。

　再話活動中に教師が注意するポイントは、2人の学習者が素材を見ないでキーワードのメモだけをもとに再話しているかどうか、そして、最初はXが再話を始めるが再話の展開によってX・Yが役割を交替しながら、2人で協力して素材の内容を再構築しているかどうかを確認することです。

　素材は、2人で再話するのであまり簡単で短いと全部覚えてしまう可能性があるため、第1段階よりも少し長めの素材で、易しいものから難しいものへと配列します（詳しくはChapter21で解説します）。

　キーワードの別紙メモは、第1段階と同様、回収して授業改善に活用します。

🗒 第3段階で行う「ペアによる再話活動」

最後の第3段階では、キーワードのような手助けを使わずに、一人ひとりが理解して発信したことをお互いが活かし合いながら、2人で再話を完成することを目的とします。

【表6】(p.54)の「ペアによる再話活動の基本セット」の「(3) ペアによる再話活動」は、第3段階では以下のように進めます。

[第3段階の手順]

① 第1段階、第2段階と同様に、再話する順番を決めます。

② 一人ひとりが素材を3分で読みます。

③ X、Yともに素材を見ないように伏せます。キーワードも書きません。

④ 相手にどんな話かを伝えるために、一人ひとり、自分の頭の中で何をどう伝えるか、1分間考えます。

⑤ その後、Xが再話を始めます。

⑥ 支援者Yは、再話者Xの話した内容に不十分な点があれば補い、自分の理解と異なる場合は指摘し、相互に確認し、助け合いながら2人で再構築します。

⑦ 次の素材では、順番を変えて、Yが再話活動を始めます。

再話活動中に教師が注意するポイントは、理解した内容を2人で整理して再構築しようとしているかどうかを確認することです。再話活動の前に各自が自分の頭の中で何をどう話すか考えることによって、学習者は、メイン・アイデアとサブ・アイデアの関係や文章構造などを

X、Yとも素材を読む。

各自でどう伝えるか考える。

Xは何も見ずに再話。

Yも何も見ずに聞き、2人で協力して再構築する。

意識して、何をどのように話せば、素材の内容を聞き手にわかりやすく伝えられるかを決めます。それは、再話する内容を再構築することにつながり、1人で自律した再話者になることができます。

素材は、第3段階で再話にも慣れてきているため、文章構造や未習の語彙・表現を意識した、ある程度長めで難しいものを使います(詳しくはChapter21で解説します)。

以上の3段階の「(3) ペアによる再話活動」の作業の流れをチャート(【図3】p.58)に表しました。このような流れで再話をした場合、各段階ではどのようなことが起こるのでしょうか。Chapter13から、実際に実践した結果をもとに学習者間の相互行為の様子を紹介します。

【図３：ペアによる再話活動の基本セット〈３段階〉】

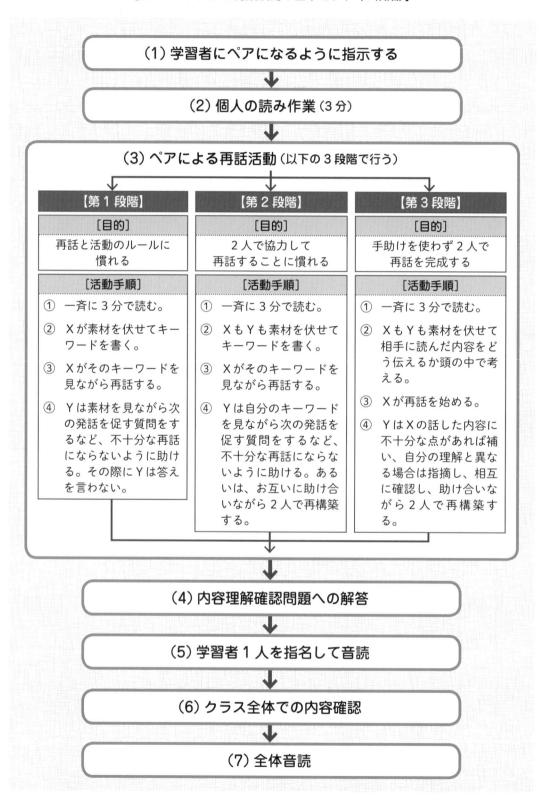

（1）学習者にペアになるように指示する

（2）個人の読み作業（3分）

（3）ペアによる再話活動（以下の３段階で行う）

【第１段階】	【第２段階】	【第３段階】
［目的］	［目的］	［目的］
再話と活動のルールに慣れる	２人で協力して再話することに慣れる	手助けを使わず２人で再話を完成する
［活動手順］	［活動手順］	［活動手順］
① 一斉に３分で読む。 ② Ｘが素材を伏せてキーワードを書く。 ③ Ｘがそのキーワードを見ながら再話する。 ④ Ｙは素材を見ながら次の発話を促す質問をするなど、不十分な再話にならないように助ける。その際にＹは答えを言わない。	① 一斉に３分で読む。 ② ＸもＹも素材を伏せてキーワードを書く。 ③ Ｘがそのキーワードを見ながら再話する。 ④ Ｙは自分のキーワードを見ながら次の発話を促す質問をするなど、不十分な再話にならないように助ける。あるいは、お互いに助け合いながら２人で再構築する。	① 一斉に３分で読む。 ② ＸもＹも素材を伏せて相手に読んだ内容をどう伝えるか頭の中で考える。 ③ Ｘが再話を始める。 ④ ＹはＸの話した内容に不十分な点があれば補い、自分の理解と異なる場合は指摘し、相互に確認し、助け合いながら２人で再構築する。

（4）内容理解確認問題への解答

（5）学習者１人を指名して音読

（6）クラス全体での内容確認

（7）全体音読

CHAPTER 13
第1段階でペアはどのように再話を行ったのか？

X、Yとも素材を読む。　　Xはキーワードをメモする。　　Xはメモだけを見て再話。Yは素材を見ながら聞き、Xの再話を支援する。

🔖 第1段階のペアによる再話活動の目的

Chapter12でも説明しましたが、第1段階では学習者がペアによる再話活動に慣れることを第一の目的としました。初中級レベルの学習者にとって、ある程度の長さで意味のまとまりがある文章を読んで、その内容を理解し、理解した内容をパートナーに話す活動は、けっして簡単ではありません。そのため、第1段階では、ペアの学習者を「再話者」と「支援者」の役割に分け、学習者が安心して再話ができるように工夫しました。

再話者はテキストを読んだ後、まず、再話のため必要だと思われるキーワードをメモし、次に、そのキーワードを見ながら再話をします。支援者は素材を見ながら、再話者が再話を続けられなくなったり、再話の内容が素材の内容から逸れたりしたときに、必要に応じた支援（質問やヒント、発話の促し、簡単な修正など）をします。再話に自信が持てない学習者も、パー

トナーの支援を受けながら、読んで理解した内容を少しずつ思い出し、自分のことばで再話を進めることができるのではないかと考えました。

第1段階では、この「支援者」が「再話者」の再話活動をどのように支援したか、その支援によって再話者の再話がどのように進められたかに焦点を当てて、学習者のやりとりを見てみましょう。

なお、本章の第1段階と第2段階、第3段階（Chapter14、15）で取り上げるやりとりのデータは、全16回（週1コマ90分）のある同じ読解クラスで実践した3段階のペアによる再話活動を対象にしたものです。参加者は、多国籍で、旧日本語能力試験3級〜2級程度の中級レベルの日本語学習者15名でした。また、本章とChapter14、15で取り上げられている【再話データ】の中の網掛け部分は、みなさんに注目してほしい発話を示しています。

第1段階のペアによる再話活動のやりとりの特徴（3つのケース）

　第1段階では、述べ15ペア、45のデータを収集しています。2人の学習者はペアでどのような再話活動を行っていたのでしょうか。この章では、支援者が再話者にどのような働きかけをしたのかに焦点を当てて、ペアのやりとりのデータを分析しました。

　分析の結果、支援者の再話者に対する働きかけには、次のような3つのケースが見られました。

> ケース〔A〕：
> 支援者の効果的な働きかけによって、再話がうまく進んだケース

> ケース〔B〕：
> 支援者の働きかけの方法が再話者の日本語能力に合わず、再話が進められなかったケース

> ケース〔C〕：
> 再話者の内容理解が不十分だったため、支援者が代わりに素材の内容を話してしまったケース

　以下、上掲の〔A〕〜〔C〕のケースの中で、学習者間にどのようなやりとりがあったのか、具体的に見ていきたいと思います。

ケース〔A〕：支援者の効果的な働きかけによって、再話が進んだケース

　まず、R（再話者）とT（支援者）のやりとりを見てみましょう。2人が読んだ素材は、以下のもの（【資料7】）でした。

　再話者はR、支援者はT です。2人はほぼ同等の日本語能力（日本語能力試験N3程度）を有しています。
　R（再話者）の発話に対して、T（支援者）がどのような支援を行っているか見てみましょう。
　【再話データ14】のやりとりを見てください。

【資料7：素材❺】

　日本語にはたくさんのカタカナ語があり、それはどんどん増えている。最近は仕事をカタカナ語で言う人もよくみかける。特に最近できた新しい仕事にはカタカナ語が多い。コンピューターのプログラムを作る「プログラマー」や、つめにきれいな色やかざりをつける「ネイリスト」などがそうである。
　また、昔からあった仕事だが、最近になってカタカナ語で呼ぶようになったものもある。例えば、ダンスなどの教師を「インストラクター」、芸術家を「アーティスト」、運動選手を「アスリート」などと呼ぶ。どれも昔の言い方よりもカタカナ語で言ったほうが、特別な感じや新しい感じがする。

（田代ひとみほか『新完全マスター読解　日本語能力試験N3』スリーエーネットワークより）

考えよう！【再話データ 14】

RとTの再話活動では、「プログラマー」「ネイリスト」「インストラクター」「アーティスト」「アスリート」などのカタカナ言葉がうまく理解できるかが大きなポイントになっています。RとTの場合も、まずR（再話者）が、1Rで「最近新しいカタカナ語が増えていること、例えば、『アスリート』『プログラム』『ネリスト』『インストロー』」と話したことに対して、2Tと4TでT（支援者）が「インストラクター」の修正と、まだ挙げられていない「アーティスト」の提示をしています。それに対して、R（再話者）は、5Rでカタカナ語が「増えている」（発話では「ふいてくる」）ことは述べていますが、5Rの最後

で「他に、何かありますか」と述べたり、7Rで「完璧ですか、俺？」と聞いたりして、それぞれのカタカナ語が何なのかについては、話していません。それに対して、T（支援者）は、8Tで「でも、最近、どんな仕事を、よくカタカナ語を使いますか」と質問し、それぞれのカタカナ語がどんな仕事を表しているのかについての説明を求めています。その質問に答える形で、Rは9Rで「プログラマー」「インストラクター」「アーティスト」の説明を試みています。Tの質問は、Rが素材の内容をより詳しく再話するための促しになったと考えることができます。

この例のように、支援者の質問が再話者の丁寧な発話を促し、より的確な再話になっていったケースは、数多く見られました。

【再話データ 14：支援者の効果的な働きかけによって、再話が進んだケース】

……（前略）……

1 R： 最近、昔の日本語より、新しいカタカナ語、が、使われてきます、えー、いろんな仕事でも、そうです、例えば、アスリートとか、プログラムとか、あー、ネリスト、ネリスト？とか？　えー、インストロー

2 T： インストラクター？

3 R： Yeah, インストラクター、ルー、トー、インストラクター

4 T： と、アーティスト

5 R： アーティスト、あー、とりますその、そのカタカナ語、がふいてきます、ふいてくるという、ことです、他に、何かありますか？

6 T： えー

7 R： 完璧ですか？　俺

8 T： えへへ、うーん、そうだね、えー、でも、最近、えー、どんな仕事を、よくカタカナ語を使いますか？

9 R： この、この全部、コンピューターの、プログラムを作る人とか、えー、とか、あのー、せんしゅう、の、えー、せんしゅうの、教師、とか、そのインストラクターという人、えー、それと芸術を、やってる人とか

10 T： そうだよね、でも、ネイリストは、な、な、なんだっけ？

11 R： Help、わかんない、ネイ、ネイリスト、ネイリスト

12 T： こん、こん、こん、コンピューターの言葉ですか？

13 R： ネイリスト

14 T： 仕事ですか？

……（後略）……

> 残念！「増えています」の間違いですね。

> Rは、自分の言えることを全部言って、「はい、終わり」って感じですね。

> Tは内容の確認、より精緻な再話を目指して、Rの発話の不十分な部分を質問しています。

> Rは、Tの質問に答えながら、自分が十分に話せなかった部分を話しています。

ケース〔B〕：支援者の質問があまり効果的
ではなかったケース

//

　次に、ケース〔A〕とは逆に、支援者の質問
や促しが再話者にとって効果的な働きかけにな
らなかった例を見てみましょう。

　次の例は、T（再話者）とP（支援者）の再話
活動のやりとりです。Pの日本語能力はTに比
べかなり高く、2人の日本語能力には、かなり
の差が見られます。

　使用した素材（【資料8】）は、前掲のケース
〔A〕の素材に比べると、かなり抽象的な述べ方
になっています。本文の主張は、相手に自分の
伝えたいことを伝えるためには、伝えたい内容
を自分が深く理解しておくことが大切であり、
そのためには不確かなことは調べたり考えたり
する習慣を身につけることが重要だということ
ですが、具体的な出来事やエピソードの話では
なく、かなり抽象的な内容になっています。こ
のような抽象的な内容の文章を理解し、再話す
るためには、文章の構成をしっかり把握し、筆
者が言いたいことは何なのかを的確に読み取る
ことが必要です。これは、Tにとっては、けっ

して簡単なことではありませんが、Tは、果敢
に再話に取り組んでいます。

考えよう！【再話データ 15】

　2人がどんなやりとりをしたのか、見てみま
しょう（【再話データ15】）。【再話データ】中の
網掛け部分に注意して見てください。

　Tは、3Tと5Tで、相手に言いたいことを伝
えるために大切なこととして、「わかりやすい
言葉」と「目を見ること」の2点を挙げています。
しかし、その後の展開については、5Tの最後
で「うーん、他のは、あー、忘れた、えっとー、
あっ」と述べ、再話が続けられないことをPに
伝えています。これに対して、Pは、6P、8P、
10Pで「誰でも」という言葉を繰り返し、さら
に12PでT自身が3Tで語った「わかりやすい、
言葉」につながる「わかりやすい」を言うこと
によって、Tに「誰でもわかりやすい」という
ような表現を言わせようと促していますが、T
は先を続けることができず、結局、Tは「わか
らない」（13T）と、再話をあきらめています。

　このようなTに対して、Pは、14Pで「なに

【資料8：素材❻】

　相手に自分の言いたいことをわかりやすく伝えるために最も大切なことは何だと
思いますか。相手の目を見て話すことでしょうか。誰にでもわかるやさしいことば
で話すことでしょうか。自分の言いたいことを相手にきちんと伝えるには話し方や
表現も大切ですが、まずは、伝えたい内容を自分自身が深く理解しておくことです。
内容に少しでも不確かなことがあったら、そのままにしないで調べたり考えたりす
る習慣を身につけましょう。

（岡本能里子監修『日本語能力試験スーパー模試 N 3』アルクより）

なに、ことでしょうか、なになに、ことでしょうか、この２つです、それあと、実は正しい答えは、なになにですけど……」と質問しています（網掛け部分参照）。この質問の目的は、言いたいことを伝えるためには、「２つのこと」、つまり、相手の目を見て話すことと、わかりやすい言葉で話すことが重要ですが、それ以上に、「正しい答え」、つまり、伝えたい内容を自分がしっかり理解しておくことがいちばん大切だということを、Ｔ（再話者）に話してもらうための促しです。Ｐは、ここで文章の全体の構成を示し、何を再生すればいいかをＴに確認してもらおうと考えていると思われます。しかし、ここで用いられている「なになに、ことでしょうか」「実は正しい答えは、なになにですけど……」というような表現は、非常に抽象的で、日本語初級レベルを終えたばかりのＴにとっては、わかりにくい表現・言い方だったようで、

Ｔは即座に15Ｔで「わからないです」と答えています。

その答えを聞いて、Ｐは16Ｐで「大切な、ものは、なんですか、相手に、あのー、はないたいこと、わかりやすい、やすい、わかりやすい、ものは、大切なものは」と質問を変えています。ここでＰが言った「大切なもの」という表現は、Ｔが最初に再話を始めたときに、Ｔ自身が話した言葉であり、言い換えれば、Ｔにとって「わかっている」言葉です。つまり、ここで、ＰはＴにとってわかりやすい表現をもう一度出すことによって、「大切なもの」としての「わかりやすい言葉」、文章中に用いられている言葉で言えば、「話し方」と「表現」を導き出したかったと考えられます。

しかし、Ｐのこのような働きかけは、必ずしもＴには的確に伝わらず、最終的にＴは再話を完成することはできませんでした。

 【再話データ15：支援者の質問があまり効果的ではなかったケース】

1 Ｔ：OK	
2 Ｐ：頑張って	
3 Ｔ：あっ、頑張ります、じゃあ、OK、相手に、うん、自分、で、いいたいこと、うん、ううん、伝える、やすく、ために、大切な、ことは、何、うん、大切なこと、は、えっとー、わかりやすい、言葉、そして、ああ、すいません、は、大切な、ことは、何、と思います、うん、じゃあ、えっとー、うーん、あー	Ｔは、3Ｔと5Ｔで相手に伝えたいことを伝えるためには、「わかりやすい言葉」と「目を見て話すこと」の２つが大切だと話しています。
4 Ｐ：this?	
5 Ｔ：あっ、あっ、そうそうそう、えっとー、うん、目を、な、大切なことは、目を見て、わかりやすい言葉、たぶん、うーん、他のは、あー、忘れた、えっとー、あっ	
6 Ｐ：誰でも？	Ｐは、3Ｔと5ＴでＴが言った「わかりやすい言葉」を受けて、「誰でもわかりやすい」という表現を引き出そうとして、6Ｐ、8Ｐ、10Ｐで「誰でも」という言葉を繰り返していますが、Ｔには、Ｐの意図がわからないようです。
7 Ｔ：ん？	
8 Ｐ：誰でも？	
9 Ｔ：あっ、誰の？えっ？	
10 Ｐ：いいえ、誰でも？	
11 Ｔ：ああ	
12 Ｐ：わかりやすい	
13 Ｔ：あー、わからないです	

14 P：なになに、ことでしょうか、なになに、ことでしょうか、この２つです、それあと、実は正しい答えは、なになにですけど

15 T：わからないです

16 P：うん、えっとー、うん、OK、そして、これは、大切な、ものは、なんですか、相手に、あのー、はないたいこと、わかりやすい、やすい、わかりやすい、ものは、大切なものは

17 T：大切な、ものは

18 P：たぶん

19 T：うん、表現？と

20 P：はい、表現？

21 T：はい

22 P：はい、表現です

23 T：表現と、あー

24 P：なになに、かたですか？

25 T：ん？

26 P：なになに、かたですか？

27 T：かんたん？

28 P：かた、かたして、method、method、表現と

29 T：うん

30 P：言い方

31 T：ああー

32 P：はい

33 T：ああ、言い方

34 P：はい、かた

35 T：ああ、表現と、言い方、と、もう、もう、いとつ

36 P：あっ、ない、ない、ない

37 T：ない？　あっ

38 P：２つです

　　　……（後略）……

Pは、相手に自分の言いたいことをわかりやすく伝えるためには、２つのことが大切だということを、「なになに」という表現を繰り返すことによって、示そうと考えていますが、この質問は、あまり効果的ではないようです。

14Pの質問がTにうまく伝わらなかったことを見て、Pは16Pで質問の方法を変えます。
「はなしたいこと、わかりやすい」「大切なものは」と、Tにわかりやすい言葉を繰り返して質問しています。

Tは、16Pの質問に答えられました!!

でも、またここでPの悪い癖です。「なになに、かたですか」という質問を繰り返します。「なになに、かた」は、Tにはよくわかりません。

Pは30Pで「言い方」という答えを与えています。31Tで、Tは「ああー」と言っています。Tは、「言い方」ということはわかっていたのかもしれません。
もし、「なになに、かた」という質問でなかったら、Tは答えられたかもしれませんね。

では、どうしてPの再話活動への支援はうまくいかなかったのでしょうか。1つには、Tが文章理解、特に文章がどのような構成になっているか、いちばんのメッセージは何かが十分に理解できていなかったことが挙げられます。

　そして、もう1つの大きな要因として、Pの質問のしかた、質問の出し方にも問題があったのではないでしょうか。前述したように、Pは14PでTに対して、「なになに、ことでしょうか、なになに、ことでしょうか、この2つです」「実は正しい答えは、なになにですけど」と話しかけていますが、このようなメタ的な表現を用いた大局的な視点からの質問、いわゆるトップダウン的な読み取りを確認するような質問は、Tにとっては難しすぎたのではないかと考えられます。

　文章の内容を大局的に捉え、文章がどのような構成で作られているかを理解し、文章の大意を的確につかまえるのは重要なスキルです。しかし、そのような捉え方ができるようになるためには、「テキストベース」のレベルの処理ができていることが前提となります。文と文、段落と段落がどのような関係で結ばれているのか、文章の全体的な構成がわかっていないと、Pが言ったトップダウン的な視点からのアドバイスや質問に的確に答えることはできません。

　Tは、これまで一字一句、一文一文、字を追いながら、文章の表層構造の処理を正確に行っていくという読み方を繰り返してきたのではないかと思われます。少なくとも、この時点では、Tには、限られた時間で前掲の素材（【資料8】）の内容をトップダウン的な読み方で把握することは難しかったということができます。そのTにとって、Pの大局的な見地からの質問は、何を質問されているのかも十分に理解できなかったのではないかと思われます。

　この例から、再話者のレベルやそれまでの学習経験などに合った質問のしかたをしなければ、再話者の再話を支援することにはつながらないということがわかります。そして、それを学習者間で行うことは、けっして容易ではないことが確認されました。実際に、この事例の他にも、質問のしかたや相手の発話の促しの方法が難しく、2人のやりとりがうまく進んでいない再話データがいくつか見られました。

　そして、その多くが、日本語能力のレベル差があるペア間で、特に日本語能力が高い学習者がパートナーの学習者に働きかけているやりとりの中で見られました。日本語能力の高い人がパートナーにわかりやすい形でどのように働きかければいいか、このケースは、ペアの再話活動の進め方を考えるうえで、とても示唆に富んでいると思います。

ケース〔C〕：支援者が素材の内容を話し
てしまったケース

最後に、再話者の再話が思うようにならず、支援者が再話を完成させてしまったケースを見てみましょう。

以下のやりとりの例は、O（再話者）とQ（支援者）の再話活動のやりとりです。Qの日本語能力はOに比べかなり高く、2人の日本語能力には、かなりの差が見られます。

素材は以下の【資料9】を使用しました。

では、Oはどのように再話を進めているのでしょうか。2人のやりとりを見てみましょう（【再話データ16】～【再話データ18】）。

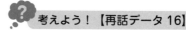

考えよう！【再話データ16】

まず、次のページの【再話データ16】ですが、O（再話者）は、最初に10で「あのー、インターネットと、携帯と、本と、新聞と、雑誌」と話しています。これらは素材の最初の1文のキーワードになっています。その後、30（「の、読む、と」）、50（「多いと、思います」）と話を続け、「インターネットや携帯を使って、小説や新聞、雑誌を読む人が増えている」という部分を再話しようとしていますが、「インターネットや携帯を使って」の部分が再生できておらず、十分な再話には至っていません。続けて、Oは、70、90、110で、途切れ途切れに「インターネットでも携帯でも、何でも読めればいい」というようなことを言おうとしています。

さらに170、190、210では、「コンピュータでは字を大きくすることができるから便利だ」という趣旨のことを言おうとしていると思われますが、「大きくする」を「増えている」と

【資料9：素材 ❼】

　インターネットやケータイを使って、小説や新聞、雑誌などを読む人が増えている。画面から読むので、本の大きさや重さを気にすることなく、いつでもどこでも読めて、手軽だということで、人気なのだそうだ。

　私も最近、それを利用するようになった。今は、退職して家にいるので、部屋のパソコンで読むのだが、読むときに、字を好きな大きさに変えられるのが、なにより便利だ。今まで紙の本を読むときには自由にならなかったことが解決し、より読書を楽しめるようになった。

（岡本能里子監修『日本語能力試験スーパー模試N3』アルクより）

誤って言っていることから、全体として何が言いたいのかはっきり伝わりません。

ここまでの一連のＯの再話は、文章レベルの再生になっておらず、単語あるいは句レベルの再話が多くなっています。Ｏにはまとまった内容を文章で再生するという能力がまだ十分に身についていないようです。

ここまでは、Ｏが再話のイニシアティブをとっています。Ｑは、Ｏの発話を聞いて、相づちを打ったり、Ｏに発話の意味がはっきりしないところは、「えっ」（8Q）のように短く問い返しをしたりしています。

この後、ＯとＱのペアの再話はどのように展開するのでしょうか。Ｑ（支援者）の発話に注目して、続きを見てみましょう（【再話データ17】）。

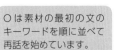
Ｏの発話に注目。
どんなふうに再話をしているのかなぁ……

【再話データ 16：支援者が素材の内容を話してしまったケース①】

……（前略）……

１Ｏ：あのー、インターネットと、携帯と、本と、新聞と、雑誌

> Ｏは素材の最初の文のキーワードを順に並べて再話を始めています。

２Ｑ：うん。

３Ｏ：の、読む、と

４Ｑ：うん、うん、うん、うん。

５Ｏ：多いと、思います。

> Ｏはまだまとまった文で話すことが難しいようです。1Ｏと3Ｏ「読む」と5Ｏ「多い」が、どのようにつながるのか、はっきりしていません。

６Ｑ：うん。

７Ｏ：あのー、なんでもいい。

８Ｑ：えっ？

９Ｏ：あるは、なんでもいい。

> 「何でも読めればいい」ということが言いたいのでしょうか。テキストには書かれていませんが…

10Ｑ：ああ、そう、そうですね。

11Ｏ：読めれば。

12Ｑ：うん。

13Ｏ：でも、この人

14Ｑ：うん。

15Ｏ：たぶん、本、好きですけど

16Ｑ：はい。

17Ｏ：コンピュータで、字を、増えている、か、増えて、かい

> 「コンピュータで、字を、増えている」…どういう意味かなあ？　テキストの意味から考えると、「字が大きくなっている」ということでしょうか。

18Ｑ：ます、うんうん。

19Ｏ：ことがありますから

20Ｑ：うん。

21Ｏ：便利

22Ｑ：うん。

23Ｏ：と思います。

24Ｑ：うん。

? 考えよう！【再話データ 17】

　27O で、O が「本、の、読む、本の読むのは、楽しいと言いましたね？」と質問してきたことをきっかけに、Q の対応に変化が見られました。Q は、30Q、32Q、34Q、36Q、38Q で、なぜ「読書が楽しめるようになったか」、その理由について、文章に書かれていることを O に確認しようとしています。つまり、紙の本では字が小さい場合、読むのが難しいが、コンピュータで字を大きくすることができるようになったので、「より読書を楽しめるようになった」ということを、O にわかりやすく説明しています。ここで Q（支援者）のやりとりへの関わりが大きく変わります。再話者と支援者の立場が逆転し、Q（支援者）が O（再話者）に文章の内容を説明するという行為が中心になります。

　30Q、32Q、34Q、36Q、38Q では、Q が文章の内容を再話し、O は「あっ、そうそう」「はい」と相づちを返しているだけで、この回のペアに

よる再話活動の再話者が O であるという点から考えると、ここでの Q の行為は、支援者としての枠を越えたものと考えられます。

　では、この後、O と Q はどのようにペアの再話を展開していったのか、見てみましょう（【再話データ 18】）。

? 考えよう！【再話データ 18】

　Q は、【再話データ 17】のやりとりの中でも、O がうまく再話できない部分を、30Q、32Q、34Q、36Q、38Q で見られるように、O の代わりに説明するような行動をしていますが、【再話データ 18】の中でも、積極的に O の再話に関わっていこうとしています。

> 今度は Q の発話に注目しみましょう。どんな変化があるでしょうか。

【再話データ 17：支援者が素材の内容を話してしまったケース②】

25 O：	あのー、でも
26 Q：	うん。
27 O：	本、の、読む、本の読むのは、楽しいと言いましたね？
28 Q：	あっ、たぶん
29 O：	うん、面白い。
30 Q：	その意味は、その意味は、前に、ほっ、紙で
31 O：	あっ、紙で
32 Q：	字は小さいですから、
33 O：	あっ、そうそうそう。
34 Q：	ちょっと難しい、読むことは、ちょっと難しい
35 O：	はい。
36 Q：	でも、コンピュータで、字が大きく
37 O：	はい。
38 Q：	なりました。
39 O：	はいはいはいはい、それはわかりましたけど、あとで。
40 Q：	はい。

> Q が積極的に話し始めます。ペアによる再話活動のイニシアティブをとっています。

> 「紙は、字が小さい」一方、「コンピュータは字が大きくなる」、この対比を、Q は O に説明しています。

> Q の役割は、O の足りない部分を説明したり補足したりすることなのですが…

【再話データ18：支援者が素材の内容を話してしまったケース③】

〇 の発話に注目。

…… （前略） ……

41 〇：あのー、コンピュータがいいと思っても、あとで出た本、今も楽しい
と思いました。

42 Q：うん、そうですね。

43 〇：でも

44 Q：うん。

45 〇：前は、本は、重さ

〇は、なかなか文で話す
ことが難しい。
「本は重いので、持ち運
びが不便」ということで
すね。

46 Q：うん。

47 〇：ちょっと、不便、だった。

48 Q：はい。

49 〇：でも、どこでも、読めることがありました。今、だっ、本を持って行って

50 Q：えっ、えっ、えっ？　ちょっと、ちょっと

49〇 の発言にQ が異議
申し立て！！

51 〇：　いやいやいやいや

52 Q：ちょっと、チェックしたい、もう一度、お願いします。

53 〇：はい、あのー

54 Q：うーん。

55 〇：どこでも

Q は 52Q に対する〇 の
反応を辛抱強く待ってい
ます。

56 Q：うん。

57 〇：読める、ことがあります。えっとー、携帯とか

58 Q：はい。

59 〇：あのー、本とか、新聞とか、持って

60 Q：はい。

61 〇：どこでも、行く。ことがあります。

62 Q：へぇー。ちょっと、チェックしたいですが

〇 の「携帯とか、本とか、新
聞とか、持って、どこでも行
く」という発言に対して、Q
はちょっとチェックを入れて
います。

63 〇：うん。

64 Q：えっとー、この意味は

65 〇：大きさ、重さ

〇はどうも本や雑
誌の重さを気にし
ているようです。

66 Q：うんうんうん。

67 〇：気にすることなく、

68 Q：うん。それは、携帯で？　かめんから、かめんは携帯の

69 〇：うんうんうん。

結局、Q は携帯は持ち運
びが簡単なので、いつで
も、どこでも読めるとい
うことを自分で話してし
まいます。

70 Q：はい。そして、携帯で読むは、いつでも、どこでも

71 〇：はい。

72 Q：読める。

73 〇：はい。

74 Q：そうと、言いました。

まず、45O、47O、49O でのO の発話に対して、50Q と 52Q でQ は「ちょっとチェックしたい。もう一度お願いします」と述べ、O に再度の再話を促しています。ここでは、Q は自分から話し出すのではなく、O が話すのをじっと待ち、55O と 57O で、O が「どこでも」「読める、ことがあります」「携帯とか」と述べた部分については、56Q と 58Q、60Q で「うん」「はい」と相づちを打っています。

しかし、59O「あのー、本とか、新聞とか、持って」と、61O「どこでも、行く。ことがあります。」と述べたとたんに、62Q で再度「へぇー。ちょっと、チェックしたいですが」と異議を申し立て、65O と 67O で「大きさ、重さを」「気にすることなく」と述べたO に対して、68Q「うん。それは、携帯で？　かめんから、かめんは携帯の」、70Q「はい。そして、携帯で読むは、いつでも、どこでも」、72Q「読める。」と、「携帯は持ち運びが簡単なので、いつでも、どこでも、携帯の画面でいろいろなものが読める」というテキストの内容を確認しています。ここでも、結局、Q は O に正しく再話させることには成功していません。

Q の役割としては、O（再話者）の再話内容が的確であるかどうかをチェックし、的確でない場合は、その修正を手助けすることですが、今回の再話に関しては、Q は自分で修正してしまうケースが多く、O が自分の間違いに気がついて修正し、Q は修正されるまで待つという支援者の役割は十分に達成されたとは言えませんでした。

以上、第 1 段階のペアによる再話活動の特徴を支援者の再話者に対する働きかけに焦点を当てて、3 つのケースから見てきました。ここでもう一度確認しておきましょう。

ケース〔A〕:
支援者の効果的な働きかけによって再話がうまく進んだケース

ケース〔B〕:
支援者の働きかけの方法が再話者の日本語能力に合わず、再話が進められなかったケース

ケース〔C〕:
再話者の内容理解が不十分だったため、支援者が代わりに素材の内容を話してしまったケース

〔A〕のケースは、文章の難易度によって語られた内容の完成度には差がありますが、傾向として、2 人の日本語能力が同じ程度のペアのほうが、お互いの働きかけが効果的に機能していた例が多く見られました。

〔B〕のケースは、例に挙げたT（再話者）とP（支援者）のように、2 人の日本語能力のレベルに差があるペアの再話データの中で観察されました。日本語能力が高い学習者は、文章を読んで、「テキストベース」のレベルの処理を的確に行い、その文章がどのような構成で書かれ、重要なポイントは何かということを正しく捉え、自分の中に文章の理解に基づいたストーリーを再構築しています。そして、その視点からパートナーの再話を聞き、自分の中に再構築された内容と照合しながら、質問したりパートナーの発話を支援したりします。

ここで問題になるのが、その支援の方法がパートナーに理解できるものになっているかどうかという点です。日本語能力が高くても、短

「再話」を取り入れた日本語授業

初中級からの読解

読んで理解したことが伝えられるようになるために

【別冊付録】
素材例集

もくじ

［第3段階］

［チャレンジ素材］

「素材例集」について

　この素材例集には、40の素材例を入れました。すべて本書の著者2名が書きおろしたものです。初中級学習者対象の読解コース（1コマ90分×全16回分）を対象にしています。1回の授業で3つの素材を使用することを想定し、第1段階は、4回の授業と初回練習用に計13、第2段階は、4回の授業用に計12、第3段階は、5回の授業用に計15の素材が、文章の長さ（文字数）の少ない順に並べてあります。旧日本語能力試験の2級以上の語彙にはルビがつけてあります。

　各素材には、授業でそのまま使えるように内容理解確認問題がつけてあります。内容理解確認問題は、学習者が素材の内容を理解しているかどうかを短時間で確認するためにあります。そのため、内容を理解していれば答えられる簡単なもので、原則、文章の流れに沿って、選択肢が並べてあります。

　どの素材を、どのような順で使うかは、学習者の興味関心や学習環境に合わせて、各段階で適当な素材を取捨選択して柔軟に考えてください。ここに挙げた素材は、本書の執筆にあたって筆者があくまで「例」として作成したものですので、素材として難しいという可能性もあります。どこがどのように難しいのか、実践を振り返って分析してみてください。そして、是非、オリジナルの素材を作って試してみてください。

　素材の文章や内容理解確認問題は、学習者に合わせて自由に改変して使ってかまいません。ただし、以下のルールを守ってお使いください。

［使い方］

＊「別冊付録」に掲載した素材の文章ならびに内容理解確認問題については、お使いになるクラスの状況に合わせて、適宜、改変を加えていただいてかまいません。（「別冊付録」に掲載している素材に限り、著作権者への申請なしに、複写・複製ならびに改変してご利用いただけます。）

＊「別冊付録」に掲載した素材例のデータもご利用いただけます。改変・編集をしてお使いになる場合は、こちらもご活用ください。凡人社ウェブサイトよりアクセスしてください。
［URL］　https://www.bonjinsha.com/wp/saiwa

（2020年3月現在）

　人が困難や挫折を乗り越えようとするとき、最大の敵は自分の脳だという。これまでの嫌な記憶が思い出となって繰り返し襲ってくるからである。そんなときは深呼吸するとよいそうだ。ただし、ただ深呼吸をすればいいというわけではない。

　まず、息を吸ってから4秒以上息を止める。そして、今度はゆっくり8秒かけて息を吐く。吸うよりも吐くときに時間をかけるのがコツだそうだ。このようにゆっくりと時間をかけて深呼吸するとかなり気持ちが切り替わるという。

【内容理解確認問題】

Q. 本文と内容が合っているものに〇、違っているものに×を書いてください。

1（　　）脳にはこれまでの失敗や挫折の思い出が残っていて、その記憶は人が新たな困難や問題を乗り越えようとするとき、大きな障害となる。

2（　　）失敗や挫折の嫌な記憶が何度も思い出されるときは、ゆっくりと時間をかけて深呼吸を繰り返していると、忘れることができる。

3（　　）気持ちを切り替えるためには、深呼吸が効果的だが、4秒以上息を吸って、ゆっくり吐くのがポイントである。

4（　　）ゆっくりと時間をかけて深呼吸すると、脳の働きがよくなり、困難や挫折を乗り越えることができる。

（小河原義朗・木谷直之『「再話」を取り入れた日本語授業　初中級からの読解』別冊付録）

5

　　最近、街の中に、水飲み場や、マイボトルに無料で水を入れてくれる店舗や施設を増やそうという活動が始まっている。これは、水道水をもっと活用して環境への負荷を減らそうというねらいがある。ペットボトルのリサイクルをいかに進めても、ペットボトル飲料の輸送などで多くの二酸化炭素が排出されてしまう。そのため、ペットボトルによる飲料水の購入をやめて、マイボトルを持ち歩き、必要なときにいつでもどこでもただで給水ができるようにしようというわけである。

【内容理解確認問題】

Q. 本文と内容が合っているものに〇、違っているものに×を書いてください。

1 （　　） 最近、水道水のかわりにペットボトルの飲料水をただで飲める店舗が増えている。

2 （　　） 最近、水道水を飲み水としてもっと活用することによって、ペットボトル飲料水を買うのをやめようという活動が始まった。

3 （　　） 最近、ペットボトルのリサイクルをやめて、いつでもどこでもマイボトルに無料で水を入れて飲めるようになった。

4 （　　） ペットボトル飲料を輸送するときに二酸化炭素が多く排出されるので、ペットボトルのリサイクルは効果がない。

（小河原義朗・木谷直之『「再話」を取り入れた日本語授業　初中級からの読解』別冊付録）

　近年、「スマートシューズ」と呼ばれる、センサーを入れた靴の開発が進んでいる。履いて走るだけでどのように走っているかなどのデータが計測され、スマホの専用アプリでさまざまな分析結果を見ることができる。実際に履いてみると、少し重いだけで、ランニングシューズとほとんど変わらない。一般の市民ランナーは、フォームを改善して、けがを防いだりタイムを縮めたりすることができる。履くだけで利用できるので、高齢者らの健康管理や居場所の確認にも応用されている。

【内容理解確認問題】

Q. 本文と内容が合っているものに〇、違っているものに×を書いてください。

1 （　　）　スマートシューズは、アプリを使えば、履いている靴についていろいろなデータを測ることができる。

2 （　　）　スマートシューズは、自分の走るフォームを改善したり速く走ったりするためのデータを集めることができる。

3 （　　）　スマートシューズは、センサーが入っていて少し重いので、運動に適している。

4 （　　）　スマートシューズは、履くだけなので、高齢者が今どこにいるのか確かめることにも使える。

（小河原義朗・木谷直之『「再話」を取り入れた日本語授業　初中級からの読解』別冊付録）

例えば、「山田花子」という名前があります。日本では、「山田」が姓、または名字、「花子」が名、または名前と言います。名字で多いのは、「佐藤」「鈴木」「高橋」「田中」「渡辺」などで、みなさんの近くにもこの名字の人がいるかもしれません。最も多いのは「佐藤」で、日本全国に200万人くらいいるそうです。

名字には様々なものがあります。都道府県名と同じ名字の人もいます。例えば、山口さん、石川さん、宮崎さんなどです。47の都道府県名で、名字にないのは、沖縄と愛媛だけだそうです。

【内容理解確認問題】

Q. 本文と内容が合っているものに○、違っているものに×を書いてください。

1 （　　） 日本人の名前は、名字が先に来て、名が後に来ます。

2 （　　） 日本の名字で多いのは、「佐藤」「鈴木」「高橋」「田中」などで、全部で200万人ぐらいいるそうです。

3 （　　） 日本には、47の都道府県と同じ名字の人が住んでいます。

4 （　　） 日本には「山口」「石川」「宮崎」という名前の県があります。

（小河原義朗・木谷直之『「再話」を取り入れた日本語授業　初中級からの読解』別冊付録）

夏の暑い日にずっと外にいたりすると、体温が上がり、めまいが起きたり、気持ちが悪くなったり、頭が痛くなったりします。それは熱中症かもしれません。すぐに涼しい場所に移動して、体を冷やし、十分な水を飲んで、塩分を補給してください。大丈夫だと安心していると手遅れになることもありますから、症状が変わらなければすぐに病院に行くか、救急車を呼んでください。

熱中症は、暑い日中、屋外で起こるだけではありません。夜や屋内でも起こる可能性があるので、いつでもどこでも注意が必要です。

【内容理解確認問題】

Q. 本文と内容が合っているものに〇、違っているものに×を書いてください。

1 （　　）熱中症になるとめまいが起きたり、頭が痛くなったりしますが、しばらく休んでいれば治るのであまり心配しなくてもいいです。

2 （　　）熱中症になったら、まず病院に行くか、救急車を呼んだほうがいいです。

3 （　　）熱中症は、夏の暑い日、屋外にいるときに起こるので、外に出ないで屋内にいれば安心です。

4 （　　）屋外でも屋内でも熱中症になる可能性があるため、暑いときは水や塩分を補給して、体温を下げたほうがいいです。

（小河原義朗・木谷直之『「再話」を取り入れた日本語授業　初中級からの読解』別冊付録）

　自動翻訳システムの発展が目覚ましい。例えば、自動翻訳アプリが入ったスマホに相手に伝えたいことを吹き込むだけですぐに翻訳され、訳文がスマホ画面に表示され、音声も流れる。この間1秒もかからないため、スマホに交互に話しかければ簡単に会話ができてしまう。最近はAIを利用することによって飛躍的に性能が向上しているそうである。観光地や駅などでボランティアがスマホや翻訳機を使ってガイドをしている様子もよく見られるようになった。言葉の壁はますますなくなっていく。便利な世の中である。

【内容理解確認問題】

Q. 本文と内容が合っているものに〇、違っているものに×を書いてください。

1　（　　）　自動翻訳システムの発展によって、翻訳も通訳も簡単になり、言葉の壁は完全になくなった。

2　（　　）　自動翻訳システムの発展によって、訳したい言葉や文をスマホに入力すれば、1秒もかからないうちに訳文は表示されるが、会話はまだできない。

3　（　　）　最近はAI利用によって自動翻訳システムの性能はますます高くなり、観光地や駅のガイドに使われるようになった。

4　（　　）　自動翻訳システムの性能が上がったため、言葉によるコミュニケーションはますますなくなっていく。

（小河原義朗・木谷直之『「再話」を取り入れた日本語授業　初中級からの読解』別冊付録）

　みなさんは納豆を食べたことがありますか。「においが臭い」「見た目が気持ち悪い」「ネバネバしている」など、あまりいいイメージを持っていない人もいるかもしれません。

　日本では、昔から食べられている食べもので、とても人気があります。食べ方はいろいろありますが、よく朝ご飯などで、あたたかいご飯にかけて食べます。以前は、東日本で食べられ、関西ではあまり食べられない傾向がありましたが、最近は全国的に人気があります。納豆はとても栄養があり、安く、冷凍庫に入れて長期間保存もできます。ぜひ食べてみてください。

【内容理解確認問題】

Q. 本文と内容が合っているものに〇、違っているものに×を書いてください。

1 （　　）　納豆はにおいや見た目があまりよくないので、日本人はみんなよくない印象を持っています。

2 （　　）　納豆の食べ方はいろいろありますが、朝ごはんのとき、あたたかいご飯にかけて食べるのは一般的です。

3 （　　）　納豆は昔から日本全国でとても人気がある食べ物です。

4 （　　）　納豆はとても栄養がありますが、悪くなりやすいので早く食べなければなりません。

（小河原義朗・木谷直之『「再話」を取り入れた日本語授業　初中級からの読解』別冊付録）

東京は、昔、江戸という名前でした。17世紀から19世紀の中ごろまで、250年ほど、江戸幕府という昔の政府があったところです。初めはあまり大きな町ではありませんでしたが、町を整備していく中で、どんどん人口が増え、1800年ごろには100万人を超えていたのではないかと言われています。同じころのロンドン（約86万）、パリ（約55万）などと比べても、非常に多くの人が住んでいたようです。

　ただ、江戸の半分は武士の町で、住んでいる人の多くは武士でした。また、町づくりのために集められた職人が多く、女性は非常に少なかったようです。

【内容理解確認問題】

Q. 本文と内容が合っているものに〇、違っているものに×を書いてください。

1　（　　）東京は江戸と呼ばれ、17世紀から19世紀の中ごろにかけて、今のような大都市でした。

2　（　　）江戸は武士中心の町で、職人や商人、女性はあまり多く住んでいませんでした。

3　（　　）東京には、昔、江戸幕府があり、日本の政治の中心地でした。

4　（　　）1800年ごろ、江戸は当時のロンドンやパリよりも人口が多かったそうです。

（小河原義朗・木谷直之『「再話」を取り入れた日本語授業　初中級からの読解』別冊付録）

エスカレーターに乗るとき、片側に寄って乗るのはなぜでしょうか。片側が空いていると、急いでいる人が通りやすいからです。でも、調査によると、ラッシュなどでこんでいるときは、みんなが早く着くには片側を空けないで、2人並んで乗ったほうがいいそうです。

片側に乗るといっても、右側か左側かは地域によって異なるようです。日本だけを見ても、関東地方などの東日本では左側ですが、関西地方などの西日本では右側に乗るそうです。東京の人が大阪に行くと、つい間違って左に乗ってしまい、迷惑に思われることがあるので注意しましょう。

【内容理解確認問題】

Q. 本文と内容が合っているものに〇、違っているものに×を書いてください。

1 （　　） エスカレーターでは右側でも左側でも空いている側を歩いて通ると、ほかの人に迷惑がかかります。

2 （　　） エスカレーターに乗るときは、右でも左でも片側を空けたほうが早く着きます。

3 （　　） エスタレーターの乗り方は規則で決まっていて、東日本と西日本では違っています。

4 （　　） 東京の人は大阪に行ったとき、エスカレーターの右側に乗れば迷惑をかけることありません。

（小河原義朗・木谷直之『「再話」を取り入れた日本語授業　初中級からの読解』別冊付録）

　　2019年に法律が改正され、ペット店などに犬猫へのマイクロチップの装着が義務づけられた。犬猫を購入した人は、所有者情報の変更の義務が生じる。近年、相次いで発生している大雨や地震による自然災害で、飼い主がわからなくなってしまった犬猫の問題が背景にある。チップによって飼い主がすぐにわかるため、はぐれた際にさがし出しやすくなったり、飼い主が犬猫を捨てるのを防いだりする効果が期待されている。しかし、飼い主が替わった際に連絡先などの登録情報を変更しなければ意味がないため、いかに飼い主に周知するかが課題となっている。

【内容理解確認問題】

Q. 本文と内容が合っているものに〇、違っているものに×を書いてください。

1　（　　）　法律によってペット店で犬猫を購入した飼い主は、必要な情報をペットのマイクロチップに登録しなければならない。

2　（　　）　近年、ペット店からいなくなってしまったペットをさがし出すために、ペット店が犬猫にマイクロチップを付けるようになった。

3　（　　）　ペットにマイクロチップが装着されたことによって、飼い主がわからなくなったり、捨てられたりすることがなくなった。

4　（　　）　ペットにマイクロチップが装着されたからといって、飼い主が必要情報をしっかり登録しなければ、期待された効果は得られない。

（小河原義朗・木谷直之『「再話」を取り入れた日本語授業　初中級からの読解』別冊付録）

　日本には、地方によっていろいろな言葉の違い、つまり方言があります。例えば、「捨てる」は、北海道・東北では「なげる」、名古屋では「ほかる」、関西では「ほかす」、その他にも「ほたる」「うっせる」などと言われます。

　しかし、最近では、地方を出て都会に住む人が増え、テレビやインターネットが普及して、方言が使われなくなってきています。便利になるのはいいのですが、言葉の多様性がなくなっていくのはさびしい感じがします。そこで地方では、方言を守るために、なるべく方言を使うようにしたり、方言を使った商品を売り出したりしています。

【内容理解確認問題】

Q. 本文と内容が合っているものに〇、違っているものに×を書いてください。

1　（　　）　「捨てる」「ほかる」「うっせる」は、同じ意味の言葉です。

2　（　　）　最近では、テレビやインターネットでも方言がよく使われています。

3　（　　）　地方によって異なる言葉が使われているのは、さびしい感じがします。

4　（　　）　都会では、地方出身の人によって、方言がよく使われています。

（小河原義朗・木谷直之『「再話」を取り入れた日本語授業　初中級からの読解』別冊付録）

　料理が上手なことを「料理上手」と言いますが、どれくらいうまくできれば、「料理上手」と言えるのでしょうか。「バリエーションが豊富なメニューで、品数をそろえることができる」、「ワンパターンではなく、バランス良く献立を毎日変えられる」、「多様な食材に合わせて調味料をうまく使える」、「食べる相手のリクエストに応えることができる」、「限られた食材で、時間をかけずに手早く作ることができる」など、いろいろな意見がありそうです。ただ、料理が嫌いでは、なかなか上手になれないようです。食への関心を持ち、何度も作ることが料理上手になる近道です。

【内容理解確認問題】

Q. 本文と内容が合っているものに〇、違っているものに×を書いてください。

1 （　　） 「料理上手」な人は、調味料がなくても、相手の好みに合う料理が作れる人です。

2 （　　） 「料理上手」な人は、多くの食材を使って、時間をかけて料理を作る人です。

3 （　　） 「料理上手」な人になるための条件は、料理好きになることです。

4 （　　） 「料理上手」な人は、たくさん食べて、たくさん作る人です。

（小河原義朗・木谷直之『「再話」を取り入れた日本語授業　初中級からの読解』別冊付録）

「eスポーツ」とは、「エレクトロニック・スポーツ」の略である。スポーツとしてコンピュータ・ゲームを使って対戦するもので、1980年代にアメリカで始まったとされている。今では、世界中で人気があり、大きな世界大会も開かれているが、日本ではまだあまり知られていない。ゲームは「遊び」であり、体を使った運動ではないため、そもそもスポーツではないという考え方が強いからだそうだ。

しかし、日本でもゲームは若い人たちに人気があり、今後はオリンピックの種目になるとも言われている。そのため、eスポーツを専門として学んだり、授業科目として取り入れたりしている学校も出てきているそうだ。

【内容理解確認問題】

Q. 本文と内容が合っているものに〇、違っているものに×を書いてください。

1 （　　）eスポーツは、コンピュータ・ゲームを使って対戦するゲームで、日本でもとても人気があり、大きな世界大会が開かれている。

2 （　　）eスポーツは、体を使った運動ではないので、スポーツとして認められないという考え方が、日本ではまだ強いようだ。

3 （　　）eスポーツは、将来、オリンピックの種目になると言われているが、日本ではまだそのための取り組みは始まっていない。

4 （　　）eスポーツは、日本中で広く人気が高く、eスポーツを専門として学んだり、学校の授業科目に取り入れたりしている学校も多い。

（小河原義朗・木谷直之『「再話」を取り入れた日本語授業　初中級からの読解』別冊付録）

北海道や東北など、雪がたくさん降る地域では、冬に外で野菜を作ることができません。そこで、農家は秋が終わる11月ごろに収穫したキャベツ、大根、人参などの野菜を畑にそのまま置いておきます。そして、冬になって雪が積もると、雪の下から野菜を掘り出して出荷します。冬は気温が下がり、雪の中では0度くらいの低い温度で保存できます。そうすると、野菜はより甘くなって、おいしくなるそうです。

日本では、春野菜、夏野菜など、季節によっていろいろな野菜がありますが、冬は寒いので野菜の種類が少なくなります。雪の下から収穫される野菜は、冬でも新鮮でおいしく食べられるため、人気があるそうです。

【内容理解確認問題】

Q. 本文と内容が合っているものに〇、違っているものに×を書いてください。

1 （　　）　北海道や東北のような寒い地域では、冬に作ったキャベツや大根などの野菜を畑にそのまま置いておきます。

2 （　　）　11月ごろに収穫した大根などの野菜を雪の中で保存しておくと、より甘くなっておいしく食べられます。

3 （　　）　日本では、季節にかかわらずいつも同じ野菜を収穫することができます。

4 （　　）　日本では冬になると雪の下で野菜を作って出荷しています。

（小河原義朗・木谷直之『「再話」を取り入れた日本語授業　初中級からの読解』別冊付録）

みなさんは 100 円ショップに行ったことがありますか。100 円ショップは、なぜ安いのでしょうか。

値段を安くするためには、商品（しょうひん）を大量（たいりょう）に売る必要があります。そのために、100 円ショップではいろいろな種類（しゅるい）の商品（しょうひん）を、全部同じ 100 円で売っています。あまり高くないので、客はついつい、「あれもほしい」「これもほしい」と、いろいろなものをたくさん買ってしまいます。

原価（げんか）は高いものと安いものがまざっているので、いろいろなものが売れるともうかるのだそうです。みんな 100 円ですから、すべての商品（しょうひん）に値札（ねふだ）をつける必要がありませんし、どんな商品（しょうひん）が安いかといった広告（こうこく）を出す必要もありません。そのため、人件費（じんけんひ）がかかりませんから、値段を安くすることができるのです。

【内容理解確認問題】

Q. 本文と内容が合っているものに〇、違っているものに×を書いてください。

1 （　　） 100 円ショップでは、すべての商品（しょうひん）を安く売っているので、上手に広告（こうこく）を出すことが大切です。

2 （　　） 100 円ショップでは、原価（げんか）が 100 円の商品（しょうひん）を大量（たいりょう）に売っているので、値札（ねふだ）をつける必要がありません。

3 （　　） 100 円ショップでは、商品（しょうひん）が全部 100 円で高くないので、客はいろいろなものが買いやすく、たくさん買ってしまいます。

4 （　　） 100 円ショップでは、お客さんが多いときは店員を増やす必要があるので、人件費（じんけんひ）がかかります。

（小河原義朗・木谷直之『「再話」を取り入れた日本語授業　初中級からの読解』別冊付録）

　世界にはいくつの言語があると思いますか。夏のオリンピックに参加する国や地域がだいたい200くらいですから、それよりも多くて300くらいでしょうか。はっきりした数字はわかりませんが、6,000語以上あると言われています。

　しかし、世界的に経済が発展し、グローバル化が進んだ結果、英語のようないくつかの限られた言語でコミュニケーションをとることが求められてきました。そのため、世界の言語の半数近くが21世紀中になくなってしまうと言われています。言語が限定されることでコミュニケーションがとりやすくなるのはいいですが、世界の様々な地域で長い歴史の中で育まれてきた言語がなくなってしまうのは、私たち人間の豊かな多様性が消えていくような気がします。

【内容理解確認問題】

Q. 本文と内容が合っているものに〇、違っているものに×を書いてください。

1　（　　）　世界の言語はどんどん増えており、はっきりした数はわからないが、6,000語以上あると言われています。

2　（　　）　世界規模で人が移動する時代では、英語のようにいくつかの限られた言語でコミュニケーションがとられるようになると便利だと考えられてきた。

3　（　　）　グローバル化が進んだ結果、世界の半数近くの言語が失われてしまいました。

4　（　　）　世界の様々な言語が失われるのは、世界規模で経済が発展している現代では、しかたがありません。

（小河原義朗・木谷直之『「再話」を取り入れた日本語授業　初中級からの読解』別冊付録）

　　自転車は便利な乗り物ですが、坂道が多いところでは少し大変です。そこで、最近は電動アシスト自転車が人気のようです。電動自転車も電気の力を利用するところは同じですが、電動アシスト自転車のほうは、人間がペダルをこがなければ動かすことはできません。

　　電動アシスト自転車は、一見普通の自転車のように走りますが、ペダルをこぐと電気の力が働くようになっています。自転車をこぐとき、坂が急になればなるほど、ペダルを踏む力は強くなります。自転車についているセンサーが、このペダルにかかる力や回転数などを感じとって、電気でペダルを回転させる力を強くしたり弱くしたりします。ですから、平らな道でも上り坂でも同じように楽に自転車をこぐことができるのです。

【内容理解確認問題】

Q. 本文と内容が合っているものに○、違っているものに×を書いてください。

1 （　　）電動アシスト自転車と電動自転車は、電気の力を利用して走る自転車で、ペダルをこぐ必要はありません。

2 （　　）電動アシスト自転車は、平らな道でも下り坂でも上り坂でも電気の力を使って、電動自転車と同じように走ります。

3 （　　）電動アシスト自転車は、ペダルを回転させる力を強くしたり弱くしたりして、人間がペダルをこがなくてもいいようにしています。

4 （　　）電動アシスト自転車は、センサーで人が自転車をこぐときのペダルを踏む力の強さを感じとって、電気でペダルを回転させる力を調整します。

（小河原義朗・木谷直之『「再話」を取り入れた日本語授業　初中級からの読解』別冊付録）

　毎日の生活の中で、夜ぐっすり眠ることは健康のためにもとても重要なことです。でも、最近はよく眠れないと悩んでいる人が増えているそうです。

　ぐっすり眠るためには、暗い部屋でゆったりとした気持ちになることが大事です。コーヒーを飲むとカフェインが含まれているので眠れなくなるのはよく知られていますが、お茶にも含まれているので避けたほうがいいです。また、手足が冷えすぎていると、眠れなくなることがあります。

　最近は、寝る直前にゲームをしたりメールを見たり、パソコンやスマホを使ったりする人も多いかと思いますが、これは、頭が興奮してしまってよく眠れなくなるので、やめたほうがいいそうです。同様に、寝酒、つまりお酒を飲んで寝るのもよくないそうです。

【内容理解確認問題】

Q. 本文と内容が合っているものに〇、違っているものに×を書いてください。

1　（　　）　コーヒーやお茶にはカフェインが含まれているので、寝る前には飲まないほうがいいです。

2　（　　）　寝る前にゲームをしたりメールを見たりすると、気持ちが高ぶって眠れなくなります。

3　（　　）　お酒を飲んで寝ると、気分が楽になってよく眠ることができます。

4　（　　）　冬は手足が冷えるので、よく眠れません。

（小河原義朗・木谷直之『「再話」を取り入れた日本語授業　初中級からの読解』別冊付録）

　日本に住んでいる外国人はどれくらいいると思いますか。法務省によると、2019年で総人口の約2%だそうです。日本の人口は約1億2千万人ですから、その中で50人に1人は外国人ということになります。もちろんこれは平均ですから、地域によっては、もっと多いところもあれば、ほとんどいないというところもあります。

　最近、特に大都市などでは、電車に乗っていても、街を歩いていても外国の人たちが増えたなと思うことがよくあります。店の案内やメニュー、街の中の標識などもいろいろな言語で表示されています。

　これからも外国の人々が増えていくと予想されます。いろいろな人といっしょに楽しく、住みやすい社会を作るためにどうすればいいか、みんなで考えていく必要があります。

【内容理解確認問題】

Q. 本文と内容が合っているものに〇、違っているものに×を書いてください。

1　（　　）　法務省の統計（2019年）によると、日本に暮らす人の50人に1人は外国人です。

2　（　　）　今、日本のどの地域でも、住民における外国人の割合は同じくらいです。

3　（　　）　今、店の案内などがいろいろな言語で表示されているので、これから外国人がもっと増えていくでしょう。

4　（　　）　日本では、これからも外国人といっしょに楽しく暮らしていくことができるでしょう。

（小河原義朗・木谷直之『「再話」を取り入れた日本語授業　初中級からの読解』別冊付録）

「地震・雷・火事・おやじ」という言葉を知っているでしょうか。こわいもの、恐ろしいものを順番に挙げた言葉です。いちばんこわいものは「地震」で、それに続いて「雷」、「火事」、最後が「お父さん」というわけです。

日本は地震が多いので、地震になれている人も多いようですが、地震はいつ起こるかわからないし、大きな地震の時には、人間はどうすることもできません。火事も恐ろしいものですが、注意すれば防ぐことができます。ですから、自然の災害である地震や雷よりはこわくないということなのでしょう。最後にお父さんが挙がっているのは、昔のお父さんは地震や雷のようにとてもこわかったというイメージがあるからでしょうか。でも、最近のお父さんは昔よりずっと優しいのではないでしょうか。

【内容理解確認問題】

Q. 本文と内容が合っているものに〇、違っているものに×を書いてください。

1 （　　）　地震も雷も火事も人間の力では防ぐことができないので、こわいと考えられています。

2 （　　）　昔も今も「お父さん」はこわいというイメージが強いです。

3 （　　）　地震や雷は自然災害で、人間の力ではコントロールできないという点で、こわいと考えられています。

4 （　　）　日本では地震が多く、日本人は地震になれているので、あまりこわいと考えていません。

（小河原義朗・木谷直之『「再話」を取り入れた日本語授業　初中級からの読解』別冊付録）

普通、レストランに入ると、客席に座り、お店の人に注文して食事を待つ。しかし、最近、客席がなく、キッチンだけのレストランが増えてきている。外から店が見えないため、「ゴーストレストラン」と呼ばれている。

このレストランは、客からインターネットで注文を受けてから料理を作り、宅配サービスを使って、客に料理を届ける。キッチンで料理を作るだけで、接客や配達をする必要がないため、人件費が少なくていい。キッチンも、他の飲食店で使われていない時間だけ借りて使えば、店の家賃もあまりかからない。

しかし、宅配サービスを利用しているため、注文から配達まで時間がかかったり、配達が店から近い場所に限られたりする。時間が経ってもおいしく、繰り返し注文しても飽きない料理を提供する必要がある。

【内容理解確認問題】

Q. 本文と内容が合っているものに〇、違っているものに×を書いてください。

1 （　　） ゴーストレストランには、キッチンも客席もなく、お客さんもウエイターやウエイトレスもいない。

2 （　　） ゴーストレストランでは、インターネットで注文を受け、宅配サービスで配達をするので、接客や配達の必要がない。

3 （　　） ゴーストレストランでは、宅配サービスを使って配達をしているので、どこでも早く料理を届けることができる。

4 （　　） ゴーストレストランでは、配達が速く、料理をおいしく食べることができるので、繰り返し注文される料理も多い。

（小河原義朗・木谷直之『「再話」を取り入れた日本語授業　初中級からの読解』別冊付録）

　日本語の文字には漢字があります。漢字を覚えるのは大変だと思いますが、一体いくつ覚えればいいのでしょうか。

　日本では、小学校1年生から漢字の勉強を始めます。1年生では、「山」「川」「木」や数字などの簡単な漢字から1年間で100字ぐらい覚えます。その後、少しずつ難しい漢字を勉強していき、小学校の6年間で1,000字程度勉強します。中学校の3年間では、さらに1,000字勉強します。小・中学校の9年間が義務教育ですから、この間に約2,000字勉強することになります。

　この約2,000字は、日本で日常的によく使われる漢字、「常用漢字」2,136字に対応しています。日本の新聞は、この常用漢字を使っていますから、この約2,000字を覚えると、日本の新聞を読むことができます。

　ですから、まずは、この約2,000字が漢字学習の一般的な目標になりそうです。

【内容理解確認問題】

Q. 本文と内容が合っているものに〇、違っているものに×を書いてください。

1 （　　）　日本では、小学校に入ってから漢字の勉強を始め、毎年、100字ぐらい覚えます。

2 （　　）　日本の小学校の6年間は、山、川、木など簡単な漢字を約1,000字、勉強しています。

3 （　　）　小学校と中学校の勉強だけでは、日常生活の中でよく使われる漢字を十分に読めるようにはなりません。

4 （　　）　義務教育の間に勉強する漢字をしっかり覚えれば、日本の新聞をほぼ読むことができます。

（小河原義朗・木谷直之『「再話」を取り入れた日本語授業　初中級からの読解』別冊付録）

クラウドファンディングは、インターネット上で夢やアイディアを発信して事業への支援を呼びかけ、応援したいと思ってくれた不特定多数の人たちから少しずつ資金を集める仕組みである。日本では、2011年の東日本大震災のボランティア活動の資金集めなどに使われ、知られるようになった。その後、フェイスブックやツイッターなど、SNSの普及に伴い、企業や個人が呼びかけをしやすくなり、広く利用されている。

クラウドファンディングの最大のメリットは、資金調達の可能性が広がり、多くの人がこれまでなら実現できなかった夢をかなえられるようになったことである。しかし、必ずしも希望する金額が集まるとは限らない。そして、このシステムは詐欺的な資金集めのために悪用される危険性もあるため、冷静に事業内容を見極める必要がある。

【内容理解確認問題】

Q. 本文と内容が合っているものに〇、違っているものに×を書いてください。

1　（　　）　クラウドファンディングは、SNSが広く使われるようになって、不特定多数の人に活動への支援や応援を呼びかけやすくなったので広く利用されるようになった。

2　（　　）　クラウドファンディングは、不特定多数の人から少しずつ資金を集めるので、時間がかかり、夢やアイディアが実現する可能性はあまり高くない。

3　（　　）　クラウドファンディングは、インターネット上で夢やアイディアを発信して支援を呼びかける仕組みであり、短い時間で確実に多くの人から希望する金額を集めることができる。

4　（　　）　クラウドファンディングは、集められた資金が正しい目的のために使われないケースが多く、今までなら実現できなかったような夢がかなえられないことも多いので注意する必要がある。

（小河原義朗・木谷直之『「再話」を取り入れた日本語授業　初中級からの読解』別冊付録）

　1年の間には、祝日が何日かありますが、いちばんたくさん祝日があるのは、4月の終わりから5月の初めです。4月29日の「昭和の日」から、5月5日の「こどもの日」までの7日間に祝日が4日あります。これに土曜日や日曜日の休日が加わるので、会社や学校によっては10日間くらい休みになるところもあります。そのため、この期間を「ゴールデンウィーク」と呼びます。この期間中は、旅行に行ったり、レジャーを楽しんだりする人が多いです。

　日本では学校や会社は4月から新しい年が始まるので、ゴールデンウィークのころは一休みするのにもちょうどいいときです。しかし、長い休みのあと学校や会社に行きたくなくなってしまう人もいます。中には本当に調子が悪くなってしまう人もいますが、そんな様子を「五月病」ということがあります。

【内容理解確認問題】

Q. 本文と内容が合っているものに〇、違っているものに×を書いてください。

1 （　　）　日本では、4月29日から5月5日の7日間は祝日なので、ゴールデンウィークと呼ばれています。

2 （　　）　日本では、ゴールデンウィークは、会社も学校もすべて10日間ほど休みになります。

3 （　　）　ゴールデンウィークの休みを過ごした後、体調をくずし、学校や会社に行きたくないと思う人もいます。

4 （　　）　ゴールデンウィークのあとは、長い休みで遊び疲れて体調が悪くなる人がいます。

（小河原義朗・木谷直之『「再話」を取り入れた日本語授業　初中級からの読解』別冊付録）

　私たちが家で食べ残したり、店で売れ残ったりした食べ物は、ごみとして捨てられます。このように、まだ食べられるのに捨てられてしまう食品のことを「食品ロス」と言います。

　食品ロスを減らすためには、私たち一人ひとりが毎日の生活において食品ロスの削減を意識することが大切です。

　まず、買い物をするときに買いすぎないことです。買い物をする前に冷蔵庫にある食材を確認してから買い物に行きましょう。そして、料理を作るときは、残っている食材から使い、必要な分だけ作って、作りすぎないことです。外食をするときは、注文しすぎないようにしましょう。パーティーや外食で食べきれずに残してしまった料理は、お店と相談してなるべく持ち帰るようにしましょう。そして何よりも出されたものは食べきることが最も大切なことだと思います。

【内容理解確認問題】

Q. 本文と内容が合っているものに〇、違っているものに×を書いてください。

1 （　　） 買い物をするときは、必要なものがなくならないように余分に買っておくことが必要です。

2 （　　） お腹がいっぱいで食べ切れないものを捨ててしまうと、食品ロスになります。

3 （　　） 「食品ロス」を少なくするためには、買い物をするときも、料理を作るときも、外食するときも、必要以上に「しすぎない」工夫が大切です。

4 （　　） 外食して注文したものが食べきれなかった場合は、お店と相談して残ったものを処分することが大切です。

（小河原義朗・木谷直之『「再話」を取り入れた日本語授業　初中級からの読解』別冊付録）

　　ビブリオバトルは、本を使ったゲームです。ある大学の学生が、2007年に、みんなでいっしょに読む本を選ぶための方法（ほうほう）として考えたそうです。このゲームは、以下の手順（てじゅん）に従（したが）って行われます。具体的（ぐたいてき）に見てみましょう。

　　ビブリオバトルは、数人（すうにん）の発表者（はっぴょうしゃ）と聴衆（ちょうしゅう）によって行われます。まず、発表者（はっぴょうしゃ）はみんな、自分がおもしろいと思った本を1冊持ってきます。次に、順番に一人5分でその本について内容（ないよう）を紹介します。それぞれの発表（はっぴょう）のあと、聴衆（ちょうしゅう）と発表者（はっぴょうしゃ）の全員（ぜんいん）で紹介された本についてディスカッションをします。その時間は2～3分くらいです。すべての発表（はっぴょう）とディスカッションが終わったら、最後にどの本がいちばん読みたくなったか、全員（ぜんいん）で投票（とうひょう）をします。いちばん票（ひょう）が多かった本が勝ちとなります。

　　子どもから大人まで、本が好きな人たちが、自分が好きな本について熱心（ねっしん）に話し合うので、見ている人も本を読みたくなる、とても楽しいゲームだそうです。

【内容理解確認問題】

Q. 本文と内容が合っているものに〇、違っているものに×を書いてください。

1　（　　）　ビブリオバトルは、大学生がみんなでいっしょに本を読むために考えたゲームです。

2　（　　）　数人（すうにん）の発表者（はっぴょうしゃ）が持ってきた本を、全員（ぜんいん）がそれぞれ5分程度（ていど）の時間で読み、読んだ後内容（ないよう）についてディスカッションをして、どの本がおもしろかったか投票（とうひょう）します。

3　（　　）　数人（すうにん）の発表者（はっぴょうしゃ）がみんなで読みたいと思った本を持ってきて、順番にその本の内容について発表（はっぴょう）し、それぞれの発表（はっぴょう）のあと、全員（ぜんいん）でディスカッションして、最終的（さいしゅうてき）にどの本が読みたいか投票（とうひょう）します。

4　（　　）　ビブリオバトルは、本が好きな人たちから、おもしろい本の紹介を聞けるので、見ている人もいっしょに楽しむことができるゲームです。

（小河原義朗・木谷直之『「再話」を取り入れた日本語授業　初中級からの読解』別冊付録）

スマートフォンやゲーム機などで遊ぶゲームは、子どもたちの生活にすっかり定着し、今やなくてはならないものになっている。しかし、過激なシーンや暴力的な内容のゲームを続けると、子どもの攻撃性を高めたり、犯罪などの問題行動を引き起こしたりする可能性が指摘されている。さらに、アルコールやギャンブルと同じように依存症の原因になるとも言われている。

子どもの親としてできることは、まず、どのようなゲームなのか、その内容を確認することである。そして、子どもに一人だけでゲームをさせるのではなく、いっしょにゲームで遊んだり、そのゲームの内容について話し合ったりすることも大切だと言われている。子どもと話し合って、ゲームで遊ぶ時間を制限したり、まったく遊ばない日を作ったりすることも考えるべきである。しかし、何よりも大切なことは、ゲーム以外のいろいろな遊びを、親と子どもがいっしょに楽しむことである。

【内容理解確認問題】

Q. 本文と内容が合っているものに〇、違っているものに×を書いてください。

1 （　　） ゲームが子どもに及ぼす影響で問題だと考えられているのは、攻撃性や暴力性の問題ではなく、アルコールやギャンブルと同じような依存性の問題である。

2 （　　） 子どもが暴力的な内容のゲームばかりしていても、親がいっしょにゲームで遊べば、子どもが問題行動を起こす可能性はないと言われている。

3 （　　） ゲームは子どもたちの生活にすっかり定着しているが、親はゲームの内容を確認して、子どもとそのゲームの内容について話し合うことが大切だ。

4 （　　） 親は、子どもがゲームで遊ばない日をつくる必要はないが、ゲームで遊ぶ時間を制限したり、子どもといっしょに他の遊びを楽しんだりすることが必要だ。

（小河原義朗・木谷直之『「再話」を取り入れた日本語授業　初中級からの読解』別冊付録）

　　最近、大人から子どもまで、朝ごはんを食べない人が増えています。少しでもゆっくり寝ていたい、化粧をする時間がなくなる、ダイエットにいいかもしれない、面倒くさいなど、いろいろな理由があるようです。

　　でも、朝ごはんを食べないで学校や仕事へ行くと、なんとなくイライラする、勉強や仕事に集中できないといったことが起こります。それは、脳のエネルギーが不足しているからです。脳のエネルギーは主に食事から補給しますが、朝起きたときの脳は、空腹なのでエネルギーが足りない状態なのです。ですから、朝ごはんをしっかり食べないと集中力や記憶力が低下してしまいます。それと同時に、体を動かすエネルギーも十分ではないので、すぐに疲れてしまい、元気もでません。

　　夜は寝るだけですから、エネルギーはあまり必要ありませんが、朝は一日の始まりです。朝ごはんこそしっかり食べる必要があるのです。少し早く起きてゆっくり朝ごはんを食べる時間を作りましょう。

【内容理解確認問題】

Q. 本文と内容が合っているものに○、違っているものに×を書いてください。

1 （　　）　朝ご飯を食べないと、脳のエネルギーが不足して、集中力や記憶力が落ち、勉強や仕事がうまく進められなくなります。

2 （　　）　朝起きたときは、脳のエネルギーよりも体を動かすエネルギーが足りないので、イライラしたり、すぐに疲れてしまったりします。

3 （　　）　夜は寝るだけでエネルギーはあまり必要ないので、朝ご飯を食べなくても、脳のエネルギーは補給されていて問題はありません。

4 （　　）　朝、少し早く起きてゆっくり朝ご飯を食べると、ダイエットにもいいし、脳や体を動かすエネルギーを十分に補給することができます。

（小河原義朗・木谷直之『「再話」を取り入れた日本語授業　初中級からの読解』別冊付録）

　特定の自動車を複数の人が共同で利用するシステムをカーシェアリングと言う。インターネットなどで予約し、街中の専用の駐車場に行くだけで車を使うことができる。レンタカーと比べて安く、15分間200円程度で利用できる。スーパーへの買い物など、短時間、車を使いたい人には便利である。

　最近、このシステムを使う企業が増えている。例えば、営業を担当する社員が自宅から取引先の最寄り駅まで電車で行き、そこからカーシェアリングを使う。仕事の後はそのまま家に帰ることもできるし、長時間運転することもなくなり、便利だそうだ。営業に使う車を自社で保有するより、駐車場代や燃料費などの維持費を削減できるのも魅力である。このシステムの発想を利用して、土日などの休日は営業がないため、自社で保有する車を貸し出す企業も出てきている。

　カーシェアリングは、使いたいときに車がないという欠点もあるが、無駄な自動車の利用を抑制し、公共交通機関の利用を促す効果も期待できるだろう。

【内容理解確認問題】

Q. 本文と内容が合っているものに〇、違っているものに×を書いてください。

1 （　　） カーシェアリングは、インターネットで予約し専用の駐車場に行くだけで利用できるので非常に便利であるが、レンタカーほど安くない。

2 （　　） カーシェアリングは、短時間、車を使いたい人には便利であるが、専用の駐車場に行かなければならない。

3 （　　） カーシェアリングは、駐車場や燃料の費用を削減でき、いつでもどこでも使うことができるので、最近では企業の営業にも利用されるようになっている。

4 （　　） カーシェアリングは、空いている車を有効に活用することによって多くの車を無駄に利用することを抑え、公共交通機関の有効活用を進める効果も期待されている。

（小河原義朗・木谷直之『「再話」を取り入れた日本語授業　初中級からの読解』別冊付録）

　　日本は今、世界で最も高齢化が進んでいる国と言われています。では、いったい何が世界一なのでしょうか。統計的に見てみましょう。

　　全人口のうち65歳以上の人の占める割合を「高齢化率」と言います。2019年の総務省の統計によると、日本の高齢化率が28.4％で、男女別にみると、女性は31.3％、男性は25.4％でした。日本の高齢者人口の割合は、世界で最も高く、2位のイタリアの23.0％を大きく上回っていました。

　　世界保健機構（WHO）は、65歳以上の人口の割合が7％を超えた社会を「高齢化社会」、14％を超えた社会を「高齢社会」、21％を超えた社会を「超高齢社会」と定義していますが、日本は1970年から1994年までの24年の間に「高齢社会」になりました。この高齢化率が上がるスピードを他の国と比べてみると、例えば、フランスは126年間、スウェーデンは85年間、欧州で高齢化がいちばん早く進んでいるイギリスでも40年間かかっています。日本の24年が他の国に比べてどれぐらい早いのか、おわかりになるでしょう。

【内容理解確認問題】

Q. 本文と内容が合っているものに○、違っているものに×を書いてください。

1 （　　）　日本は世界でいちばん65歳以上の人口が多い国です。

2 （　　）　日本は世界保健機構の分類に従えば、超高齢社会になります。

3 （　　）　日本は1970年から1994年までの24年間で、65歳以上の人口が全人口の7％を超えました。

4 （　　）　日本の高齢化率が上がるスピードは、フランスやスウェーデン、イギリスよりはるかに早く、日本の高齢化が時間をかけて進んできたことがわかります。

（小河原義朗・木谷直之『「再話」を取り入れた日本語授業　初中級からの読解』別冊付録）

コンビニは24時間営業で、街のいろいろな所にあり、とても便利である。しかし、その分たくさんの店員が必要であり、学生などのアルバイトを雇って対応しているが、人手不足が深刻な問題になっている。特に最近では、深夜に働く人が不足していて、営業時間を短縮するコンビニも出てきている。

そこで、大手コンビニチェーンが午前0時から5時まで売り場に店員がいない無人の状態で営業ができるかどうか調べる実験を行っている。店員がいないので、コンビニを訪れた客は、スマートフォンのアプリなどを使って自分でカギを開けて店に入る。商品を選んだら、同様にアプリか、セルフレジを使って自分でお金を支払う。お酒やたばこを買ったり、電気やガスなどの公共料金の支払いをしたりすることはできない。実験中は、防犯カメラの台数を増やすなど、店の安全を確保する。

このようにして利用客や売り上げなどの変化を調べ、導入するかどうか検討するそうである。近い将来、コンビニから店員が1人もいなくなるかもしれない。

【内容理解確認問題】

Q. 本文と内容が合っているものに○、違っているものに×を書いてください。

1 （　　） 大手コンビニチェーンでは、最近の深刻な人手不足問題を解決するために、深夜、無人営業を実施して大きな成果をあげている。

2 （　　） 大手コンビニチェーンの無人営業の実験では、客はスマホのアプリを使ってカギを開けて店に入り、商品を選びお金を払うことができる。

3 （　　） 大手コンビニチェーンの無人営業の実験では、セルフレジを使って、お酒やたばこを買ったり、公共料金を支払ったりすることもできる。

4 （　　） 大手コンビニチェーンでは、午前0時から5時まで無人営業の実験を行っており、将来は店員が一人もいないコンビニを増やしていくことに決めた。

（小河原義朗・木谷直之『「再話」を取り入れた日本語授業　初中級からの読解』別冊付録）

　スマホとは、スマートフォンの略です。最近では、子どもも持つようになりましたが、高齢者の中には「難しい」「高い」といった理由から持ちたくないという人もまだ多くいます。でも実は、高齢者こそスマホを持つことにはメリットがあるのです。

　まず、災害時やけがをしたときなど、緊急時に家族にすぐ連絡をとり、居場所を知らせることができます。そして、離れた場所に住んでいても、写真を送り合ったりして家族との日常的なやりとりが増えます。SNSを活用して趣味を楽しんだり新たな交流を始めたりすることもできます。また、インターネットを通じていろいろな情報に触れることで認知症の予防にも効果があると言われています。

　一方で、不安もあります。スマホには、買ったとき詳しい説明書が付いていないことがあります。使いながらその使用方法を覚えていくので、慣れるまでに時間がかかります。使用方法がわからないと、操作を間違ったり、有料サービスと知らずに使ってしまったりするトラブルも起こるため注意が必要です。

【内容理解確認問題】

Q. 本文と内容が合っているものに〇、違っているものに×を書いてください。

1 （　　） スマホは、どこに住んでいても、緊急時に家族と連絡がとれ、日常的にもやりとりが増えるので、高齢者にとってもメリットがあります。

2 （　　） スマホは、インターネットを通じていろいろな情報に触れることはできるが、高齢者にとっては操作が難しすぎて、メリットはあまりありません。

3 （　　） スマホは、説明書はついていませんが、使いながら操作方法に慣れていけるので、そんなに時間はかかりません。

4 （　　） スマホは、操作方法がわからないと、有料サービスを間違って使ってしまったりするトラブルも起こるので、高齢者は使わないほうがいいです。

（小河原義朗・木谷直之『「再話」を取り入れた日本語授業　初中級からの読解』別冊付録）

日本は地震が多い国です。震度1や2程度の小さい地震は珍しいことではないので、日常生活の中で特に気にしないでいることも多いです。でも、大きな地震のときは建物が壊れたり、電気や水道などが止まってしまったり、電車も動かなくなってしまうことがあります。ですから、地震が起きたらどうするか、普段から意識しておくことが大事です。

以前は、地震が起きたらすぐ火を消すようにと言われていました。でも最近では、揺れている間に火を消そうとすると、かえって危険なこともあるので、まずは机などの下で頭を守って揺れがおさまるまで待ち、動けるようになってから火を消しに行ったほうがいいと言われています。そのときも、ガラスや割れたものを踏まないように気をつける必要があります。ですから、普段から室内でもスリッパなどをはいているといいかもしれません。

結局は、落ちてきたら危ないものは高いところに置かない、棚などは倒れないように止めておく、倒れそうなもののそばでは寝ない、など日常の中で地震に備えておくことが大事です。

【内容理解確認問題】

Q. 本文と内容が合っているものに〇、違っているものに×を書いてください。

1 （　）　日本人は地震に慣れているので、大きな地震が起こったときでも、うまく状況に対応することができます。

2 （　）　昔も今も、地震が起きたらすぐ火を消すことがいちばん大切だと言われています。

3 （　）　地震が起きたら、すぐに火を消しに行くのではなく、倒れそうなものを押さえて自分の体を守ることが重要です。

4 （　）　普段から室内でもスリッパをはいたり、落ちてきたら危ないものは高いところに置かないようにしたりして、地震が起きたときに体を守れるようにしておくことが大切です。

（小河原義朗・木谷直之『「再話」を取り入れた日本語授業　初中級からの読解』別冊付録）

　私たちが食べる料理には、たいていいろいろな食材が使われています。いっしょに食べるとおいしいものはいろいろありますが、「食べあわせが悪い」と言って、いっしょに食べないほうがいいとされているものがあります。

　うなぎと梅干、スイカとてんぷらなどは昔から言われている、食べあわせの悪い組み合わせです。脂の強いうなぎと、梅干のすっぱさが消化によくないとされているようですが、科学的にはそんなことはないようです。スイカとてんぷらも、脂っこいものと水分の多いもの、冷たいものの組み合わせがよくないということなのか、スイカのほかにもかき氷やアイスクリームなども食べあわせがよくないと言われています。しかし、こちらも、科学的に証明されているわけではないようです。

　他にもいろいろなよくない食べあわせがあるのですが、ちょっといっしょに食べたからといって具合が悪くなるほどのことではありません。食べすぎると消化によくないという程度のものが多いので、最近では食べあわせについて気にする人はあまりいないようです。

【内容理解確認問題】

Q. 本文と内容が合っているものに〇、違っているものに×を書いてください。

1 （　　）　昔から「食べあわせが悪い」ということをよく言いますが、科学的な根拠があって言われているわけではないようです。

2 （　　）　「食べあわせが悪い」とは、何でも食べすぎると消化に悪いという意味です。

3 （　　）　スイカや氷、アイスクリームなどの冷たいものと、うなぎやてんぷらのような脂が強い食べ物をいっしょに食べてはいけません。

4 （　　）　今でもいっしょに食べると体に悪いと言って、「食べあわせ」に気を使う人が多いです。

（小河原義朗・木谷直之『「再話」を取り入れた日本語授業　初中級からの読解』別冊付録）

　　ある調査会社が2018年に、首都圏・関西圏の20〜69歳男女約3,000名を対象に、「よくする趣味・スポーツ」について、50項目の選択肢を提示して、聞き取り調査を行いました。1998年、2008年にも同様の調査が行われており、過去20年間で日本人の趣味・スポーツについてどのような変化が見られたのか、報告されています。

　　20年間、安定して人気がある趣味は、「読書」「映画鑑賞」「音楽鑑賞」「ショッピング」「国内旅行」でした。他に、2008年の結果では「パソコン」が2位に、2018年の結果では「モバイルゲーム」が6位に入り、インターネットを使った趣味や遊びが身近になってきたことがわかりました。

　　その一方で趣味に対する日本人の関わり方に興味深い変化が見られました。「一年を通じて、楽しんでいる趣味がある」と回答した人は、1998年は60.2%でしたが、2018年は49.1%に減りました。また、「一年を通じて何かスポーツをしている」と回答した人は、1998年は33.3%でしたが、2018年は24.5%に減少しました。どちらも、過去最低の数値でした。これらの結果から見ると、日本人の「趣味・スポーツ離れ」が進んでいるのかもしれません。

【内容理解確認問題】

Q. 本文と内容が合っているものに〇、違っているものに×を書いてください。

1　（　　）　過去20年間、日本人の趣味として、もっとも人気があったのは「読書」であった。

2　（　　）　パソコンやモバイルゲームのようなインターネットを使った趣味や遊びは2018年の調査で上位に入ってきました。

3　（　　）　1998年と2018年の結果を比べると、一年を通じて趣味やスポーツを楽しんでいる人の割合は減っている。

4　（　　）　過去20年間を通して、「読書」「映画鑑賞」「音楽鑑賞」「ショッピング」などの趣味は安定して人気があり、日本人の趣味に対する関わり方は変わっていない。

（小河原義朗・木谷直之『「再話」を取り入れた日本語授業　初中級からの読解』別冊付録）

　キャッシュレス決済とは、現金を使わないでお金の支払いをすることです。現在、カードのほか、スマホなどを使って簡単に支払いができます。キャッシュレス決済のメリットとデメリットについて考えてみましょう。

　メリットは、まず現金をATMから下ろしたり持ち歩いたりする必要がありません。そのため、小銭が増えたり、財布が重くなったりすることがなく、財布自体必要ありません。そして、カードやスマホで支払えるため、簡単で時間がかかりません。アプリを使えば、お金をどれくらい使ったか自動的に記録されるので、管理がしやすくなります。

　デメリットは、まだキャッシュレスになっていない店では使えません。カードやスマホのアプリにまだ慣れていない人は、使い方がわからなかったり、操作方法を間違ったりして、トラブルになることがあります。さらに、地震などの災害時やスマホが故障して使えなくなったときは、お金を使うことができなくなってしまいます。お金が見えないため、お金の感覚がわからなくなって浪費してしまう可能性もあります。

　今後は、キャッシュレス化が進むと思いますが、まだ課題がありそうです。

【内容理解確認問題】

Q. 本文と内容が合っているものに〇、違っているものに×を書いてください。

1　（　　）　キャッシュレス決済のメリットは、現金を持ち歩く必要がなく、いつでもどこでも簡単にスマホで支払いができることです。

2　（　　）　キャッシュレス決済のメリットは、アプリを使うと、自動的にお金の利用状況を記録してくれることです。

3　（　　）　キャッシュレス決済のデメリットは、スマホの操作方法が簡単ではないので、緊急時に操作間違えがよく起こることです。

4　（　　）　キャッシュレス決済のデメリットは、スマホで簡単に支払いができるので、浪費してしまう可能性があることです。

（小河原義朗・木谷直之『「再話」を取り入れた日本語授業　初中級からの読解』別冊付録）

最近、高齢者のアクセルとブレーキの踏み間違いによる交通事故が増えています。そこで、ある研究者チームが一つの実験を行いました。

実験は、若者50人と高齢者50人を対象に行われました。モニター画面に「赤」「青」「黒」の漢字のいずれかを表示させ、その都度、文字の色を変えて、漢字の意味と文字の色が一致しているかを判定させました。例えば、赤色の文字で「赤」と表示されれば一致、青色の文字で「黒」なら不一致となります。そして、「一致なら右ボタンを1回押す、不一致なら押さない」というルールを決め、反応にかかる時間を測りました。間違えたときはブザーが鳴り、できるだけ早く左ボタンを押すというルールも決めました。

反応にかかる時間は、若者で平均0.55～0.6秒、高齢者は平均0.65～0.7秒と、大きな差はありませんでした。ところが、間違えた場合に左ボタンを押すまでの時間を比べると、若者が平均0.9秒だったのに対し、高齢者は平均1.4～2.0秒と、大きな差がみられました。この結果から、研究者チームは、高齢者は若者に比べて反応の切り替えが苦手なため、踏み間違いに気づいてもすぐにアクセルからブレーキに踏みかえられないことが原因なのではないかと考えています。

【内容理解確認問題】

Q. 本文と内容が合っているものに〇、違っているものに×を書いてください。

1 （　　） 研究者チームは、高齢者のペダルの踏み間違いの原因を探るために文字の色と漢字の意味の一致・不一致を問う実験を行った。

2 （　　） 研究者チームの実験に参加した人は、文字の色と漢字の意味が合っていれば、右ボタンを1回押す、合っていなければ左ボタンを押すように指示された。

3 （　　） 高齢者と若者の間には、文字の色と漢字の意味が合っているか、合っていないかを決める反応時間に、大きな差があった。

4 （　　） 高齢者と若者の間には、文字の色と漢字の意味が違っていたときに、左ボタンを押す反応時間に差があったが、それは踏み間違いの原因とは考えられない。

（小河原義朗・木谷直之『「再話」を取り入れた日本語授業　初中級からの読解』別冊付録）

　プラスチックのゴミが問題になっています。ペットボトル、ビニール袋、食べ物の容器などが捨てられ、海に溜まり、さまざまな海洋汚染を引き起こしています。海の動物が間違って食べたり、体を傷つける原因になったりしています。特に目に見えない小さなマイクロプラスチックは、魚がそれを食べて、人間がその魚を食べれば人体にも悪影響が出るかもしれません。

　プラスチックの製品は、コストが安く加工がしやすいため、ビニール袋やペットボトルなど、私たちの日常生活のあらゆるところで使われています。耐久性に優れているという特徴もあります。これは、使うときには便利ですが、一方で、自然に分解できないので、燃やしたり、埋めたりすると、空気や土壌を汚してしまいます。

　プラスチックを減らすためには、プラスチックを使わない、買わないことです。スーパーなどで買い物をするときは、ビニール袋をもらわないように、環境に優しいエコバックを持っていく、ビンなど、プラスチック製のペットボトル以外のものを買うようにする、そして、何よりも私たち一人ひとりがプラスチックのゴミが大きな問題であることを意識して発信し、共通の問題意識を持つ人を増やしていくことが大切です。

【内容理解確認問題】

Q. 本文と内容が合っているものに〇、違っているものに×を書いてください。

1　（　　）プラスチックのゴミは、海の動物が間違って食べたりして海洋汚染の原因になっていますが、人間には影響はありません。

2　（　　）プラスチックは、耐久性に優れていて、自然に分解することができないので、燃やしたり埋めたりして処理しなければなりません。

3　（　　）プラスチックを減らすためには、プラスチックのゴミが大きな問題であることを意識する人を増やしていかなければなりません。

4　（　　）買い物のときにエコバックを持って行ったり、ペットボトル以外のものを買うようにしたりすることで、プラスチックのゴミの問題は解決できます。

（小河原義朗・木谷直之『「再話」を取り入れた日本語授業　初中級からの読解』別冊付録）

　最近、私たちの仕事が将来、AI（Artificial Intelligence）、人工知能に奪われるのではないかという議論がさかんに行われている。いくつかの研究チームがこれから 10 ～ 20 年でどんな仕事が AI に代替される可能性があるかを調査している。

　それらの研究の結果を見ると、もっとも AI に仕事を奪われる可能性が高いのは、電車や路線バスの運転士、経理や医療、郵便、保険、銀行などの事務員となっている。どうしてこれらの仕事は AI に代替される可能性が高いのだろうか。電車や路線バスは、決まった時間に決まったルートを運行している。事務員は、毎日ほぼ決まった内容の仕事をマニュアルにしたがってこなしている。これらの仕事では不測の事態は起きにくいと考えられ、ルールにもとづいた比較的単純な処理は、AI の得意分野である。

　一方、もっとも AI に置き換えられない仕事としてあがっていたのは、精神科や内科、小児科の医師やカウンセラー、学校の教員などであった。これらの仕事は、コミュニケーション能力や創造力が不可欠で、いつどんなことが起きるか明確には想定できない。ゲームクリエーターや映画監督、テレビタレント、作曲家などの芸術性や娯楽性のある仕事も、AI に置き換えることが難しいという結果になっている。

【内容理解確認問題】

Q. 本文と内容が合っているものに〇、違っているものに×を書いてください。

1（　　）これから 10 ～ 20 年の間に私たち人間のすべての仕事を人工知能が行ってくれる。

2（　　）人工知能は、マニュアルにしたがって毎日決まった作業を続けるような仕事は代行しやすい。

3（　　）人工知能は、コミュニケーション能力や創造力が必要になる仕事も十分にこなすことができる。

4（　　）人工知能は、ルールにもとづいた単純な作業からいつ何が起きるかわからない不確定な作業まで、幅広い仕事をこなすことができる。

（小河原義朗・木谷直之『「再話」を取り入れた日本語授業　初中級からの読解』別冊付録）

睡眠時間をしっかりとることは健康に長く生きるために不可欠なことです。人間は一日、7～8時間、眠ることがいいとされていますが、他の動物はどうでしょうか。

キリンやゾウ、ウマ、ウシなどの大型の草食動物の睡眠時間は一日、2～3時間だと言われています。キリンはなんと一日20分ほどしか眠らないという報告もあります。どうして草食動物の睡眠時間は短いのでしょうか。キリンやゾウ、ウマなどは、大量の草を食べなければ必要な栄養をとることができないので、食事に長い時間がかかります。そのうえ、肉食動物に襲われる危険があるので、常に周りを警戒して、少し寝ては目を覚ますという状態で、立ったまま寝るのが普通だそうです。同じ草食動物でも、巣を作るネズミやリスは、12～14時間ほど眠っています。土の中や木の上に安全なねぐらがあるからだそうです。

肉食動物はどうでしょうか。肉食動物は他の動物に襲われる心配がなく、しかも肉は高タンパク高カロリーなので、獲物を倒すことができれば、栄養補給は十分です。ライオンやトラは一日、10～15時間も寝ているそうです。ペットとして人気があるイヌやネコも10～12時間ほど眠っています。

動物の睡眠時間は生息環境と密接なつながりがありそうです。

【内容理解確認問題】

Q. 本文と内容が合っているものに〇、違っているものに×を書いてください。

1 （　　）　すべての草食動物の睡眠時間は2～3時間で、肉食動物からすぐ逃げられるように立ったまま眠っています。

2 （　　）　大型の草食動物は、たくさんの草を食べなければ栄養がとれないので、食事に時間がかかり、眠る時間が短くなります。

3 （　　）　肉食動物はいつでもどこでも簡単に高タンパク高カロリーの食事ができ、しかも他の動物に襲われることがないので、毎日ゆっくり眠ることができます。

4 （　　）　動物の睡眠時間はそれぞれの動物が何をどのように食べるかという要因のみによって決まります。

（小河原義朗・木谷直之『「再話」を取り入れた日本語授業　初中級からの読解』別冊付録）

19世紀に作られたお話である。昔、ある国に美しい王女がいた。王女には恋人がいた。この恋人は王様の家来で、身分は高くなかったがハンサムで立派な若者だった。

　ある日、王様は2人のことを知り、ひどく怒った。そして、競技場でこの若者を裁くことにした。この国では人を裁くとき、競技場で2つのドアのどちらか1つを選ばせて、開けさせるというやり方をしていた。2つのドアのうち、1つのドアの後ろにはおなかをすかせたトラがいて、もう1つのドアの後ろには女の人がいる。トラのドアを開ければすぐに食い殺されてしまうが、女の人のほうを選んだらその人と結婚することになるのだ。もちろん、若者にはトラがどちらにいるかわからない。競技場には王女も来ていたが、王女にはわかっていた。もう1つのドアの後ろにいるのが大臣の娘でとても美しいことも。王女は若者に、そっと右のドアだと教えた。若者はドアに向かって行った。さて、そのドアから出てきたのは女か、それともトラか。あなたはどちらだと思いますか。

【内容理解確認問題】

Q. 本文と内容が合っているものに〇、違っているものに×を書いてください。

1 （　　）　王女は結婚しているのに、ハンサムで身分の高い恋人がいた。

2 （　　）　若者がトラのいないドアを開けたら、王女と結婚することができる。

3 （　　）　一方のドアの後ろにはトラが、もう一方のドアの後ろには王女がいた。

4 （　　）　王女は、だれにも気づかれないように若者に右のドアだと教えた。

（小河原義朗・木谷直之『「再話」を取り入れた日本語授業　初中級からの読解』別冊付録）

解答

［第1段階］

		1	2	3	4
素材 01	困難や挫折をどう乗り越えるか？	○	×	×	×
素材 02	マイボトルで環境保護	×	○	×	×
素材 03	スマートシューズって何？	×	○	×	○
素材 04	日本人の名前のおもしろさ	○	×	×	○
素材 05	熱中症に注意！	×	×	×	○
素材 06	自動翻訳システムの発展	×	×	○	×
素材 07	納豆はお好きですか？	×	○	×	×
素材 08	江戸の町の様子	×	×	○	○
素材 09	エスカレーターの乗り方	×	×	×	○
素材 10	ペットへのマイクロチップ装着	○	×	×	○
素材 11	日本の方言使用	○	×	×	×
素材 12	あなたは料理上手？	×	×	○	×
素材 13	e スポーツって知っていますか？	×	○	×	×

［第2段階］

		1	2	3	4
素材 14	雪の下から野菜を収穫！	×	○	×	×
素材 15	どうして100円ショップは安いんですか？	×	×	○	×
素材 16	世界の多様な言語の将来は？	×	○	×	×
素材 17	電動アシスト自転車が楽な理由	×	×	×	○
素材 18	ぐっすり眠るために必要なことは？	○	○	×	×
素材 19	日本に住んでいる外国人	○	×	×	×
素材 20	地震・雷・火事・おやじ…　あなたが怖いものは？	×	×	○	×
素材 21	ゴーストレストランって知っていますか？	×	○	×	×
素材 22	漢字学習の目標	×	×	×	○

		1	2	3	4
素材 **23**	クラウドファンディングって知っていますか？	〇	×	×	×
素材 **24**	ゴールデンウィークの功罪	×	×	〇	×
素材 **25**	食品ロスを減らすためには？	×	〇	〇	×

［第3段階］

		1	2	3	4
素材 **26**	ビブリオバトルを楽しむ方法	×	×	〇	〇
素材 **27**	子どもとゲーム	×	×	〇	×
素材 **28**	朝ご飯を食べなければならない理由	〇	×	×	×
素材 **29**	カーシェアリングの有効活用	×	〇	×	〇
素材 **30**	日本は世界一の高齢化社会？	×	〇	×	×
素材 **31**	コンビニの人手不足をどう解決するか	×	〇	×	×
素材 **32**	高齢者のスマートフォン利用	〇	×	×	×
素材 **33**	地震が起きたらどうしますか？	×	×	×	〇
素材 **34**	うなぎと梅干、食べあわせが悪いですか？	〇	×	×	×
素材 **35**	日本人の趣味・スポーツ	×	×	〇	×
素材 **36**	キャッシュレス決済のメリットとデメリット	×	〇	×	〇
素材 **37**	高齢者の交通事故	〇	×	×	×
素材 **38**	プラスチックのゴミ問題とその解決方法	×	×	〇	×
素材 **39**	AIの発達で失われる仕事	×	〇	×	×
素材 **40**	動物の睡眠時間	×	〇	×	×

［チャレンジ素材］

		1	2	3	4
素材 **41**	女か、トラか	×	×	×	〇

い時間で文章を読み、理解した内容をペアで語り合い、協働で素材の内容を再生するというような活動には慣れていない学習者の場合、どのような質問がパートナーにとってわかりやすいのかを探る時間と経験が必要だと思われます。63ページに挙げたケース〔B〕のP（支援者）の支援行動は、ペアによる再話活動を有効に機能させるためにどうすればいいか、重要な示唆を与えてくれるものだと考えられます。

　最後の〔C〕のケースも日本語能力に差のあるペアに起こりがちな事例でした。支援者役の学習者のほうが日本語能力が高く、パートナーがうまく再話できるようにと、いろいろな働きかけをするのですが、それらがうまく機能しないと、いつの間にか、自分が一方的に話し、パートナーに教えてあげるというような活動になってしまうことがありました。
　〔C〕のようなケースの場合、日本語能力がまだ十分に身についていない学習者にとって、ペアによる再話活動が自分の読む力と話す力を高めるために効果があるのかどうか、わからなくなってしまいます。パートナーが素材の内容をわかるように教えてくれたとしても、自分で素材を読んで理解し、理解した内容を自分の言葉で相手に伝えたという満足感や達成感は得られません。また、2人の理解に何がしかの齟齬（そご）があれば、話し合いによって2人でその問題を解決し、その中で自分の日本語能力を高めていくことができるという体験の機会を得ることが難しくなってしまうのではないかと思われます。そのため、日本語能力が高い側の学習者が一方的に話し、パートナーに教えてあげる形態にならないように注意が必要です。

　第1段階の授業の目標は、学習者が「ペアによる再話活動」に慣れることでした。ケース〔A〕からケース〔C〕を見ると、学習者はパートナーとの協働による再話活動の難しさを実感したと思います。特に、日本語能力が高く、自分ひとりであれば素材の内容を再話できるような学習

者が、パートナーを支援しながら、2人で再話を完成させることの難しさを知ることができたのは、今までになかった経験になったのではないかと思われます。

POINT

　第1段階のペアによる再話活動で、支援者の再話者に対する働きかけに注目した場合、3つのケースが観察されました。
　1つ目は、支援者の効果的な働きかけによって、再話が進んだケース、2つ目は、支援者の働きかけの方法が再話者の日本語能力に合わず、再話が進められなかったケース、そして、3つ目は、再話者の内容理解が不十分だったため、支援者が自ら素材の内容を話してしまったケースでした。
　2つ目、3つ目のケースについては、教師がペアによる再話活動に慣れるためにどのようなフィードバックをすればいいかを考える必要があります。

CHAPTER 14
第2段階は どうだったのか？

X、Yとも素材を読む。

X、Yがそれぞれキーワードをメモする。

Xはメモだけを見て再話。Yもメモを見ながら聞き、Xの再話を支援し、2人で協力して再構築する。

第2段階のペアによる再話活動の目的

　第2段階では、2人の学習者が素材を見ないで協力して再話をすることに慣れることができるようになることを目的としました。2人の学習者は素材を読んだ後、それぞれ素材を見ないでキーワードを書き出し、再話者は自分が書いたキーワードを見ながら、再話を始めます。もう1人の学習者は自分のメモを見ながら、再話者の発話を聞き、足りない部分を思い出させるような質問や促しをしたり、再話者の発話が素材の内容から大きく外れないように方向修正をしたりしながら、支援していきます。そして、2人で補い合いながら再話を完成できるようになることを目指しました。

　第2段階のペアの再話活動について、私たちは、延べ26ペアの58の再話データを収集

しました。学習者は、自分が残したメモを見ながらどのような相互行為をしていたのでしょうか。この章では、2人の学習者が素材を読んでどのようにメモを書き残したか、そしてそのメモを見ながら2人でどのように再話を完成させていったかに焦点を当てて、学習者間のやりとりを分析します。

第2段階のペアによる再話活動のやりとりの特徴（2つのケース）

再話データの分析の結果、第1段階では見られない、以下の2つのケースが見られました。

> **ケース〔D〕：**
> メモに書かれたキーワードに沿って再話が進められているが、相互のやりとりはあまり見られなかったケース
>
> **ケース〔E〕：**
> 支援者の働きかけの工夫によって、再話が進められたケース

以下、〔D〕と〔E〕の事例の中で学習者間にどのようなやりとりがあったのか、具体的な事例を見ていきたいと思います。

> **ケース〔D〕：** メモに書かれたキーワードに沿って再話が進められているが、相互のやりとりはあまり見られなかったケース

学習者QとOの再話データを見てみましょう。前述したように（p.66）、QとO、2人の日本語能力にはかなりの差が見られました。この例では、Qが再話者、Oが支援者になっています。

2人が再話をした素材は【資料10】です。

【資料10：素材 ⑧】

　最近、ペットにウサギを飼っている人が増えています。ウサギのかわいい顔と大きくて長い耳は、だれでもさわりたくなります。しかし、ウサギが飼われる理由は、かわいいというだけではないようです。

　私たちが何かペットを飼おうと思ったとき、まず家の広さが問題になります。広くなければ飼えない場合は、せまいマンションやアパートに住んでいる人はあきらめなければなりません。しかし、ウサギはあまり広いところでなくてもだいじょうぶなので、マンションやアパートでも安心して飼えるのです。

　それに、イヌやネコは鳴きますが、ウサギはほとんど鳴きませんから、近所にめいわくをかけることがありません。また、イヌのように毎日散歩に連れて行く必要もありません。

　このような理由から、ウサギは世話がしやすいので、ペットに飼う人が増えているといえます。しかし、世話をする必要がないということではありません。愛情を持って育てることが一番大切です。また、ウサギといっしょに楽しく生活するためには、ウサギのことをよく知っておくことも必要です。

（岡本能里子監修『日本語能力試験スーパー模試Ｎ３』アルクより）

2人が残したメモを見ておきましょう。Qは、【図4】のようなメモを残していました。一方、Oは【図5】のようなメモを残していました。

QとO、2人のメモには大きな違いがあります。Qは、再話するときにどのように話を進めればいいかを考えて、メモを残しているように思われます。それに対して、Oは、文章の中に出てくる順に、自分が覚えている範囲の単語や表現をリストアップしているように思われます。

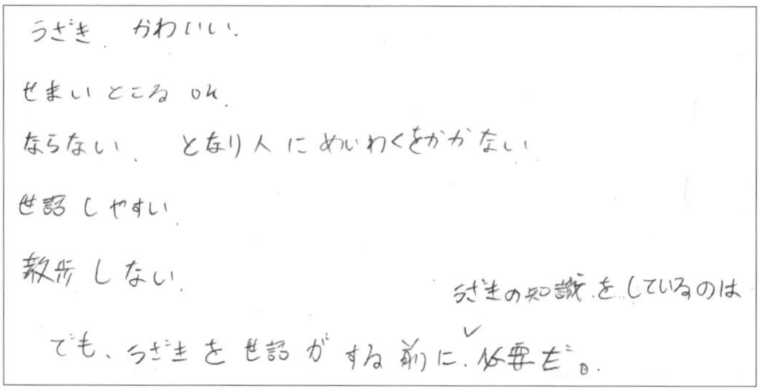
うざき　かわいい
せまいところ ok
ならない　となり人にめいわくをかかない
世話しやすい
散歩しない
うさきの知識をしているのは
でも、うざきを世話がする前に、必要だ。

【図4：Qのメモ】

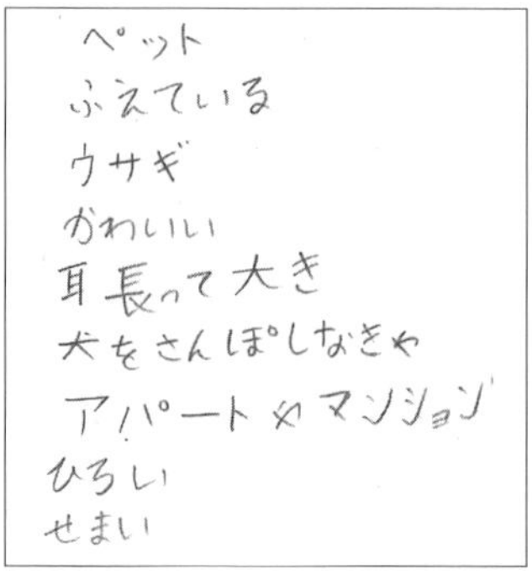
ペット
ふえている
ウサギ
かわいい
耳長って大き
犬をさんぽしなきゃ
アパート＆マンション
ひろい
せまい

【図5：Oのメモ】

考えよう！【再話データ19】

では、Q（再話者）とO（支援者）は、それぞれのメモを見ながらどのように再話を進めていったのでしょうか。2人のやりとりを見てみましょう（【再話データ19】）。

Qのメモと再話データ中のQの発話を比べてみると、Qがメモ通りの流れで話していることが確認できます。Qは、まず、最初の再話（1Q）で、メモの最初の3つのキーワードに従って、ウサギがかわいい顔と大きくて長い耳を持っていることを述べ、それが誰もがウサギをペットとして飼いたいと考えている理由であることを話しています。そして、ウサギが狭いところで飼えることも、ウサギがペットとして人気がある理由であることを付け加え、ペットを飼うための家の広さの問題について話しています。「たくさん日本人は狭いマンションに住んでいますから」という部分は、素材には書かれていませんが、Qが自分の既有知識と結びつけて、素材の内容を理解していることをうかがわせます。

その後、「ならない」「となりの人にめいわくをかかない」という2つのキーワードを使って、3Qで第3段落の内容を話しています。「鳴かない」を「ならない」、「迷惑をかけない」を「めいわくをかかない」と話していることから、単語の正確さの点では問題がありますが、第3段落の大切なポイントは再話できていると言えます。Qは、続く5Qで「ウサギは世話をしやすい」「犬のように、出て、散歩しないでも大丈夫」と述べ、素材の第3段落の終わりと第4段落の初めに書かれている内容を話しています。素材に書かれている順番と、少し違っていますが、Qがキーワードとしてメモした言葉や文章に合わせて、再話の流れをつくっていることがわかります。

そして、最後にQは、7Qでこの素材のいちばんの要点、第4段落の「ウサギと楽しく生活するためには、ウサギのことをよく知っておくことが必要」という部分の再話をしています。メモには「でもウサギを世話がする前に、ウサギの知識をしているのは必要だ」と書かれており、素材を読んだ後、Qが素材のもっとも重要なメッセージを的確に理解していたことがわかります。しいて言えば、「愛情を持って育てる

【再話データ19：メモに書かれたキーワードに沿って再話が進められているが、相互のやりとりはあまり見られなかったケース】

１Ｑ：うさぎが、可愛い顔と、大きく、大きくて、長い、耳、を、持っています？
がいますから、誰でも、うさぎをペットに、したい（↗）なりたい（↗）
です。でも、この一、２つの理由だけではない。えっとー、うさぎは
狭いところも大丈夫です。えっ、日本人は、たくさん人、たくさん日
本人は、狭いマンションで住んでいますから、えっとー、大きなペッ
トを、さえ？さえません（↗）ん（↗）

> ウサギがペットとして人気がある理由が並べられています。

２Ｏ：うん。

３Ｑ：ペットをしません。でもうさぎなら、うさぎだったら、大丈夫です。
そして、うさぎは、なん、なっ、なっ、ならないので、えっとー、隣
の人に迷惑をかか、かかない、です。

> ウサギのいい点がさらに付け加えられています。「ならない」→「なかない」、「迷惑をかかない」→「迷惑をかけない」が完璧にできたら、すごいですね。

４Ｏ：うん。

５Ｑ：そして、うん、この２つ理由は、うさぎが世話、をしやすいですから、
あっ、いえいえ、えっとー、うさぎはいる、犬？犬のように、えっとー、
出て行く散歩、しっ、しないでも大丈夫、いえ、全然できない、ですから、
世話しやすいから、えっとー、うさぎをペット、ペットを、になる人
は増えています。

> 「犬のように散歩に出かけなくてもいい」という理由もあります。Ｑはウサギの人気の理由をしっかりわかっていますね。

６Ｏ：はい。

７Ｑ：でも、うさぎを、世話がする前に、うさぎのことをよく知っている
のは必要です。うん、以上です。

８Ｏ：はーい。はーい。それは

> しっかり最後の大切なポイントもわかっています。

９Ｑ：うん。

１０Ｏ：よくわかったこと。

ことがいちばん大切です」という文が再話できていない点が少し残念ですが……。

　このように見てくると、Ｑ（再話者）は自分がメモに残したキーワードをうまく使って、再話を完成させていることがわかります。この間、Ｏ（支援者）は、２Ｏ、４Ｏ、６Ｏ、８Ｏで相づちを打ちながら、Ｑの再話の内容を確認しています。一方、Ｏのメモを見ると、Ｑとは違って、言葉が出現順に並べられているだけで、言葉と言葉の関係や、話の流れを示すような記述は残されていません。テキストを読んで気になる言葉や覚えている言葉を並べるだけでは、そのメモを見て、再話を進めていくことは容易ではないのかもしれません。

　ＱとＯのメモの取り方、そして、Ｑの語りの内容と進め方を考えると、改めて、第２段階における「メモ書き」の重要性を確認することができます。素材は400字程度のもので、けっして長いものではありませんが、学習者は読んで理解した内容を、そのまま、すべて記憶しておくことはできません。その素材を見ないでパートナーに内容を説明するときに、どんな言葉や表現、文をメモとして残しておけば、自分の語りの助けになるかを考え、そして、必要な言葉や表現をメモに書きます。

　第２段階になると、Ｑのように、自分が残したメモを見ながら、うまく再話をつくり上げている学習者と、自分の再話活動に役に立つメモを残すことがまだできない学習者の両者の違いがはっきりとわかるケースが多く見られました。

ケース〔E〕：支援者の働きかけの工夫によって、再話が進められたケース

次に、1人の再話がスムーズに進まないとき、もう1人がどのように関わるか、パートナーの再話への働きかけ方の工夫によって、再話が進められたケースを見てみましょう。

第2段階では、支援者の働きかけにバラエティが見られました。ここでは、同じ素材を読んだ2つのペア（①OとQ、②PとT）の再話活動に見られたやりとりを見てみましょう。2つのペアが読んだ素材は【資料11】です。

【資料11：素材 ⑨】

　街を歩いていて、横断歩道を渡ろうとしたとき、信号が赤になりました。左右を見ると、車は1台も来ません。あなただったら渡りますか、それとも信号が青になるまで待っていますか。調査を行ったところ、「渡る」と答えた人と「待つ」と答えた人の数は、だいたい半々だったそうです。

　「待つ」と答えた人の理由として多かったのは、「大人が社会のルールを平気で破るのを子どもたちに見せてはいけないと思う」とか「事故にあうのはいやだから」というものでした。

　反対に「渡る」と答えた人の理由には、「安全だとわかっているのに、待っているのは時間のむだだ」とか、「十分に安全を確かめてから渡ればいい」などがありました。「横断歩道の長さによって決める」とか、「子どもやほかの人が見ているかどうかによって決める」という人もいました。あなたならどうしますか。

（宮城幸枝ほか『新・毎日の聞きとり50日（上）　第2版』凡人社より）

● ケース〔E〕① 　OとQのやりとり

　Oが再話者、Qが支援者となって、2人のやりとりが進められます。

　O（再話者）が残したメモは【図6】のようなものでした。それに対して、Q（支援者）が残したメモは【図7】のようなものでした。

　OとQのメモの残し方は、ケース〔D〕でも見ましたが、かなり違っています。O（再話者）は、自分のメモを見ながら、どのように再話を進めていったのでしょうか。そして、Q（支援者）は、再話を支援するためにどのような働きかけをしたのでしょうか。

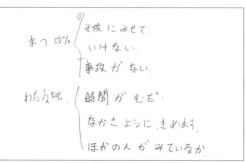

【図6：Oのメモ】　　　【図7：Qのメモ】

❓ 考えよう！【再話データ 20】

O（再話者）は、最初に 3O でこの文章が何について書かれているかを説明しようとしています。「道を渡るかどうか」だけでは、文章のテー

マの説明としては不十分ですが、O は、ペアを組む Q と比べると、日本語を読む力があまり高くありません。その O が、最初に文章のテーマを述べ、再話を始めようとする姿勢は、評価できると思われます。

【再話データ 20：支援者の働きかけの工夫によって、再話が進められたケース①】

1 O：じゃあ、この、文章は、	
2 Q：うん。	
3 O：うん、道を渡るかどうか？	
4 Q：うん。	「道」「渡る」「しんご」、メモにある言葉を順に並べて、O は再話を始めています。
5 O：どっちがいい？多分、信号は	
6 Q：うん。	
7 O：赤、赤になった。	
8 Q：うん。	
9 O：行くかどうか	
10 Q：うん。	
11 O：人の、答えは、はん、かん、簡単。	
12 Q：うん。	
13 O：ありました。	
14 Q：うん。	
15 O：はん、はんたん？	「はんたん」は「半分」。Q が修正してくれます。
16 Q：半分。	
17 O：半分、は、あっ、渡るよ、安全だから、絶対渡る、大丈夫。	半分は「渡る」、半分は「待つ」。メモには、1/2 － 1/2 と書いてあります。自分がメモに残した言葉が、正しく再話の中に生かされています。
18 Q：はいはいはいはい。	
19 O：でも、でも、半分だけ	
20 Q：はい。	
21 O：待つ。	
22 Q：はいはいはいはい。	
23 O：多分、子ども、子どもたちのため、待つ。いい	どうして「待つ」のか、その理由も話されています。
24 Q：はい。	
25 O：いい、例、あります。いい例、えっと、	
26 Q：あっ、はい。	
27 O：とします。いい例。そして、多分他の人	
28 Q：うん。	全体を通して、O は単語や表現、短い文を次々、挙げていくことで再話をしています。長い文を完成させることは、まだ難しいようです。
29 O：見える、どうかわからないから、待つ。	
30 Q：はい。	

続けて、O は、50、70、90、110、130、150、170、190、210、230、250、270、290 で、切れ切れですが、信号が赤になったとき、待つか、渡るか、半分半分という文章の大枠を再話しています。O のメモと比べてみると、自分が書いたキーワードを一つひとつ並べるように再話をしていることが確認できます。

録音の音声を聞いてみると、O と Q の間には、この短いやりとりの中にリズムがあり、少なくとも O にとっては、このような短い、テンポのいい、再話の進め方が合っているように思われます。

そのような O の再話に対して、Q（支援者）は、「はい」「うん」のように相づちを打ちながら、例えば、150 の「はん、はんたん？」というような O の発話に不十分・不確かな部分があ

ると、すかさず 16Q で「半分」と修正するというような支援を続けています。ところが、310 で O の再話が終了したことを確認すると、Q（支援者）の関わり方が変わります。どのように変わるのでしょうか。32Q からの後の 2 人のやりとりを見てみましょう（【再話データ 21】）。

考えよう！【再話データ 21】

【再話データ 21】を見ると、Q（支援者）は、32Q で「えっ、以上ですか」と問いただし、34Q で「渡ると、答えた人たちは、どんな理由を持っていますか」と、この文章のもっとも重要な内容について質問しています。その理由について、O（再話者）は、【再話データ 20】の 230 と 250、270 で「待つ」ことは子ども

【再話データ 21：支援者の働きかけの工夫によって、再話が進められたケース②】

31 O：うん、はい。

32 Q：えっ？　以上ですか？

> 「えっ、もう終わりですか…」という、意外な気持ち。
> まだ、言わなければならないことがあるのではありませんか。Q はそんな気持ちです。

33 O：多分、以上。

34 Q：じゃあ、えっとー、渡る、渡ると、答え人たちは、どんな理由を持っていますか？

> O の再話の足りない部分を補うために、Q が質問しています。

35 O：安全だから。

36 Q：安全だから？

37 O：安全。

38 Q：はい。

> Q は、O の発話を繰り返して、次の展開を待っています。

39 O：そして

40 Q：はい。

41 O：誰もいないから。

42 Q：ああ、そうそう、そうね。{笑い}　そうね。そうね。じゃあ、えっとー、待つを答える人たちは、なぜ、えっとー、どんな、えるとか、さっき O さんは、O さんは、えっとー、子どものために待っています。でも

> 前に O が言ったこと（230）を出して、O の回答を待っています。

43 O：子どもたちの

44 Q：はい。

45 O：いい例をするから。

> O は、42Q の質問に対して、230 と 250 で自分が話したことと関連づけて答えています。

46 Q：はい、はいはい。うん。じゃあ、多分、以上です。

47 O：はい。

たちのためのいい例になるからという主旨の発話をしていますが、何が、どうしていい例になるのかは話されていません。Qの質問（34Q）に対して、Oは自分のメモに残されていた「安全」という言葉を持ち出し、35Oで「安全だから」と答えています。それに対して、Qが36Qで「安全だから？」と問いかけると、Oは、41Oで「誰もいないから」という表現を追加しています。

　続いてQは、42Qで「待つを答える人たちは、なぜ、…」と、「待つ」という答えの理由を質問しています。Qは、ここで、23Oと25OでOが言った「子どもたちのため」という発言を持ち出し、「待つ」と答えた人の理由を確認しようとしています。それに対し、Oは、45Oで「いい例をするから」と答えています。「いい例」というのは、何がどういう意味でいい例になるのかが話されておらず、十分な説明とは言えませんが、Qは、Oの43O「子どもたちの」と45O「いい例をするから」という2つの発話を受けて、文章中の「大人が社会のルールを平気で破るのを子どもたちに見せてはいけない」という部分との関連で、46QでOの答えを確認しています。

　このようにQ（支援者）は、O（再話者）の再話の不足分を、O自身が語った言葉や内容に関連づけて、再度、質問し直し、文章全体の再生に向かおうとしています。

　ペアの2人の日本語能力に差がある場合、このケースのQ（支援者）のように、再話者が再話中に使った言葉や表現を繰り返したり、そ

れらに関連づいた質問を工夫したりして、再話者を助けながら、よりよい再話活動を目指すやりとりは、数多く確認されました。

● ケース〔E〕②　PとTのやりとり

　次に、PとTのやりとりを見てみましょう。PとTも、OとQと同じように、日本語能力に差がありました。以下の再話は、Tが再話を始め、それを日本語能力が高いPがサポートするという形で進んでいます。

　以下に2人が残したメモを挙げます。T（再話者）が残したメモは【図8】のようなものでした。これに対して、P（支援者）が残したメモは【図9】のようなものでした。

　メモの残し方、書き方を見ると、2人が文章の理解と再話への準備をどのように考えているかがわかります。P（【図9】）は、「渡る」ケースと「待つ」ケースを分けて、それぞれ2つずつ、大切な理由をキーワードによって書き分けています。それに対して、T（【図8】）は、覚えている単語を順番に挙げているようなメモになっています。

　では、2人がどのように再話のやりとりを進めたのか、具体的に見ていきましょう（【再話データ22】）。

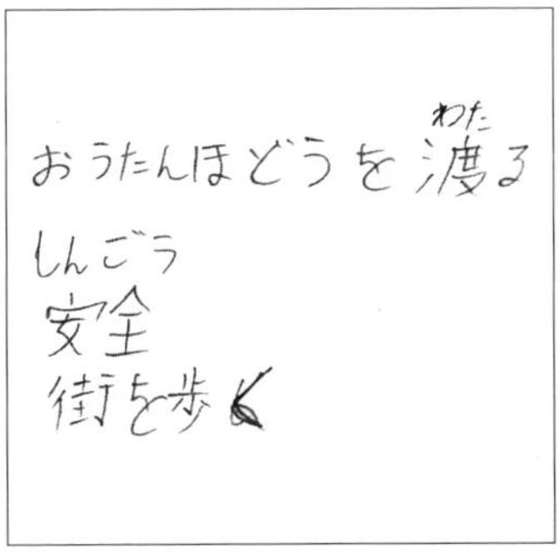

【図8：Tのメモ】

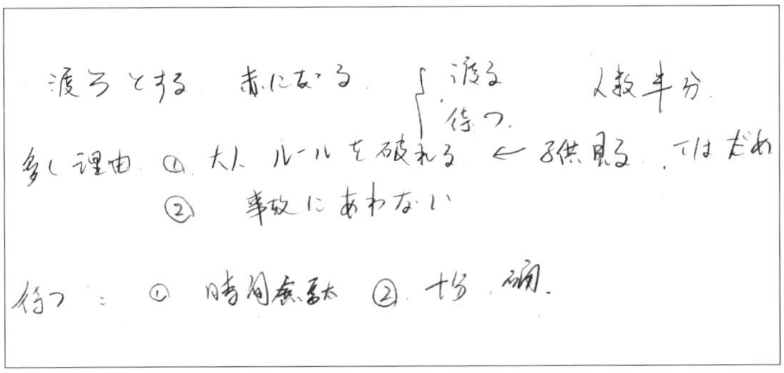

【図9：Pのメモ】

【再話データ22】では、まず、T（再話者）が、自分が挙げた「横断歩道を渡る」「しんごう」という2つのキーワードを使って、3Tで「横断歩道を渡る、まあ渡り方、について、書いてあります」と、文章のテーマを述べています。続いて、5Tで「例えば、信号は、赤になるとき、人が、横断ほう、横断歩道、を渡る。えー、いやあ、本当にわからなかった。人は、待つって、言う？の、答えは、なんだ？あっ、答えは、忘れました。」と話し、横断歩道を「渡る」と「待つ」という2つのポイントを話してはいるものの、その2つの行動が文章中でどのように対照されているのかは、はっきりわかっていない様子で、「本当にわからなかった」「答えは忘れました」と、自分が十分に文章が理解できなかったことを告白しています。

それに対して、P（支援者）は、6Pで「2つが選びます」、8Pで「2種類、人があります」と述べ、全体的な構図として、「渡る人」と「待つ人」の2種類が問題になっていることを示しています。そして、10Pと12P、14Pで2種類の人のうちの1つが「信号が青になるまで待つ人」だということを確認していますが、T（再話者）がその内容をどこまで正しく理解できているかははっきりしません。

そこで、P（支援者）は、16Pで「待つ人」ではない「他の人」は何をしますかと質問し、Tに「他の人」（＝「渡る人」）について話を展開するよう、促しています。そして、18P、20P、22P、24Pで「渡る人」について、Tの発話を引き出そうといろいろ工夫していますが、Tはその働きかけにうまく応えることができていません。そこで、Pは26Pで「えっとー、かお、かお（正しくは「あお」）になると、わかる、わかります（正しくは「わたります」）。Yes、渡ります。でも、他の人は何をしますか？」と述べ、普通は、信号が青に変わると人は渡りますが、この文章中ではそうではない「他の人」がいて、その他の人は何をしますかという問い

を繰り返しています。Tには、どうもこの「他の人」という表現がよくわからなかったようで、27Tで「他の人？」と問い返しています。「他の人」という言い方は、具体的な行動を示す言い方ではありません。ここでは「待つ人」に対して「待たないで渡る人」という「他の」行動をする人という意味で使われています。P（支援者）としては、T（再話者）に「渡る人」というキーワードをしっかり話してほしかったという想いがあったのかもしれません。しかし、Pのそのような想いは、十分にTには伝わってはいません。

その後、Pは、28P、30P、32P、34P、36P、38Pで何とか、Tから発話を引き出そうとしていますが、結局、Tは自分の言葉でそれらのキーワードを使って話すことができません。最終的には、P（支援者）が、36P、38Pと40PでTに「渡る人」という言葉を話しています。

実は、P（支援者）は、第1段階（【再話データ15】p.63）でも見られたように、T（再話者）に対して素材の全体的な構図を「なになにとなになに」というように述べ、Tの再話をサポートしようとしましたが、Tにはそのような述べ方が理解できず、効果的なサポートができませんでした。ここで紹介した【再話データ22】でも、「他の人」という言葉でT（再話者）から「渡る人」という言葉を引き出そうといろいろな工夫をしていますが、Tにわかってもらうことはできませんでした。その後もPは、いろいろな工夫をして、Tの再話をサポートします。もう少しPの奮闘を見てみましょう（【再話データ23】）。

【再話データ 22：支援者の働きかけの工夫によって、再話が進められたケース③】

1　T：OK.

2　P：頑張れ。

3　T：うん、頑張ります。じゃあ、そう、この論文で、えっとー、横断歩道を渡る、まあ渡り方、について、書いてあります。

4　P：Yes.

5　T：OK. ああ、あと、ああ、わからない。いや、あのー、例えば、信号は、赤になるとき、人が、横断ほう、横断歩道、を、渡る。えー、いやあ、本当にわからなかった。人は、待つって、言う？の、答えは、なんだ？あっ、答えは、忘れました。

> Tは自分がメモに書いたキーワードを順に並べて話を始めましたが、5Tの終わりでは、忘れましたと言っています。

6　P：2つが選びますね。

7　T：はい。

8　P：2種類、人があります。

> PはTの支援のために、2種類の人がいることを簡単に説明しています。

9　T：うん。

10　P：1つは、この、信号、信号を、信号が、信号が、えっとー、何？青になる前、まっ、まで、

11　T：ああ。

12　P：ずっと待っています。

> Pは、1種類めの人として、「信号が青になるまで待つ人」を説明しています。

13　T：はい。

14　P：そうですか？

15　T：はい、はい。

16　P：そして、この、他の人は？何をしますか？ま

> 「青になるまで待つ人」以外の「他の人」はどんな人？

17　T：待つ？

18　P：待たない、で、

19　T：はい。

20　P：じゃあ、直接

21　T：あっ？　直接？

22　P：ああ、部分、えっとー、some people、ずっと待って、

23　T：はい。

24　P：あの、信号

25　T：ああ。

> PはTから「信号が変わるのを待たないで渡る」人という発話を期待して、いろいろ話しかけています。

26　P：えっとー、かお、かおになると、わかる、わかります。Yes、渡ります。でも、他の人は何をしますか？

27　T：他の人？

28　P：はい。多分、車が、

> Pは「他の人」という聞き方で、Tに質問していますが、Tはその「他の人」の意味があまりわかっていないようです。
> 「待つ人」と「渡る人」という2種類の人がいる、「待つ人」ではないもう一方の人を「他の人」というのは、メタ的な質問です。Tにはその意味がよくわかっていないようです。

```
29  T：ああ、車、check、check して。
30  P：はい、ないですか？
31  T：はい。
32  P：ない、うーん、ないなら、
33  T：うん。
34  P：直接
35  T：うん。
36  P：渡す
37  T：そう。
38  P：渡りますね。
39  T：そうですね。
40  P：この 2 つ、人です。あります。
```

> P は少し質問を変えています。「車がないなら（→来ないなら）、渡りますね」というように、誘導的な質問をしています。最終的には、38P で「渡ります」と、40P で「この 2 つ、人です」と、P が話を終わらせています。

❓ 考えよう！【再話データ 23】

　【再話データ 23】では、P（支援者）は、42P で「えっとー、この、まっ、ずっと、ああ、待ってて人は、理由は何ですか。どうして、信号を、まっち、信号を渡る。」と、このテキストの重要な内容について質問をします。この質問に対して、T は、初めて自分が書いたキーワードの「安全」を使って、43T で「あっ、安全。」と答えています。P は「安全」だけでは何が安全なのか、わからないと考え、46P で「安全はもっと、詳しい、理由、詳しくして。」と、さらに詳しい説明を求めています。

　P が 48P で「ルール」「交通ルール」という言葉を言うと、即座に T は、51T で「社会のルール」と反応しています。それを受けて、P は、52P、54P、56P で、自分が「お父さん」で、子どもといっしょに信号を待っていて、信号を無視して渡ると、「この状態の場合、私の子どもの見ると、たぶん、悪いですね」（56P）と、具体的な例を挙げて、父親が「信号を無視して渡ることが悪いこと」を説明し、さらに、60P と 62P で自分の子どもだけでなく、他の子どもにもよくないと話しています。この間、T（再話者）は、自分からはほとんど再話できていませんが、57T や 63T の受け答えを見ると、P（支援者）の説明を聞きながら、文章を読んで自分がしっかり理解できなかった部分を「ああ、そういうことだったのか……」と、確認しているように思われます。

　【再話データ 23】では、P は、「ルール」という言葉に関連して、父親が子どもの前で信号を無視して渡ることは悪いという、素材本文の中にはない例を出して T の再話を引き出そうとしています。T（再話者）の的確な再話という形では実現できませんでしたが、P のこのような試みは、第 1 段階では見られなかった支援者の再話者に対する働きかけの変化として取り上げることができます。

【再話データ 23：支援者の働きかけの工夫によって、再話が進められたケース④】

41 T：はい。OK。

42 P：うん。そして、えっとー、この、まっ、ずっと、ああ、待ってて人、は、理由はなんですか？　どうして、信号を、まっち、信号を渡る？

> P は、ずっと「待つ人」の理由を質問しています。

43 T：あっ、安全。

44 P：ああ、安全、です。

45 T：うん。

> 「安全」のためという T の答えをもっと詳しく説明するように促しています。

46 P：安全はもっと、詳しい、理由、詳しくして。

47 T：はい。

48 P：1つは、ルール、ルールについて。こう、交通ルールですね。

> P は「ルール」というヒントを出して、何とか T に話させようとしています。

49 T：ああ、そうそうそうそう。

50 P：はい。

51 T：社会のルール。

52 P：ええ、例えば、私はおとうですね。お父さんですね。

53 T：はい。

54 P：私は、子ども

55 T：子ども。

56 P：と一緒に、はい、待ってます。でも、私は直接、わたります。この状態の場合、私の子どもの見ると、だぶん、悪いですね。

> P は、テキスト中にはない例を出して、T にルールを破ることの問題点を説明しています。

57 T：ああ、そうですね。

58 P：それは1つ理由ですね。

59 T：はい。

60 P：そして、私の子どもじゃないです。他の子ども、に見えると

61 T：はい。

62 P：これは悪いですね。

> ルールを破ることは、自分の子どもだけでなく、他の子どもにとっても悪いこと…
> 結局、P が説明しています。

63 T：そう、そう。

64 P：ええ、これは1つ理由ですね。2つ理由は、あなたのいっ、言った、

65 T：2つ理由

66 P：言ったですね。言った理由ですね。安全ですね。

67 T：ああ。安全、あっ、そうそうそうそう。

このように、T（再話者）の再話が不十分な場合、P（支援者）が、十分に再話できない部分について例を出したり言い変えたり、あるいは再話者が前に言ったことばに関連づけた質問や明確化要求をしたりしました。

実際に、TがPの「引き出し」や「促し」を得て、どれぐらいテキストに書かれていた内容を思い出すことができていたのかは、残念ながらTの発話から明確に判断することはできません。自分の中に残っているいくつかの断片的な言葉（例えば、「ルール」「安全」「時間がない」など）に反応しただけで、それらの言葉が文章の中でどのような文脈で、どのような意味を持って使われていたのか、文章の内容の全体的な理解ができていたのかは確認することができません。

一方で、支援者であるPのペアによる再話活動への関わり方に注目してみると、質問や発話の促し方に、第1段階と比べると、明らかに工夫が見られたことがわかります。Pは支援者として、Tの文章理解の状況に合わせて、例を出したりTが前に言った言葉と関連づけて質問やヒントを出したりしています。回を重ねる中で、日本語能力が高いPが支援者としてペアによる再話活動にどのように参加すればいいのかを考えていることがわかります。

以上、第2段階のケース〔E〕のペアによる再話活動の具体例を、OとQ、PとT、2つのペアの再話活動を通して見てきました。ここでもう一度、確認しておきましょう。第2段階の特徴は、2人の学習者が文章を読んだ後、それぞれがメモを作って、そのメモを見ながら協力して再話活動をすることでした。つまり、学習者の残したメモがペアによる再話活動にどのような影響をもたらしたのかを見てみることが重要になります。

その点に注目して、第2段階のペアによる再話活動には、以下の2つのケースが見られました。

> **ケース〔D〕：**
> メモに書かれたキーワードの通りに再話が進められているが、相互のやり取りはあまり見られなかったケース
>
> **ケース〔E〕：**
> 支援者の働きかけの工夫によって、再話が進められたケース

第1段階と比べて、学習者たちがペアによる再話という教室活動に少しずつ慣れてきたということもあるかもしれませんが、注目したい点は、ケース〔E〕で挙げた、2つのペアのように2人の学習者の日本語能力にレベル差があり、日本語能力が高い学習者が支援者役を担う場合、パートナーの再話行動にどのような働きかけを行っているかという点です。

第1段階では、パートナーに適切な質問や発話の促しなどができず、パートナーの再話が滞ったり、パートナーの再話を待たずに、支援者が自分で話して再話を終わらせてしまうようなケースが少なからず見られましたが、第2段階では、日本語能力の高い学習者（支援者役）のパートナーへの働きかけにさまざまな工夫が見られました。

具体的には、素材には書かれていない例を自分で作って説明・質問したり、パートナーが言った言葉や表現を繰り返し使ったりして、働きかけの方法を工夫していました。あるいは、第1段階ではパートナーの発話がスムーズに進まなくなると、一方的に自分が再話を完成させてしまうというケースが見られましたが、第2段階では粘り強く質問や発話の促しを続け、何とかパートナーに話させようという工夫が見られるようになりました。

これらの点は、ペアの活動を進めるうえで、非常に重要なポイントになります。実際の授業でクラスのすべてのペアの学習者の日本語レベルが同じ程度で、2人が最初からうまくペアによる活動を行うことができるというような理想

的な教室環境は期待できません。クラスにはいろいろな日本語能力の人がいて、ビリーフやストラテジーにもバラエティがあると思われます。最初からすべてのペアがお互いに助け合い、スムーズに再話活動を進められるとは限りません。第2段階では、学習者間に第1段階には見られなかったような工夫された働きかけが見られ、それがペアによる再話活動に効果的な作用を及ぼすことが確認されました。このことは非常に意義のあることだと考えられます。

POINT

　第2段階では、2人の学習者が自分のメモを見て、ペアで協力して再話活動を進めました。学習者のメモを見ると、それぞれの学習者が素材を読んで理解したことをどのようにパートナーに伝えようと考えていたのかをうかがい知ることができました。

　また、日本語能力が高い学習者が支援者として、工夫された働きかけをしていることが確認されました。日本語能力が高い人にも貴重な学びの場になっていました。

CHAPTER 15

第3段階はどうだったのか？

X、Yとも素材を読む。　　各自でどう伝えるか考える。　　Xは何も見ずに再話。
　　　　　　　　　　　　　　　　　　　　　　　　　　　　　　Yも何も見ずに聞き、2人
　　　　　　　　　　　　　　　　　　　　　　　　　　　　　　で協力して再構築する。

🏷 第3段階のペアによる再話活動の目的

　第3段階は、前述したように、素材もキーワードも見ないで、ペアで再話を完成することが目的です。学習者は、第1段階、第2段階を通して、文章を読んで理解したことを話し、パートナーの再話を聞きながら自分の理解を確認したりする活動を繰り返してきています。そして、自分の理解と合わない部分を質問したり、さらに自分が十分に理解できていなかった部分を明確にしたりする経験も重ねています。

　この章では、私たちが収集した第3段階のペアの再話データ（延べ28ペアの84データ）全体を通して、第1段階や第2段階に比べて、第3段階のペアによる再話活動にどのような特徴が見られるのか、2人の学習者の間で交わされた質問や発話の促しに注目して見ていきたいと思います。

🏷 第3段階のペアによる再話活動のやりとりの特徴（3つのケース）

　第3段階のペアによる再話活動には、それまでのペアの再話活動ではあまり見られなかったケースが多く見られました。以下のようなものです。

> **ケース〔F〕:**
> 質問や発話の促しの言葉や表現にいろいろな工夫がなされ、パートナーの発話の引き出しに成功しているケース
>
> **ケース〔G〕:**
> 2人の学習者がお互いに発話を促したり引き出したりしながら、自由に臨機応変に役割を交代して再話活動を進めていくケース

ケース〔H〕:
文章の内容を再生しながら、その内容に関連して、自分の考えや自分の国の状況を語り合うケース

ケース〔F〕：質問や発話の促しの言葉や表現にいろいろな工夫がなされ、パートナーの発話の引き出しに成功しているケース

そして、非常に興味深い現象として、第3段階では、1つのペアによる再話活動の中で、ケース〔F〕からケース〔H〕の相互行為が、あるときはケース〔F〕あるときはケース〔H〕というように流動的に現れるようになりました。

では、具体的に事例を挙げて、前述のやりとりがどのように展開されているのか、ペアによる再話活動のダイナミズムを見てみましょう。

まず、質問や発話の促しの言葉や表現の工夫によって、パートナーの発話の引き出しがうまく進んでいるケースを見てみましょう。
O（再話者）とP（支援者）のケースです。
OとP、2人が読んだ素材は【資料12】でした。

O（再話者）は第1段階、第2段階を通して日本語能力が高い学習者とペアを組むことが多かったのですが、日本語能力が十分ではないためか、再話者でありながら自分から十分な発話ができず、パートナーの発話に相づちや短い確認やコメントを返すというような行動が多く見られました。ところが、第3段階に入って、P（支援者）による発話の引き出し行為によって、Oの再話行動に興味深い変化が見られるようになりました。どのような引き出し行為があったのか、具体的にO（再話者）とP（支援者）のやりとり（【再話データ24】）を見てみましょう。

【資料12：素材 10】

　食べ物を買う人に、その食べ物をだれが、いつ、どこで作ったか、わかるように、数字（すうじ）やバーコードで表（あらわ）すシステムを取（と）り入（い）れる動きが広がっている。このシステムを「トレーサビリティー」という。
　野菜や果物（くだもの）にはったシールや、肉や魚のパックにある数字やバーコードに「トレーサビリティー」の情報（じょうほう）を含（ふく）ませる。そうすれば、作ったときの情報だけでなく、どこをどう通って買う人のところに届（とど）いたかわかるようになる。また、外国から輸入（ゆにゅう）した牛肉を国産の牛肉、と書いたりするような「うそ」も少なくなるだろう。食中毒（しょくちゅうどく）のように、悪い食べ物で大勢（おおぜい）の人が病気になったような場合も、早くその原因（げんいん）がわかるようになるだろう。

（朝日新聞 2003 年 2 月 8 日より）

（和栗雅子ほか『読むトレーニング　基礎編　日本留学試験対応』スリーエーネットワークより）

まず、O（再話者）が 1O で文章のテーマが何であるかを話しています。第 1 段階、第 2 段階を通して、O はことばや短い句をきれぎれに発話することが多く、意味的にまとまりのある内容を文レベルで話すことがなかなかできなかったのですが、第 3 段階に入って、少しずつまとまった文を話すように変わってきました。

ここでは、食品のトレーサビリティーについて、どこで、だれが、いつ、その食べ物を作ったのかがすぐわかるようにするためという文のポイントが 1 つの文（1O）で述べられています。O（再話者）とP（支援者）の 2 人のやりとりがどのように始まり、どのように続けられていったのか、再話データを見てみましょう。

O（再話者）の導入に続いて、P（支援者）が 4P と 6P、10P でトレーサビリティーのシステムの中にどんな情報が含まれているのかを、O に具体的に話させるための質問をしています。P（支援者）の発話を詳しく見てみると、まず 4P で「いろいろな情報が入っている」ことを確認しています。そして、6P で「作った

ときの情報だけでなく」と述べ、他にどんな情報が含まれているか、O に思い出させようとしています。さらに、10P で牛乳や牛肉という具体的な例を挙げて、O の発話を引き出そうとしています。P（支援者）のこのような誘導を受けて、O は輸入、国産、牛肉、牛乳など、この文章の内容を話すために必要なキーワードを自分の中で整理しています。

その後、O（再話者）はP の質問や手助けを受けながら、P といっしょに文章の内容を再生していきます。そして、25O の「あの、病気」という発話で自ら発信を始めます。これまでは、P の発信に短く答えるだけでしたが、ここではトレーサビリティーの役割として病気になった場合、どのようなことができるのかという新しい話題に再話の方向性を向ける役割を果たしています。

O としては、文章の内容全体を理解してP のように話の流れに従って順序よく話すということは難しいことだと思われますが、例えば、「病気」のように、文章の中にいくつか気になっている言葉や表現があって、それを話の流れの中でいつ出せばいいか、そのタイミングを探っていたのではないでしょうか。

> O はどのように再話を
> 進めているのかなあ…

  【再話データ 24：質問や発話の促しの言葉や表現にいろいろな工夫がなされ、パートナーの発話の引き出しに成功しているケース】

```
      …… （前略） ……
1O：Trace code は、食べ物が、どこから、誰、かを、いつ、その、たい、
    大切なものは、すぐわかるように、[1 秒] ことです。

2P：うん。

3O：うんとー、これは、これは、[3 秒] はー

4P：これは、たぶん、いろいろな情報が入ってありますね。

5O：はい。

6P：含めていますね。えっとー、これは、作った時、の情報だけではなく

7O：はい。

8P：いいですか？　うん。

9O：はい。
```

> O が再話を始めています。単語レベルの発話ではなく、かなりまとまった内容を頑張って話しています。

> P は、O が話を進めやすいように、どんな情報が含まれているか、例を挙げて話しています。

10 P：そして、他の例が、あります？　例えば、えっとー、牛乳、牛肉、例えば

11 O：高い、外食。

12 P：はい。外、外国、にゅう

13 O：がい

14 P：輸入

15 O：牛

16 P：した、牛肉と、国産

17 O：国産の牛乳。

18 P：牛乳、うん、嘘。

19 O：嘘。

20 P：つけないように

21 O：はい。

22 P：はい。

23 O：じゃあ、そのために、そして

24 P：そして

25 O：あの、病気

26 P：Yes.

27 O：※※※※※　の病気は、すぐ

28 P：うん。なんだろう？

29 O：どうやっ、import? しない？

30 P：うん。

31 O：たぶん、その国から、は、牛肉は、あっ、病気

32 P：うん。

33 O：ありますから、ちょっと、買えません。

34 P：うん。

35 O：ちょっと

36 P：どうして、多分、この牛乳、牛肉は、えっとー、食べる、食ったら、病気になる、なりました。でも、この原因が、わかり、易く、なるように

37 O：はい。

38 P：はい。

39 O：すぐ、※※※　です。

40 P：はい、そうです。

41 O：ごめんなさい。

42 P：あっ、いいえ。大体、うん、同じですよ。

43 O：わかりましたけど、用語は、ちょっと、難しい。

44 P：うん。そうですね。

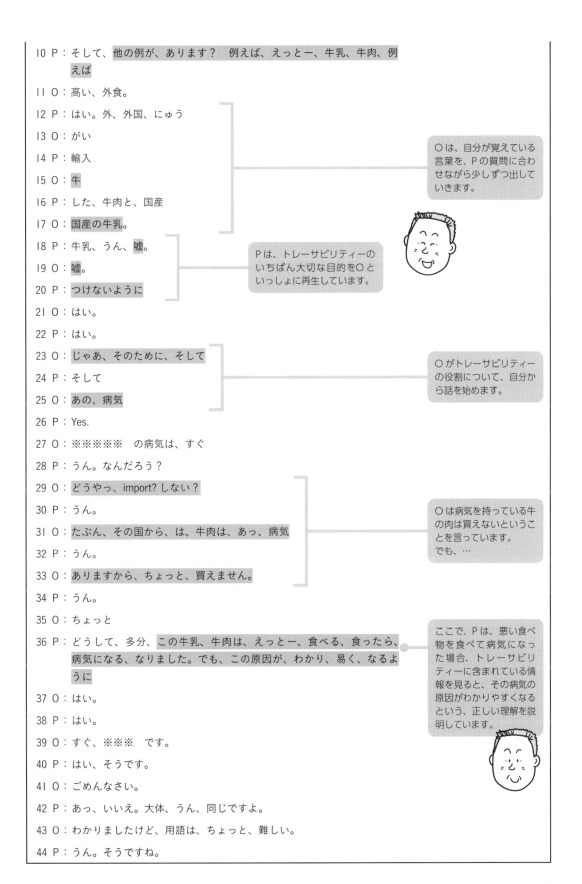

○は、自分が覚えている言葉を、Pの質問に合わせながら少しずつ出していきます。

Pは、トレーサビリティーのいちばん大切な目的を○といっしょに再生しています。

○がトレーサビリティーの役割について、自分から話を始めます。

○は病気を持っている牛の肉は買えないということを言っています。
でも、…

ここで、Pは、悪い食べ物を食べて病気になった場合、トレーサビリティーに含まれている情報を見ると、その病気の原因がわかりやすくなるという、正しい理解を説明しています。

このケースでは、Oは25Oの発話に続いて、29O、31O、33Oで病気の牛肉は買えないということを話しています。Oのこの発話に対して、Pは支援者として36Pで病気を持っている牛肉を買わないということではなく、病気の原因がわかりやすくなるという正しい理解を説明して、Oの間違いを修正しています。

　以上、見てきたように支援者であるPは、ここでO（再話者）が話しやすいように質問を工夫したり、Oが話しやすいように話の流れを作ったりしています。また、Oの理解が間違っている場合でも、Oの発話を活かしながら間違えて発言した部分をやさしく修正したりしています。

　OはPの支援を受けながら、自分が覚えている言葉を少しずつ出してまとまった内容を再話したり、自分から話を始めて展開したりしています。Oは、第1段階や第2段階では、一方的にパートナーの話を聞いて、あいづちを打っていることが多かったのですが、第3段階に入って、Oが再話者としてペアの再話活動の中で果たす役割が少しずつ実質的なものに変わってきたと考えることができます。

　一方、Pは第1段階では、自分が理解した通りに質問をしたり、パートナーの発話を待たずに1人で再話を完成させたりする行為が見られましたが、第2段階、第3段階とステップを踏むことによって、支援者としてパートナーの状況に合わせて質問したり、話しやすいような環境作りを考えたり、間違いの修正方法を工夫したりしています。

　読者のみなさんが実際に再話活動を取り入れる場合にも、日本語能力に差がある学習者がペアを組むこともあると思います。その場合、このOとPのケースのように、日本語能力が高い学習者も、ペアによる再話活動を通して、パートナーにどのように働きかければ、協働で再話活動ができるのか、自分の役割を見直し、自分の取り組みを変えていける契機になると考えられます。

　ただし、1回や2回の授業でこのような変化が起こるとは考えられません。活動を継続する中で、Pのように日本語能力が高い学習者もペア活動に対する自分の参加方法を見直すことができると思われます。1人で再話を行うだけでは、経験できないことです。

ケース〔G〕：2人の学習者がお互いに発話
を促したり引き出したりしな
がら、自由に臨機応変に役割
を交代して再話活動を進めて
いくケース

もう1つ、質問や発話の促しのことばや表現の工夫によって、パートナーの発話の引き出しがうまく進んでいるOとQのケースを見てみましょう。

OとQの事例は、第1段階、第2段階でも取り上げましたが、QはOに比べてかなり日本語能力が高く、当初、支援者の役割を期待されている場合でも、O（再話者）の発話を待たず、1人で再話を完成させてしまうことがあり、必ずしもペアによる再話活動にうまく参加できていませんでした。

しかし、回を重ねることによって、Qの取り組みに変化が見られ、第2段階では、パートナーに対して質問や発話の促し方に工夫が見られるようになっていました。以下に挙げる事例では、2人がペアによる再話活動を楽しんでいる様子がうかがわれます。

2人が読んだ素材は【資料13】でした。第1段階、第2段階の素材と比べると、量的にはかなり長くなっています。

では、O（再話者）とQ（支援者）のやりとりは、どのように進められたのでしょうか。2人の再話データを見てみましょう（【再話データ25】【再話データ26】）。

Oが再話を始めています。

【資料13：素材 11】

　　最近、電車や町の中で、携帯電話などの小さな機械を持って、ゲームをやっている人が多い。歩きながらやっていて人にぶつかってしまうことがある。見ているこちらのほうがこわいと思うが、ゲームをしている人は、全然気にしていないようだ。
　　ある会社では、会社にゲームを持ってきて、仕事の後でゲームをやっている人たちがいたという。その会社では、まだ帰らないで仕事をしているほかの社員からうるさいと文句が出たために、会社にゲームを持ってきてはいけないことになったそうだ。ゲームをしていた人たちは、「仕事中ではなくて仕事が終わった後なのだから何をしてもいい」と思っていたのだろう。しかし、会社は仕事をするところなのだから仕事に関係のないものを持っていくべきではない。それに、ほかの人に迷惑になるようなことはしてはいけない。それぐらいのことは、大人なら注意されなくてもわかるはずだ。
　　昔と違って、今のゲーム機は小さくて運ぶのに便利になったため、いつでもどこでもできるようになった。だが、そのために時間や場所を考えないでゲームをする人が多くなってしまったのではないか。ゲームをやるやらないは、もちろん個人の自由だ。しかし、ゲームの画面を見る前に、自分の周りを見てほしい。

（星野恵子・辻和子『ドリル＆ドリル　日本語能力試験N3　聴解・読解』ユニコムより）

考えよう！【再話データ25】

【再話データ25】の前半から中盤にかけてのやり取りを見てください。

O（再話者）は、1O から 23O にかけて、最近、いろいろなゲームを楽しんでいる人が多いことを、単語や短い句の連続で話しています。このテーマはOにとってなじみがあり、話しやすいものだったのかもしれません。15O、17O、19O、21O では、O の発話はいつもより長く、弾むような調子で話しています。

これに対し、Q（支援者）は、2Q から 22Q にかけて、O の発話に合わせるように、テンポよく相づちや確認の言葉を挟み込んでいます。この部分、録音の音声を聞くと、テンポのいい、弾むような声が聞こえ、2人がやりとりを楽しんでいる様子がよくわかります。

続いて、O（再話者）は 25O で「あの、たぶん、あの、会社」と話し、テキストの第2段落の内容へ話を進めています。そして、36Q にかけて、Q（支援者）と2人で会社では仕事中にゲームをしてはいけないという話を完成させています。2人のやりとりはさらに弾んでいます。

後半（【再話データ26】）を見てみましょう。

【再話データ25：2人の学習者がお互いに発話を促したり引き出したりしながら、自由に臨機応変に役割を交代して再話活動を進めていくケース①】

```
       ……（前略）……
1 O：じゃあ、あの、最近
2 Q：はい。
3 O：携帯電話で
4 Q：はい。
5 O：いろいろなゲーム
6 Q：うん。
7 O：のアプリ
8 Q：はい。
9 O：ありますね？
10 Q：はい。
11 O：あの、その、げー、じゃ、そのゲームの、遊ぶの人は
12 Q：はい。
13 O：どんどん増えています。
14 Q：そう、そうですね。
15 O：あの、じゃあ、多分、道の、歩きながら、やっています。
16 Q：うん、そう。
17 O：たぶん、いつでも、やっています。
18 Q：うん。
19 O：それは、ちょっと、危ないことでしょうね？
20 Q：とても危ないね。
21 O：ね？　じゃあ、ですけど、みんなが、ああ、楽しいですから
22 Q：はい。
23 O：やります。
```

O は、短い言葉や句を順序よく、テンポよく並べて、ペアの再話を始めています。Q は、O の話に合わせて相づちを打っています。

O の発話の長さが、少しですが、第1段階、第2段階のときより、長くなっているような気がします。

24 Q：うん。

25 O：あの、でも、たぶん、あの、会社？

26 Q：うん、会社。

27 O：の中に、その

28 Q：うん。

29 O：いろいろな人は

30 Q：はい。

31 O：ゲームをしたいんですけど、会社の、仕事中は、だめ、でしたね？

32 Q：そうね。へへ ｛笑い｝ 、そして？

33 O：会社中は

34 Q：うん。

35 O：しませんでした。

36 Q：うん、そう。
　　……（中略）……

Oがテキストの第2段落
へ話を展開しています。
そして、会社ではゲーム
をしてはいけないという
話を完成させています。

❓ 考えよう！【再話データ26】

【再話データ26】を見ると、37Oから46Q
にかけて、O（再話者）が再話のイニシアティ
ブを取りながら、会社は仕事をするところだか
ら、仕事に関係がないものを持っていくべきで
はないという内容が、協働的に話されています。

注目したいのは、45OのOの発言です。O
はここで「（仕事に関係）のない、ものを持って
行くべきではない。この持って行くべきではな
い、そしてなど、ちょっと難しかったかな。」
と述べていますが、このような長い文を、大き
なつまずきもなくOが発言していること、そし
て、最後に「ちょっと難しかったかな」と自分
の感想を述べていることから考えると、Oの
読む力と話す力が第1段階や第2段階のレベ
ルより上がってきていると考えることができま
す。自分がどれぐらい理解できているか、メタ
的に自分の理解を認識できるようになったから
こそ、「ちょっと難しかったかな」というよう
な発言ができたのだと思われます。この部分の
音声を聞くと、かなり滑らかな感じで、弾むよ
うに話が進んでいます。第1段階、第2段階
の練習を経て、Oの読む力と話す力に向上が見

られたと考えることができます。

そして、48Q、50Q、52Q、54Q、58Q、60Q、
62Q、66Q、68Q、70Qでは、Q（支援者）が
O（再話者）に代わって、第2段落後半の再話
のイニシアティブを取り、自分の仕事が終わっ
たからといって、他の人が仕事をしているとこ
ろでゲームをしている人がいて、仕事をしてい
る人から文句が出たという、文章中のエピソー
ドを話しています。

O（再話者）の反応を見てみると、51Oで
は50QのQの発話を受けて「うん、ゲームを
やっている人たちが」と話をうまくつないだり、
55Oでは54Qの発話を受けて、「おお、そう」
と少し大げさに反応したり、61Oや63Oでは
それぞれ前のQ（支援者）の発話をうまく完成
させたり、ただ相づちを打つだけでなく、Qの話
の内容をしっかり理解して、ペアによる再話の
完成に積極的に参加しています。そして、Q（支
援者）は、これまでの2人のやりとりを締めく
くるように、72Qで「だから、えっとー、仕事
に関係ないものを、持って、行く、べきは？で
はない。」と話し、45Oと46Qで問題になって
いた「持っていくべきではない」という文の意
味と、自分たちの再話の内容をうまく関連づけ

ています。ここでは、2人はポンポン弾むように行っている再話活動の中で臨機応変に役割を交代し、楽しみながら再話を完成させています。

　ケース〔G〕を見ると、ペアによる再話活動を続けることによって、当初、自分からあまり発信できなかったO（再話者）が積極的に発信できるようになっていることがわかります。また、Oとペアを組んだQ（支援者：ケース〔F〕のPも含めて）も、当初の状態と比べると、ペアによる再話活動への参加の方法や意識に大きな変化が見られました。Qのような日本語能力が高い学習者にとって、パートナーが文章をどう理解しているかを推測して質問を考えたり、どうすればパートナーの発話をもっと引き出す

ことができるかを考えたりすることは、1人で文章を読んでその内容を再生するというような活動の中では、ほとんど体験することはなかったと思われます。今回、ペアによる再話活動を行い、2人で協働して再話を完成させるというタスクに臨んで初めて、相手にわかりやすい質問や相手が話し出しやすいキューや手がかりについて考えることができたと思われます。

　このように、これまで体験してこなかったような形で、自分が文章を読んで理解したことを見直したり確認したりして発信するという経験は、自分の理解をさらに深める契機になるのではないかと考えられます。

 【再話データ 26：2人の学習者がお互いに発話を促したり引き出したりしながら、自由に臨機応変に役割を交代して再話活動を進めていくケース②】

……（前略）……

37 O：じゃあ、さがし、会社は、仕事をするところ、など

38 Q：はい。

39 O：だ。など。

40 Q：うん。

41 O：だ。

42 Q：うん。

43 O：から、仕事に関係？

44 Q：ない。

45 O：のない、ものを持って行くべきではない。この持って行くべきではない、そしてなど、ちょっと難しかったかな。

46 Q：実は、もく、持って行くべき、べきの意味は何ですか。私もわからないですけど。

47 O：そう、OK。

48 Q：はい。でも、その意味は、えっとー、えっとー、今、限度、例えば、携帯の

49 O：うんうんうんうんうん。

50 Q：中のゲームもありますから、会社にゲームを持って、します。そして、仕事のあとで

51 O：うん、// ゲームをやっている人たちが

52 Q：　　　ゲームをやっている人たちが、あります。

37O から 45O にかけて、O が再話のイニシアティブをとって、会社には仕事に関係のないものを持っていくべきではないという話を展開しています。

O がかなりの長文をスムーズに再生しています。

53 O：はい。

54 Q：います。でも、他の社員は、まだ仕事中

55 O：おお、そう。

56 Q：だから

57 O：ああ。

58 Q：うるさいと、文句、文句は、complain。

59 O：ああ。

60 Q：complain が

61 O：あります。{笑い}

62 Q：はい、あります。そして、げん、えっ、会社に、ゲームを持ってきて、は、いけない、こと//に

63 O：　　　　　　　　　　　　なった。

64 Q：なった。

65 O：あっそう、そうそうそうそうそう。

66 Q：だから、えっとー、ゲームをした人たちは、それは、仕事のあと、なの、仕事あとゲームをやって、だから大丈夫、と思います。

67 O：ああ。

68 Q：けど、他の、まだ仕事中の人たちに

69 O：ああ。

70 Q：邪魔しました。

71 O：あっ、そう、//OK。

72 Q：　　　　　　だから、えっとー、仕事に関係ないものを、持って、行く、べきは？ではない。

73 O：なとか？

74 Q：わからない。でも、他の人たちに、迷惑になるようなことを、してはいけない。

75 O：うん。

76 Q：うん。迷惑をかけ、かけません。

77 O：うーん。

78 Q：それは、大人？なら、どうかな？　大人なら

79 O：ああ、わっ、それは、わかる。

80 Q：ああ、わかるかな？　うん、じゃあ。

81 O：大人なら、注意、され、なく、ても、わかる。

82 Q：うんうんうんうん、うんうん、そう、そして、後ろも同じ。えっとー、ゲームをする前に、自分の周りに、を、見てください。

83 O：ああ、そうそうそうそう。

84 Q：それは、今、うん、じゃあ、質問。

今度はQがイニシアティブをとって、2人で「持っていくべきではない」理由を話しています。
Oが弾むように、Qの話の内容をしっかり理解して相づちを打っています。

48Qから61Oで話し合ったことを、Qがもう一度確認しています。「仕事している人に迷惑をかけない」という大切な文章が再生されています。

「大人なら注意されなくてもわかる」、第2段落の最後のポイントもしっかり再生されています。

第3段落の最後のポイントが再生されています。便利になりすぎて、時間や場所を考えないでゲームをする人が増えているという指摘は、残念ながら話されていませんが…。

ケース〔H〕：文章の内容を再生しながら、その内容に関連して、自分の考えや自分の国の状況を語り合うケース

第3段階になると、素材の内容を再話するだけでなく、その内容について自分たちの感想や考えを述べ合ったり、文章のテーマについて自分の国の状況を教えあったりする活動が複数のペアによる再話活動の中に見られるようになりました。

具体的にどのような形でそのようなやりとりが行われるのか、S（再話者）とR（支援者）の再話データを例に見てみましょう。2人の日本語能力は、初級が終わったレベルで、ほとんど同じです。

2人が読んだ素材は、【資料14】でした。

Sが再話を始めています。2人のやりとりを見てみましょう（【再話データ27】）。

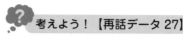

S（再話者）が1S、3S、5S、7S、9Sで、素材が二酸化炭素にかかわる話であること、特に人口は減っているのに、二酸化炭素は減っていないことをテーマに書かれたものであることを説明しています。S（再話者）の一連の話に対して、R（支援者）は4Rで「えっと、人口は？」、6Rで「同じ時？」と、質問を挟み込むことによって、S（再話者）が話を展開しやすいように支援しています。Sが9Sで二酸化炭素はあまり減っていないと言うと、すかさず10Rで「えっ？　どうして？」と質問し、Sの話の方向性を決めています。S（再話者）の発話に対してこのような働きかけができるということは、R（支援者）が文章の大きな流れをしっかりとつかんで、S（再話者）がどのように話を展開していこうと考えているのか、ある程度、予測が立てられていることを表していると思われます。

【資料14：素材 12】

日本では人口が減っているのに、家庭から出る二酸化炭素（にさんかたんそ）が少しも減りません。多くの家庭は、エアコンや冷蔵庫（れいぞうこ）などを省エネ製品に買い換えています。10年前に比べて新製品のエアコンは3分の1ぐらいの電気しか使いません。その他の製品も省エネが進んでいますから、かなり電気を使わなくなっています。それなのに全体では以前より二酸化炭素の量が増えています。家庭の数が増えているからです。例えば今まで4人で住んでいた家族が2つに別れて住めば、全ての電気製品が2つずつ必要になります。また一緒に住んでいても1人1人がそれぞれテレビ・パソコン・電話などを持つようになったことも原因の一つです。ですから生活の仕方を変えなければ家庭から出る二酸化炭素は増えることになります。

（北嶋千鶴子『N3読解問題55＋　日本語能力試験N3用』ノースアイランドより）

【再話データ 27：文章の内容を再生しながら、その内容に関連して、自分の考えや自分の国の状況を語り合うケース】

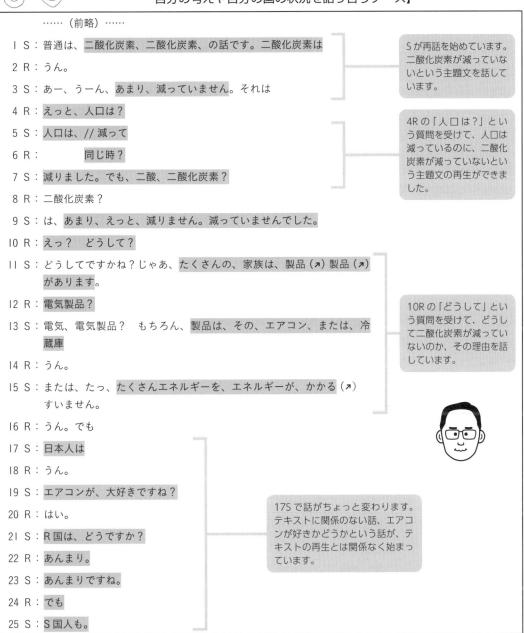

…… （前略） ……

1 S： 普通は、二酸化炭素、二酸化炭素、の話です。二酸化炭素は

2 R： うん。

3 S： あー、うーん、あまり、減っていません。それは

4 R： えっと、人口は？

5 S： 人口は、// 減って

6 R：　　　　　同じ時？

7 S： 減りました。でも、二酸、二酸化炭素？

8 R： 二酸化炭素？

9 S： は、あまり、えっと、減りません。減っていませんでした。

10 R： えっ？　どうして？

11 S： どうしてですかね？じゃあ、たくさんの、家族は、製品（↗）製品（↗）があります。

12 R： 電気製品？

13 S： 電気、電気製品？　もちろん、製品は、その、エアコン、または、冷蔵庫

14 R： うん。

15 S： または、たっ、たくさんエネルギーを、エネルギーが、かかる（↗）すいません。

16 R： うん。でも

17 S： 日本人は

18 R： うん。

19 S： エアコンが、大好きですね？

20 R： はい。

21 S： R 国は、どうですか？

22 R： あんまり。

23 S： あんまりですね。

24 R： でも

25 S： S 国人も。

> S が再話を始めています。二酸化炭素が減っていないという主題文を話しています。

> 4R の「人口は？」という質問を受けて、人口は減っているのに、二酸化炭素が減っていないという主題文の再生ができました。

> 10R の「どうして」という質問を受けて、どうして二酸化炭素が減っていないのか、その理由を話しています。

> 17S で話がちょっと変わります。テキストに関係のない話、エアコンが好きかどうかという話が、テキストの再生とは関係なく始まっています。

　2 人の再話の続きを見てみましょう。11S から 15S にかけて、S（再話者）と R（支援者）は二酸化炭素がどうして減らないのか、その原因について、エアコンや冷蔵庫のような電気製品の使われ方が問題になっているという話を始めていますが、いきなり 17S から 25S にかけて、日本人と R 国人、S 国人が「エアコンが好きか、嫌いか」という話題に変わっています（データ中の網掛け部分参照）。このような話題は素材中には書かれていませんが、これは、素材の内容に関連して、その時自分たちが考えたことや感じたことをそのまま発信する行為で、第 3

段階になると、いくつかのペアが素材の内容に関連のある自分の経験や自分の国の情況、おもしろいエピソードなどを、再話の中に入れ込んで話すことが起こっています。

　興味深い文章を読んで、その内容に関連して自分たちが感じたことや興味を持ったこと、自分の国の情況を自由に話し合うことは、私たちが日常生活の中でごく当たり前のように行っていることです。このような相互行為がペアによる再話活動の中で起こっていることは、学習者がその活動をより身近なものとして感じていることの、1つの証左と言えるのではないでしょうか。第3段階になると、ペアによる再話活動に慣れてきて、素材のテーマと自分たちの背景知識の多寡にもよりますが、自分たちで再話活動を楽しむ余裕のようなものが出てきているのかもしれません。

　以上、第3段階のペアによる再話活動で2人の学習者がどのようなやりとりを行ったのかを見てきました。

　第3段階の特徴的な事例として、以下の3つのケースについて説明しました。

> **ケース〔F〕：**
> 質問や発話の促しの言葉や表現にいろいろな工夫がなされ、パートナーの発話の引き出しに成功しているケース
>
> **ケース〔G〕：**
> 2人の学習者がお互いに発話を促したり引き出したりしながら、自由に臨機応変に役割を交代して再話活動を進めていくケース
>
> **ケース〔H〕：**
> 文章の内容を再生しながら、その内容に関連して、自分の考えや自分の国の状況を語り合うケース

　第1段階、第2段階と比べると、第3段階では、明らかにテンポよく、弾むようにペアによる再話活動が行われており、上掲のケース〔F〕やケース〔G〕で見たように、2人の学習者が楽しんで協働作業に取り組んでいる様子がうかがえます。

　学習者Oは、第1段階では、それほど長くない素材でも、限られた時間内にすべての内容を理解することが難しく、それをパートナーに伝える作業はとても大変でした。ところが第3段階になると、ケース〔F〕〔G〕で見たように、活動に取り組む姿勢が大きく変わり、素材を読み、理解した内容をパートナーに伝えることができるようになりました。

　Oとペアを組んでいたPとQは、もともと日本語能力が高く、それぞれの段階で与えられた素材をほぼ正確に理解できていました。しかし、パートナーの再話活動を支援することはPやQ

にとってもけっしてやさしいことではなく、第
1段階では支援者としての役割を完遂すること
はできていませんでした。しかし、第2段階、
第3段階の活動の中で、質問の出し方や、パー
トナーの発話を促すための例の出し方、あるい
は間違った部分の修正の仕方など、パートナー
への働きかけの方法にさまざまな工夫が見ら
れ、2人のやりとりを楽しむことができるよう
になりました。

　今回のペアによる再話活動は、「自分が読ん
だ素材の内容を、その内容を知らない人に伝え
る」という本来の再話活動に入る準備活動とし
て考えました。
　第3段階のペアによる再話活動での学習者
のやりとりを見てみると、読んで理解したこと
を他の人に話すという活動には、全員が慣れて
きたということができます。また、読んで理解
した内容をどう話せばいいかを考えることにも
慣れることができました。同じ素材についてだ
とはいえ、理解した内容を他の人にどう話せば
いいか、さらには、2人で素材の内容の再生を
どう完成させればいいかについてもいろいろな
体験を通して考えることができました。
　そして、何より読んだ内容を他の人に話す行
為を楽しむことができるようになりました。
　これらのことは、今回の3段階のペアによ
る再話活動で得られた重要な成果だったと言う
ことができます。

POINT

　第3段階では、ペアによる再話活動の内
容に大きな変化が見られました。
　まず、質問や発話の促しがうまく機能し、
再話活動に成功するペアが多く見られまし
た。次に、再話者と支援者という枠組みを
超えて、自由に対話を楽しむペアが見られ
るようになりました。さらに、素材の内容
に関連して、自分の考えや自分の国の様子
を再話活動の中に組み入れるペアも出てき
ました。
　3段階のペアによる再話活動を通して、
学習者の「読んで理解したことを
伝え合う」活動には大きな変化が
見られました。

CHAPTER 16 再話をする前に学習者に伝えなければならないことは？

Chapter15 までに述べてきたように、再話は「読んで話してください」とただ授業でやればいいというものではなく、進め方を工夫して段階的に導入したほうが再話の意義がより発揮できると考えられます。そこで、本書では3段階による再話活動を提案し、その具体的な進め方について説明してきました。

では、実際に授業で再話活動を行う際、そもそも再話を経験したことがない学習者に対して授業でどのように説明して活動を導入したらいのでしょうか。辞書を使って一斉に読み、内容理解を確認する問題に答えるような授業を「読解の授業」と思っている学習者も多くいます。そのような学習者にとって、ペアによる再話活動は受け入れやすい活動ではないかもしれません。いきなり導入しても拒否反応を示されることもあるかもしれません。

以下の【表7】は、「週1回90分×16回」の授業に3段階で再話活動を取り入れた場合を想定したスケジュール表です。

【表7：再話を読解のコースに取り入れた例（【表5】再掲）】

回	段階	目的	セット① （15分）	セット② （15分）	セット③ （15分）
1	オリエンテーション				
2	第1段階	再話と活動のルールに慣れる	素材1	素材2	素材3
3			素材4	素材5	素材6
4			素材7	素材8	素材9
5			素材10	素材11	素材12
6	第2段階	2人で協力して再話することに慣れる	素材13	素材14	素材15
7			素材16	素材17	素材18
8			中間テスト		
9			素材19	素材20	素材21
10			素材22	素材23	素材24
11	第3段階	手助けを使わずに2人で再話を完成する	素材25	素材26	素材27
12			素材28	素材29	素材30
13			素材31	素材32	素材33
14			素材34	素材35	素材36
15			素材37	素材38	素材39
16	期末テスト				

表にあるように、ペアによる再話活動を導入する初回のオリエンテーションが重要になります。なぜ再話を取り入れた授業をするのかについて学習者に十分に理解してもらう必要があるからです。もちろん「再話」という用語や「再話の定義」など、研究的な側面を説明する必要はまったくありません。それらは教師が理解していればいいことなので、「再話」という言葉自体出す必要もありません。

「このクラスでは『読んで質問に答えて終わり』ではなく、『読んで理解した内容を話す』という授業をします。」という授業の主旨を学習者に伝えることが最も大切です。

そのために、学習者に伝えるべきルールは次の7つです。

> ① 漢字を覚える
> ② 再話の意義を理解する
> ③ 内容が理解できるものから読む
> ④ 大切な情報をすばやくつかむ
> ⑤ 再話した内容を要約して書く
> ⑥ 辞書を使う
> ⑦ 音読する

オリエンテーションのときには、これから再話活動に臨む学習者の心構えとしてこの7つのルールを説明し、しっかり学習者にわかってもらうことが重要です。

そのためには、教師自身がそれぞれの目的を十分理解しておく必要があります。以下、7つのルールの目的を学習者にどのように説明すればいいかについて、ポイントを整理したいと思います。

それぞれのルールを説明する具体的な手順はいろいろ工夫できると思います。ここでは、初回1コマ90分を想定したオリエンテーションの一例を紹介します。みなさんも自分だったらどのように7つのルールを説明するか、ぜひ、考えてみてください。

① 漢字を覚える

まず、学習者に次のページの【資料15】のような日本語能力試験N3レベルの問題を3分でやってもらいます。

初級教科書の学習が終わっている段階ではおそらく簡単に感じる学習者が多いと思います。逆に、このN3レベルの問題にまったく正解が得られない学習者は、再話活動をするのはまだ難しいので、初級レベルのクラスに移動するように勧めます。少なくともこのレベルの素材を読んで十分に理解できない学習者に再話をさせるのは意味がないということを教師は十分理解しておいてください。

続いて、【資料16】(p.103)のようなN2（またはN1）レベルの問題を3分でやってもらいます。

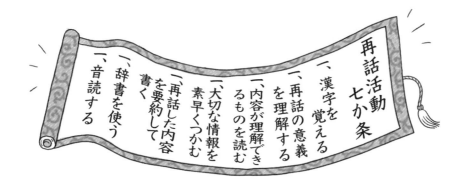

再話活動七か条
一、漢字を覚える
一、再話の意義を理解する
一、内容が理解できるものを読む
一、大切な情報を素早くつかむ
一、再話した内容を要約して書く
一、辞書を使う
一、音読する

問題　つぎの文を読んで、質問に答えてください。答えは1・2・3・4からいちばんいいもの
　　　を1つえらんでください。

　　あなたは、これから好きなところにひっこしをすることができます。田舎と都会とどちらの
ほうがいいですか。
　　田舎は、海や川、山など、自然がたくさんあります。人も車も少ないですから、空気もきれ
いで、静かです。食べ物もおいしいし、子どもは外で自由に遊ぶことができます。子どもを育
てるためには、とてもいいと思います。花見をしたり、海で泳いだり、山に登ったり、雪で遊
んだりして、大人も子どもも季節を楽しむことができます。
　　都会は、人がたくさんいてにぎやかです。高いビルや新しい建物がならんでいて、スーパー
やコンビニがたくさんあります。電車や地下鉄、バス、飛行機など、交通も便利で、行きたい
ところにすぐに行くことができます。毎週、音楽やスポーツなど、いろいろなイベントがある
ので、人がたくさん集まります。新しい情報や文化がたくさん生まれ、毎日しげきがたくさん
あります。
　　私は、自然の中でゆっくりとのんびりした生活が好きです。田舎は、都会にくらべると、あ
まり便利ではありません。しかし、自分の庭でやさいを作ったり、犬やネコなどいろいろな動
物といっしょにくらしたりしたいので、田舎のほうがいいです。

(1)　田舎のいいところは何ですか。
　1　便利です。
　2　人が多いです。
　3　子どもが少なくて、静かです。
　4　季節を楽しむことができます。

(2)　都会のいいところは何ですか。
　1　自然が多いです。
　2　食べ物がたくさんあります。
　3　人がたくさんあつまって、うるさいです。
　4　新しいものがたくさんあります。

(3)　私はなぜ田舎がいいのですか。
　1　自然が好きだから。
　2　あまり便利ではないから。
　3　子どもが外であそべるから。
　4　食べ物がおいしいから。

【資料16：問題例②】

次の文章を読んで、後の問いに対する答えとして最もよいものを、1・2・3・4から一つ選びなさい。

　ヒトの進化の歴史にとって最も重要な道具の一つに石器がある。石器の作り方は誰かがどこかで思いついたもののはずだ。しかし、その発明の伝達がなければ、皆が石器を使えるようにはならない。（中略）

　例えば石ころからナイフを作らねばならないとする。作り方を知っている人は、知らない人に、どのような角度でどう石を削ればナイフになるかを伝えねばならない。①それは言葉があれば可能だと思う人がいるかもしれない。しかし、本当の技術とは、言葉で表すことはできない。それは感覚でしかないからだ。

　学ぶ側はまだシンプルだ。先生の体の動きを注意深く観察すればいい。（中略）より複雑なのは教える側だ。何かを積極的に教えようとすると、教わる側から見て、自分がどのように見られているかを意識しなければならない。伝わりにくいと思われる個所にくれば、動きを強調したり、速度を遅くしたりして感覚を伝える努力をする。それをうまくやるには、他者の感覚に敏感であるのみならず、その他者から見て、自分がどのように見えているかがわかっていなければならない。（中略）

　仮にチンパンジーであれば、たとえよい生徒になれたとしても、②決してよい先生にはなれない。チンパンジーは積極的に教えるということをしない。他者に見られながら自分を見せるという③双方向の伝達が存在しないからだ。この「教える／教わる」という奇跡的な能力こそ、個人が思いついた発明を、社会的な財産へとつなげるヒト特有の能力なのである。

（金沢創「他者の心・自分の心」2009年3月15日付け朝日新聞朝刊を一部改変）

(1) ①それは何を指しているか。
　1　石ころからナイフを作ること
　2　ナイフの作り方を伝えること
　3　石を適当な角度で削ること
　4　適当な石ころを探すこと

(2) ②決してよい先生にはなれないのはどうしてか。
　1　本当の技術は言葉で表すことはできないから。
　2　まねはできても、言葉で伝えることができないから。
　3　体の動きを注意深く観察することができないから。
　4　自分の見え方を意識しながら伝えることができないから。

(3) ③双方向とは何を指しているか。
　1　教える側と教わる側
　2　作る側と使う側
　3　言葉と体の動き
　4　技術と感覚

（『短期マスター　日本語能力試験ドリル　N2　第2版』pp.67-68より）

CHAPTER 16　再話をする前に学習者に伝えなければならないことは？　**103**

学習者にどちらが難しいかを聞いてみてください。全員、「N2 レベル」と答えるでしょう。では、その理由を聞いてみてください。おそらく、多くの学習者が「漢字がわからない」と答えると思います。そこで、例えば、以下のようなＡの例文を板書すると、学習者は誰でも「簡単だ」と言うはずです。次に、Ｂを板書して、わかるかどうか聞くと、漢字が読めなくてわからない学習者が出てきます。

仮に、Ｂの網掛け部分の漢字がわからないとします。そこで、板書上の網掛け部分を消すとＣのようになります。

> Ａ：きのうとしょかんで日本の文化について書かれたとてもおもしろい本を読みました。
>
> Ｂ：昨日図書館で日本の伝統芸能について書かれた興味深い書物を閲覧しました。
> ↓
> Ｃ：＿＿＿＿＿で日本の＿＿＿＿について書かれた＿＿＿い＿＿＿を＿＿＿しました。

このように板書で示せば、同じ文型ですが、漢字がわからないということだけで文の意味を理解できないことは学習者にもわかります。学習者が日本語で日本語母語話者向けに書かれた生の文章を読んで理解したいと思うなら、「漢字を覚えなければ読めない」ということをこの時点ではっきりと自覚させます。もちろんこのクラスは漢字の授業ではありませんし、個々の漢字を文脈なしに覚えることは意味がありません。そこで、「このクラスでは、読む素材の中に出てくる漢字はすべて覚える」ことを指示します。どのように覚えさせるかについては、いろいろ工夫できますが、本書では漢字クイズを取り入れた方法を紹介します。詳細は、Chapter24 を参照してください。

②再話の意義を理解する

次に、N3 レベルの問題（【資料 15】p.102）の答え合わせをします。初級を終えていれば、おそらくほぼ全員が正解するはずで、学習者からも「簡単すぎる」という声が出てくるかもしれません。

そこで、問題を伏せるように指示し、何が書いてあったか聞いてみてください。明確に答えられる学習者もいるかもしれませんが、「田舎と都会のことです」とか「都会はにぎやかです」「田舎は静かです」など、断片的な情報を答えるだけだったり、問題部分の内容を話したりするだけで、本文の主旨や内容を整理して話せる学習者は意外に少ないのではないでしょうか。

もちろん「読んだ後に話すように事前に指示されていなかった」といったことはあります。しかし、学習者はなぜ話せないのでしょうか。それは、学習者は問題に答えるために必要な部分を読んでいるだけで、どんな内容なのかという肝心の書き手からのメッセージについては注意して読んでいないからです。書き手が伝えたいことを読み手として受け止めていない、つまり、授業での読解が本来のコミュニケーションとして行われていないということです。

そこで、「みなさんは何のためにこの文章を読んでいますか。問題に答えるために読んでいますね。じゃあ、普段の日常生活では何を読んでいますか。新聞、ネット上の文章、メール、本、雑誌などいろいろなものを読んでいるはずです。そこには内容理解を問うような問題は付いていません。書かれている内容を読みたい、情報を得たい、興味を持った文章の内容を理解したいと思って読んでいるはずです。問題に答えるために読んでいませんね」と、授業での読解と日常生活の読解のズレについて例を出しながら説明します。

そして、「このクラスでは内容理解の確認のためにあらかじめ設定された問題に答える練習ではなく、何が書いてあるのかを理解する練習をします。そして、読んだ後で、問題に答える

のではなく、読んだ内容を相手に話す練習をします。もし話せなければ、それは読んでわかったつもりになっているだけで、実は内容を十分に理解していないということなのです」と説明します。

私たち母語話者でも、聞いたり読んだりした内容を、それを知らない人に話すということは、日常生活において当たり前のようにありますが、いざ話そうとすると話せない、あるいは、話している途中で「あれ、どうだったっけ？」と論理的に話がつながらないという経験があると思います。これは、聞いたり読んだりした内容を十分に理解していなかったからです。

では、そのような場合、日常生活ではどうするでしょうか。例えば、それが読んだものの場合なら、もう一度読み返し、自分の理解の曖昧な部分を確認すると思います。これが本来の読解活動です。これをそのまま教室で実現するのです。

また、こんな経験もないでしょうか。同じニュースを聞いたり、新聞記事を読んだりしている相手に、その内容について話してみたところ、お互いの理解が違っていたという経験です。これも日常生活ではよく起こります。

そのような場合は、どうするでしょうか。お互いに理解を確認するのではないでしょうか。「え、そうだったっけ？」「あ、そうなの？」「いや、それは違うよ！」など、お互いの理解の違いを確認し、それぞれが自分が理解した内容を必要に応じて修正したり、追加したり削除したりして、正しい内容を再構築すると思います。理解が違うまま、あるいは、誤解したまま、その内容について意見を交わすことはできないからです。

つまり、相手と読んだ内容について話し合うためには、相手がその内容を知らない場合は、正しく伝える必要があり、相手も知っている場合には、お互いの理解を確認し合うことが必要なのです。このように私たちが日常生活で実際にやっている言語行動をそのまま授業で実現する、それができるような練習をすることがこの授業の目標です。そして、その有力な手段の1つとしてペアによる再話活動を提案したいのです。

また、「読んだ内容が話せないのは、口頭表現能力がないだけじゃないか」と思う人がいるかもしれませんが、だからこそ、再話活動に意味があるのです。「わかっているのに話せない」という状況を生み出せるからこそ、学習者が表現形式に注目し、口頭表現能力を高める貴重な機会になります。文章を読んで内容を理解できていたとしても、その内容を他の人に伝えるためには、その内容を表すのに必要な形式をも的確につかみ、さらにそれらを適切に運用できるようになることが必要です。そのために、私たちは必要があれば何度も読んだ文章に戻り、どうしたら相手に伝わるように話せるか考えるはずです。つまり、話すために何度も文章を読むことになり、自分の理解と対話することになるのです。理解した内容を自分の声として発信し、不確かな部分を修正するために再度文章に戻り、意味と形式を的確にマッチングする、このような「読み」と「再話」の往復過程は、学習者にとって理解を深める上で非常に効果的だと思われます。

では、授業で「読んだ内容を話す」ということを誰に向かってすればいいのでしょうか。学習者が多いクラスでは教師と話すわけにはいきません。そこで、学習者同士で話すのです。

このクラスでは「毎回ペアになります。そして、文章を時間を決めて読みます。そして、『読んで理解した内容を相手に話す』という練習をたくさんやります。」ということをはっきりと学習者に伝えます。

③内容が理解できるものから読む

次に、何が書いてあるのかを理解して話す練習をするために、素材としてN3レベルの読み物（【資料15】p.102）とN2レベルの読み物（【資料16】p.103）、どちらが適切かを学習者に考えさせます。

少なくともN2レベルの素材のように、わからない漢字が多すぎて推測ができないと、それらをいちいち調べなければ内容を理解できませんし、時間がかかってしまいます。これでは、読んで話す練習にはなりませんし、何より読みたくなくなってしまいます。読んだ内容を話すためには、最初は語彙レベルが易しい短い文章からスタートします。最初は誰でも簡単に理解できて、理解した内容を話すことに集中できる、そして、話すことができるという達成感を味わう、楽しむことが重要です。

そうかといって、簡単すぎても読もうとするモチベーションにならないので、学習者には「N3とN2の間ぐらいのレベルの素材を読むこと」、そして、「初めはN3よりも少し難しい素材から読み始め、話すことに慣れてきたらN2レベルの素材へと少しずつ難しくしていき、15回を大きく3段階に分けて各段階でなるべく多くの素材を読むこと」を伝えます。

そうすることで、読んで話すことへの抵抗感を低くすることができ、スムーズに再話を授業に導入することができます。自分にもできるという達成感が生まれてくれば、学習者のほうからもっと難しい素材を自然に要求するようになります。再話することに慣れてきたら素材のレベルを少しずつ上げていくことでチャレンジする気持ちを高め、飽きることやもともと読解力のある学習者にも対応することができます。また、いろいろなテーマの読み物を読めるというのは学習者にとってはうれしいことだと思います。

「読めるけれども話せない」を克服するには、「読んで十分にわかる素材について、頑張ってどうにか話す」ことを繰り返していく過程で、少しずつ素材を難しくしていくことがポイントです。

④大切な情報をすばやくつかむ

読む素材は、内容が理解できる易しいレベルの文章から始めると言いましたが、ただ易しい文章を読めばいいということではありません。

先ほど、「②再話の意義を理解する」で、日常生活の読解に近づけると言いましたが、私たちはただ漠然と読んでいるわけではありません。私たちは、なぜ読むのでしょうか。それは目的があるからです。読んで必要な情報を得るためです。日常生活に存在する文章には、書いた人の目的があるはずです。自分のためでなければ、読み手に何かを伝えるために書いているはずです。読むという行為は、書き手のメッセージを読み取る、つまり、書き手が何を伝えたいのかを理解することです。

例えば、次のページの【資料17】の問題を学習者にやらせてみてください。

学習者は設問について簡単に正解を得られるはずです。ただ、これはメールです。書き手は、読み手に対して何を伝えたいのでしょうか。それは、「代わりにアルバイトをするので明日の授業を休む」ということです。問題で問うている「正しい選択肢を選ぶこと」ではないはずです。つまり、現実の「読み」では、読み手として「代わりにアルバイトをするので明日の授業を休む」という最も大切なメッセージがわかることが重要なのです。最初から一文一文わからない語彙を辞書で調べながら読む必要はないのです。日本語母語話者でも文章の中に読めない漢字や知らない言葉があったりするように、すべての語を理解する必要はないのです。

例えば、学習者に「これからある短い文章を読みます。あなたは木村さんの友だちです。読んだ内容を木村さんの家族に伝えなければなりません。1分間で読んだ後、文章を伏せてください。そして、ペアの相手を木村さんの家族だと思って話してみてください」という設定で、次のページの【資料18】の文章を読ませてみてください。

これは留学生のリーさんが学校の高橋先生に送ったメールです。正しいものはどれですか。

高橋先生

こんばんは。
昨日のパーティーはありがとうございました。とても楽しかったです。

私は日本語を使ってスピーチをしましたが、どうでしたか。
先生のおかげでみんなの前でも緊張しないで、うまくできたと思います。
先輩たちは日本語で演劇をしていましたが、とても上手で本当に感動しました。
私もがんばって日本語の勉強を続けたいと思います。
それから、先生が作ってくださったお好み焼きはとてもおいしかったです。
お好み焼きを初めて食べました。今度、作り方を教えてください。

話は変わりますが、先生にお願いがあります。
実は、パーティーで演劇をしていた先輩がかぜをひいてしまいました。
急に休めないので、代わりにアルバイトを頼まれました。
それで、明日の授業を休みます。
すみません。よろしくお願いします。

リー

1　緊張しないで演劇ができた。
2　お好み焼きをおいしく作った。
3　先輩の代わりにアルバイトをする。
4　明日の授業に遅れる。

　　木村さんは、12 月 20 日午前 8 時ごろに自転車で学校に行く途中、事故が起きて、救急車で病院に運ばれた。その日は、雨が降っていて、木村さんはかさをさして自転車に乗っていた。急いでいたので、いつもよりスピードを出して走っていると、横道から急に小学生ぐらいの子どもが飛び出してきた。木村さんは、とっさに子どもをよけようと、ハンドルをきったが、バランスをくずして電柱にぶつかってしまった。自転車は少し壊れてしまったが、木村さんは大きなけがはなかった。

実際に学習者にやってみると「木村さんは、12月……20日……だったかな、確か、えーと8時だったと思います。自転車で学校に行きました。事故がありました。えーと確か、きゅう、救急車で病院、んー、なんという……」と話し始める学習者が多く見られます。あるいは、「先生、全部覚えられません」と途中で不満を言う学習者もいます。これらの学習者は聞き手である相手の立場、つまり木村さんの家族のことを何も考えていません。

自分が木村さんの家族で、木村さんが「事故があった」ということを聞いたら、まず木村さんは大丈夫なのかが最も聞きたい情報のはずです。「事故があったけど大丈夫です」ということをまず話すべきで、日付や時刻、なぜ事故が起きたのかなどは、必要なら伝えるということでいいはずです。もし実際の場面で木村さんの家族に先の学習者のように説明したら、「私の息子はどうなったのよ！」と問いつめられてしまうでしょう。

これらの例を示すことで、学習者にも、読解というのは、ただ読むのではなく、書き手が文章で何が言いたいのかを的確に理解することだということはわかるはずです。文法や語彙、一文一文を最初から順番に細かく理解することではありません。

そして、相手に話すということは、文章を最初から全文正確に覚えることではなく、目的に合わせて要点、ポイントをいち早くつかみ、相手にわかりやすく伝えることです。つまり、読んだ内容を相手に話すという目的で読み、話す練習を繰り返すことによって、一つひとつ細かく読むのではなく、書き手のメッセージは何かを考えて読むはずです。そして、いち早くポイントをつかみ、相手に伝えるために必要な情報を正確に速く読むことができるようになります。

さらに、本書で提案する再話活動では前述のように同じ文章を学習者同士がペアになってその内容を話します。これによって、ペアの相手がどのように読んで何をポイントにしてどのように話すかを聞くことになります。つまり、相手の読み方を聞くことで自分の読んだ理解や読み方を修正できるのです。だからこそ、このクラスでは、毎回読んだ内容を相手に話すという目的で繰り返し読む練習をするのです。

⑤再話した内容を要約して書く

これまで述べてきたように、ペアで同じ素材を読んで再話すると、話す側は読んだ内容を話し、それを聞く側は相手の読み方を聞くことになります。それは、内容を読んで理解し的確に伝えることができるようになるためには非常に効果的なトレーニングだと言えます。

しかし、話す側が発した内容も、それを聞く側が聞き取った内容も、どちらも音声で、再話中に瞬時に反応しなければ、すぐに消えてなくなってしまいます。そのため、話す側は自分が話した内容に対して聞く側がどのような反応をしたのか、聞く側は聞いた内容を参考にしてどうすればより的確に相手に伝えられるのかについて、じっくりモニターする時間的余裕がありません。特に、初級が終わったばかりの学習者は、聞き取りが弱く、相手の発話を十分に理解できない、あるいは、まだ自分が言いたいと思っていることを適切な表現形式に載せて発信する能力が不十分であるため、正確な文を生成できないこともあります。

さらに、素材の内容のポイントだけを話して終わってしまう学習者もいます。ここで、「ポイントだけではだめなのか？」と思われる方がいるかもしれません。実は、ポイントだけ話しても、相手が理解できるとは限りません。もちろんポイントをつかんで話すことは大切ですが、ポイントだけの理解では聞き手にさらに詳細な情報を求められたら対応できません。そのときに適切に対応できなければ、読んで理解したことを、相手にわかりやすく話せたとは言えないのです。つまり、再話では、まず内容のポイントをすばやくつかむこと、そして、ポイン

トがつかめたら、相手にわかりやすいように補足情報を適切に加えて話すことが求められるのです。

以上の2つのことから、再話することに加えて、ポイントをつかんで書く、つまり、読んだ素材を要約して書くことが良いトレーニングになります。再話のときにはじっくりとモニターする余裕がありませんが、要約して書くときには時間をかけて辞書を使うように指示します。こうすることで、最初から丁寧に正確に読みたい学習者にも対応することができます。なお、このように要約して書くのは時間がかかる作業なので、授業時間内ではなく、毎回の宿題として課すことをおすすめします。詳細はChapter17を参照してください。

さらに、この要約して書く作業は、新しい素材ではなく、一度授業で読んで再話した素材について行います。これは、一度再話してから、もう一度方法を変えて、つまり、話すことから書くことに変えて文章を再生することになります。再話活動を通して相手の反応を経験し、「ポ

イントにプラスしてこれを言わないと相手にはわからない」ということがわかったうえで、改めて書いて再話すると考えることができます。

例えば、下の【資料19】を1分間で読み、要約を書かせてみてください。

学習者の中には、これまで再話をするときのポイントとして説明してきたにもかかわらず、最初から正確に覚えて書き起こそうとする人がいるかもしれません。その場合は、「それはただの暗記であって意味がない」と繰り返し示します。

一方で、この文章は質問の回答として島に持って行くもの3つとその理由がポイントであるとつかんで書けばいいということに気づく、さらには、下の【図10】のように、文章ではなく図式的に3つを整理して書く学習者もいます。これはポイントをいち早くつかむことができているということに加え、「私が島に持って行くものは3つです。ナイフとつりの道具と家族の写真です。なぜなら、ナイフは……」と相手にわかりやすく伝えることにつながる整理

【資料19：素材 14 】

ある調査で、次のような質問を受けました。「あなたは、これからだれもいない小さな島に一人で行きます。何か3つだけ持って行けます。あなたは何を持って行きますか。」

私の答えは、ナイフとつりの道具、それから家族の写真の3つでした。なぜなら、ナイフがないと、木や食べものを切ることができません。つりの道具は、海で魚をつって食べることができます。家族の写真は、一人でさびしくなったときに見ると元気になるからです。

【図10：資料19の要約を図式的に書いた例】

島に持って行くもの		
① ナイフ	→	食べものを切る
② つりの道具	→	魚をつって食べる
③ 家族の写真	→	元気になる

がなされています。こういった例は、積極的にクラス全体で共有します。

　要約を書くことは、ポイントをつかむことがまだ十分にできない学習者にとって効果的な練習になります。一度読んだ素材なので、新たに読む負担もなく、ポイントをつかむことに集中することができます。わかったこと、他の人に伝えたいと思っていることがあっても、それをどう表せばいいか、はっきりつかめていない学習者にとって、内容と形式、機能のマッチングを確認する機会になります。

　実際に、第2段階で読んだ内容をメモにまとめ、メモを見ながら再話をするという活動を紹介しましたが、自分が何をどう話すかを考えて、メモを作るという行為や要約練習につながっていくと考えられます。

　また、クラスにペアが複数ある場合など、すべてのペアで何が起きているのかを教師1人でチェックすることは不可能です。ペアによっては、学習者の母語で話してしまったり、誤解したままになっていたりする可能性もあります。要約として書いたものが残れば、すべての学習者の理解の状況を把握することにもつながり、フィードバックすることもできます。何より書く練習にもなります。

⑥辞書を使う
///

　「①漢字を覚える」で「読めるようになるためには漢字、語彙力を上げる必要がある」と述べました。そのためには、「読み方がわからない、意味がわからない言葉があれば自分で辞書を使って調べる」という習慣を身につける必要があります。

　最近ではほとんどの学習者がスマートフォンを持っているので、辞書アプリやウェブの辞書サービスを使って調べる学習者も多いです。紙の辞書はもちろん、電子辞書やスマートフォンを使ってもかまいません。とにかく、わからない漢字や言葉は自分で調べるように指示しま

す。特に、再話で扱う素材は理解しやすいもの、つまり、調べなければならない漢字・語彙がなるべく少ないものを選ぶので、調べなければならない言葉はそれほど多くないと思います（素材選択については、Chapter21 参照）。

　ただ、学習者には個人差があります。各自がわからない漢字・語彙についてバラバラに質問してくると授業活動がスムーズに進みません。この点においても、辞書を使わせることが有効です。もちろん、慣用表現や新しい言葉など、調べてもわからない言葉は説明しますが、そういった言葉はクラス全体で共有すべきものの場合が多く、素材選択の時点で予測できるので、あらかじめ説明の準備をしておきます。

　辞書を使うタイミングですが、これも前述のように、再話では最初から逐語訳のように読んでしまっては練習になりません。具体的には、次のページの【表8】のペアによる再話活動の基本セット中、「(4) 内容理解確認問題への解答」後に、必要に応じて各自で使うように指示しますが、オリエンテーション時は、とにかくこのクラスでは辞書を持ってきて自分で調べることを伝え、次回からの実際の再話活動を行う過程の、しかるべきタイミングで指示します。

⑦音読する
///

　何か書かれているものを読むときには、実際に声には出さなくとも心の中では声を出して読んでいると思います。つまり、心の中で音読をしているのです。

　例えば、上記のこれまでのオリエンテーションの流れで使った素材を学習者に音読させてみてください。途中でつっかえたりして、うまく音読できないと思います。さらに、口に出すことにのみ意識が向いてしまい、意味を考えながら読めていないのではないでしょうか。

　この音読がスムーズにできなければ心の中でもスムーズに読むことはできません。必ず毎回読む素材をスムーズに音読することの重要性を

伝えます。

　音読は、ペアによる再話活動の基本セット（【表8】）のうち、「（5）学習者1人を指名して音読」と最後の「（7）全体音読」の2回行います。実際に基本セットを行う流れの中で、音読をする旨の指示をするとよいと思います。前者は、素材中の漢字の読みの確認です。後者は、漢字の読みや素材内容の意味がわかったうえで、自分の耳で自分が口に出した音を確認しながら読むことに集中することがねらいです。

　以上の①～⑦のルールについて、その目的をしっかり理解しておいてください。そのうえで、ここで示したように、学習者には具体的な素材を用いて体験させながら説明し、一つひとつ丁寧に理解してもらいます。

　このクラスでは、「問題を解くための読解」ではなく、「日常生活での読みにつなげる」、つまり「読んでわかったことを相手に的確に伝える」という目的で読む練習をすること、そのために素材を変えて繰り返し再話活動をすることを伝えます。

POINT

オリエンテーションは、とても大切です。再話活動をスムーズに導入し、その効果を最大限に発揮するためには、教師も学習者もその意義を十分に理解し、7つのルールをきちんと守って取り組むことが重要です。

【表8：ペアによる再話活動の基本セット（約15分）（再掲）】

（1） 学習者にペアになるように指示
（2） 個人の読み作業 ・素材本文を学習者が個人で読む。 ・読む時間は3分で、時間になったら素材を伏せるように指示する。
（3） ペアによる再話活動　⇒3段階化 ・ペアで再話（5分）を行う。
（4） 内容理解確認問題への解答
（5） 学習者を1人指名して音読
（6） クラス全体での内容確認（学習者から質問があれば、それに答える）
（7） 全体音読（全員で素材本文を音読する）

CHAPTER 17

漢字クイズと要約課題はどうすればいいの?

Chapter16 で、オリエンテーションのときには、再話活動に臨む学習者の心構えとして7つのルールを説明し、しっかり学習者に理解してもらうことの重要性について述べました。

そのうち、「①漢字を覚える」と「⑤再話した内容を要約して書く」については、どのように授業に取り入れたらいいでしょうか。

仮に授業が1コマ90分の場合、再話活動は1素材約15分とすると3素材×15分＝45分なので、45分余ります。素材を増やして再話を続けることもできますが、ここで漢字と要約を連動させることで再話の効果をより確実なものにすることができます。

この章では、漢字学習と要約課題の具体的な取り入れ方を、例を挙げて説明していきたいと思います。

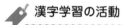

漢字学習の活動

Chapter16 で解説したとおり、オリエンテーションの中で、漢字学習の目標として「読む素材の中に出てくる漢字はすべて覚える」ように、学習者に指示することとします。また、漢字学習と併せて、「⑥辞書を使う」ことと、「⑦音読する」ことの大切さについてもオリエンテーションで学習者に伝えています。もちろん、ペアによる再話活動の最中に辞書で調べたり音読したりすることはできませんが、学習者は再話した文章の中に出てくる漢字を自分のペースと方法で覚えてくることが期待されています。

授業中の漢字学習の活動として、私たちの実践では再話した文章に出てきた漢字の読みについて、毎回、授業の冒頭で漢字クイズをしました。この授業は漢字練習のためのものではあり

ませんし、未習の漢字の意味や読み方、書き方を丁寧に練習するための時間的な余裕もありません。そのため、漢字クイズは漢字の読みだけを確認するためのもので、今回の授業で出てきた漢字は、次回の授業までに覚えてくるように指示しました。1回の授業で3つの素材について再話しますので、1素材10語程度の漢字を抽出し、毎回30語の漢字の読みをクイズとして出します。

例えば、Chapter16の3素材（【資料17】【資料18】【資料19】）を授業で使ったとすると、以下の【資料20】のように教師が各素材から抽出した漢字を並べ、プリントアウトして使います。

学習者は各漢字の横に読み方を平仮名で書くだけの簡単なクイズです。全員が書き終わったら、その場で全員で確認し、学習者自身が正しい読み方を赤ペンで訂正し、点数を書いて回収するところまで15分もかかりません。1人

1つずつ読ませて全員で確認することで、学習者にとってプレッシャーになりますし、教師にとっては誰が覚えてきていないのかを確認することもできます。このクイズは、回収し、チェックして次回返却します。

読み方だけではすぐに忘れてしまうということも考えられますが、初級を終えたばかりのレベルの学習者が読む素材は、おおむねJLPTのN3レベルに相当します。そのため、その素材中に使われる漢字も自然にN3レベルからN2レベルのものに統制され、しかも、同じ漢字が繰り返し出てくることもよくあります。これを利用して、以前出題した同じ漢字をクイズの中にいくつか散りばめることで学習者の記憶に繰り返し働きかけることもできます。

このような形式のクイズを実際にやってみると、自分のノートに読めない漢字をリスト化し、授業前にチェックしている学習者をよく見かけます。

【資料20：「漢字クイズ」の例】

漢字クイズ

緊張	....	運ぶ	....
先輩	....	傘	....
演劇	....	急ぐ	....
上手	....	道路	....
感動	....	横	....
続ける	....	急に	....
今度	....	壊れる	....
頼む	....	調査	....
授業	....	質問	....
心配	....	受ける	....
代わり	....	島	....
遅れる	....	家族	....
途中	....	写真	....
事故	....	道具	....
救急車	....	魚	....

要約を書く活動

次に要約を書く活動です。要約といっても、再話した素材、つまり、理解はできている文章を要約するのですが、初級を終えたばかりの学習者にはそれほど簡単にできることではありません。そのため、要約にも段階を設定する必要があります。そして、書くのはとても時間がかかります。書いた要約文の完成度も個人差がありますし、それらにフィードバックすることを考えると再話活動と同じ授業中に要約を書く活動をするのは時間的にも現実的ではありません。再話活動を授業に導入するのであれば、やはり再話することに集中してほしいと思います。そこで、要約を書く活動は宿題として出します。

また、読んで理解したことを伝えるというのは、ただ覚えていることをたらたら話すことではありません。書かれている文章のメイン・アイデアを判別して整理して話す、どういう方法で整理して話すことが相手にわかりやすいのかを自分で選択して話すことです。結果として覚えたことをそのまま話すのでは意味がなく、読んで理解したことを相手にわかりやすく伝えるのですから、例えば、「〜には問題があります。1つめは〜、2つめは〜」といった表現が再話に現れてくることが理想的です。

しかし、こういった相手にわかりやすい伝え方に関する解説を丁寧にすると時間がかかり、学習者からの具体的な表現の事例が出てこないと教師からの一方的な説明になってしまい、再話活動の基本ユニットの流れが悪くなってしまいます。再話活動は、まずは読むことに集中し、伝えることを繰り返すことで伝え方についても気づき、結果として相手に伝わりやすい表現ができるようになっていく、さらにはそれが読み方にも影響していくのが理想的です。

そこで、再話活動が3段階になっているように、要約課題も、おおむね各段階に沿ったやり方で進めながら、それぞれが連動した課題例を示します。

		要約課題
第1段階		内容理解のQAに答える
		内容理解のQAを利用して要約を書く
第2段階		QAなしで要約を書く
第3段階		文章構造を意識して要約を書く

以下、具体的に説明します。

まず、第1段階では、授業で再話した素材を再度使い、次のページの【資料21】のように内容理解のQAに解答する形の課題を課します。このQ1〜Q4のように、質問の答えをつなげると要約文ができるように質問を設定します。学習者は再話を通して内容を理解しているので、質問に答えること自体は難しくありません。これらの質問に対する答えをつなげれば要約文になるということを意識させ、要約することへの負担を減らすことができます。これを毎回1つの素材について行います。

そして、慣れてきたら、第2段階にかけて【資料22】（p.116）のようにQAと要約文を書くことを同時に課して、QAを利用して要約するように促します。学習者の様子を見て、必要があれば要約のサンプルを示します。

さらに慣れてきたら、QAをやめて、要約だけにします。

第3段階では、文章が長くなるため、文章構造をより意識して読み、その内容を伝えられるように工夫します。

【資料23】（p.117）の例は、「比較対照」の文章構造になっているため、「メリット」と「デメリット」を抽出することで比較対照を意識した要約を促していますが、文章構造によって図表、箇条書き、チャートなどで整理し、柔軟に対応します。

【資料 21：素材と内容理解の QA の例】

　日本には、地方によっていろいろな言葉の違い、つまり方言があります。例えば、「捨てる」は、北海道・東北では「なげる」、名古屋では「ほかる」、関西では「ほかす」、その他にも「ほたる」「うっせる」などと言われます。

　しかし、最近では、地方を出て都会に住む人が増え、テレビやインターネットが普及して、方言が使われなくなってきています。便利になるのはいいのですが、言葉の多様性がなくなっていくのはさびしい感じがします。そこで地方では、方言を守るために、なるべく方言を使うようにしたり、方言を使った商品を売り出したりしています。

QA ［宿題］

Q1. 方言とは何ですか。

Q2. 最近、方言に何が起きていますか。

Q3. 筆者はどう思っていますか。

Q4. 地方では何をしていますか。

【資料22：素材と内容理解のQA・要約課題の例】

　北海道や東北など、雪がたくさん降る地域では、冬に外で野菜を作ることができません。そこで、農家は秋が終わる11月ごろに収穫したキャベツ、大根、人参などの野菜を畑にそのまま置いておきます。そして、冬になって雪が積もると、雪の下から野菜を掘り出して出荷します。冬は気温が下がり、雪の中では0度くらいの低い温度で保存できます。そうすると、野菜はより甘くなって、おいしくなるそうです。

　日本では、春野菜、夏野菜など、季節によっていろいろな野菜がありますが、冬は寒いので野菜の種類が少なくなります。雪の下から収穫される野菜は、冬でも新鮮でおいしく食べられるため、人気があるそうです。

QAと要約課題 ［宿題］

Q1. 北海道や東北では、冬にどのような問題がありますか。

Q2. そのために農家は何をしていますか。

Q3. なぜ農家はそれをするのですか。

Q4. その結果、どうなりましたか。

内容を100字程度で要約してください。

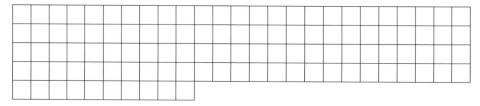

【資料23：素材と要約課題の例】

スマホとは、スマートフォンの略です。最近では、子どもも持つようになりましたが、高齢者の中には「難しい」「高い」といった理由から持ちたくないという人もまだ多くいます。でも実は、高齢者こそスマホを持つことにはメリットがあるのです。

まず、災害時やけがをしたときなど、緊急時に家族にすぐ連絡をとり、居場所を知らせることができます。そして、離れた場所に住んでいても、写真を送り合ったりして家族との日常的なやりとりが増えます。SNSを活用して趣味を楽しんだり新たな交流を始めたりすることもできます。また、インターネットを通じていろいろな情報に触れることで認知症の予防にも効果があると言われています。

一方で、不安もあります。スマホには、買ったとき詳しい説明書が付いていないことがあります。使いながらその使用方法を覚えていくので、慣れるまでに時間がかかります。使用方法がわからないと、操作を間違ったり、有料サービスと知らずに使ってしまったりするトラブルも起こるため注意が必要です。

要約課題〔宿題〕

①上の文を読んで、下の表に高齢者がスマホを持つことのメリットとデメリットをまとめてください。

メリット	デメリット

②内容を100字程度で要約してください。

（原稿用紙）

前述のように、この要約課題は授業時間内では時間がかかるので、宿題として課します。その際には、辞書を積極的に使うことを促します。学習者へのフィードバックも個別に行う必要があり、授業時間内では難しいと思います。そこで、授業前日までにメールで宿題を送ってもらい、プリントアウトし、あらかじめ課題をチェックしたうえで返却します。授業当日は、全体で指摘すべき共通の問題点に絞って共有し、漢字、文法などの個別の問題点については要約文に直接赤ペンで書き込んで返却すれば、あまり時間はかかりません。

このフィードバックでは、特に、この要約が再話、つまり、読んで相手に伝えることと連動していることを繰り返し確認します。QA をうまくつなげたり文章構造を整理した図表を活かしたりして、相手にわかりやすいように論理構造や談話の流れを考えた構成になっているかをチェックするだけでなく、学習者から提出された要約文の中にそういった例があれば、積極的にクラスで紹介して示します。学習者も褒められるとうれしいはずですから、毎回違う学習者が例として紹介されるようになるのが理想的です。

中には「要約を書く」という作業自体をやったことがない学習者もいます。自分で勝手に解釈した内容を自分の言葉で書いてしまうこともあり、もとの内容とまったく異なるものになっていることもあります。だからこそ、QA などを利用して「素材のポイントをつかみ、その文をそのまま抽出してつなぎ、短くまとめてください」といった程度で指示し、例としてひな形を示します。初回の学習者の要約文の中から適切な例を示すことで伝わると思います。要約を書くことに慣れ、文章の表現をそのまま使って適切に要約できることが重要です。

慣れてきたら、次のステップとして文章中の語彙や表現を、同じ意味の別の表現に言い換えてみるように促します。これも、先ほどと同様に学習者の要約文の中に良い例があれば積極的にクラスで紹介します。こうすることで、再話

中に出てくる語彙や表現にバリエーションが出てきますし、ペアの発話に現れることで気づきが生まれ、語彙や表現の学習に対するモチベーションにもなります（例：chapter24 再話データ 29 参照）。

さらに慣れてきたら、発展的な宿題の試みとして、再話で取り上げた素材と同様の構成からなる新しい素材を読み、その内容を要約するということも考えられます。

ここでchapter14 の第 2 段階の【再話データ 19】（p.75）を見てください。そこで述べたようにQとOのやりとりでO（支援者）は、あいづちを打つだけでした。以下は、このOが再話した後に同じ素材について書いた要約です。

> 最近、ペットにウサギを飼っている人が増えています。すかし、理由は可愛いだけではない。例えば、静かで、鳴かなくて、広い所でなく飼いることできる理由もあります。すかし、ウサギと一緒に楽しく生活するためよく知っておいて、愛情を持って育てことが大切です。

再話活動中には、Oはあいづちを繰り返すだけで、何をどのように理解していたのかわかりませんでしたが、この要約文の内容からOがQの再話を聞きながら内容の理解を確認していたことがわかります。このことから、この要約課題が再話、つまり「読んで話す」こととは別の方法でOの意味理解を促していたと考えることができます。

✒ コースへの導入例

以上の漢字クイズと要約課題のフィードバックをそれぞれ 15 分と 30 分として、45 分です。再話活動は 1 素材約 15 分とすると毎回 3 素材

× 15 分 = 45 分なので、合計 90 分となります。1 コマ 90 分、全 16 回にした場合の例を【表 9】に示します。

オリエンテーション後の 2 回目の授業は、再話活動の初回になるので、素材を 4 つ使います。1 つめの素材は導入用として使い、教師が手順を 1 つ 1 つ具体的に示しながら基本ユニットを学習者とともに試行します。初回なので、教師は各ペアを見回りながら、手順のとおりにできているかチェックし、できていなければ指摘しながら進めます。

手順がわかったら、2 つめの素材から再話活動をスタートします。初回は基本ユニットの手順を学習者が確実に理解して進めることが大切なので、2 つめ、3 つめの素材も確認用に使ってもいいと思います。第 3 回の授業から本番ということでかまいません。このように再話活動の授業初日は時間がかかるので、4 素材で 90

分使います。

あわせて、漢字クイズと要約課題についても説明し、指示します。第 3 回から、授業冒頭の 15 分で漢字クイズ、要約課題のフィードバックを行い、再話活動に移ります。

第 9 回の授業の前半は、漢字クイズと要約フィードバックの代わりに中間テストのフィードバックをしてもいいと思います。

POINT

再話活動の効果をより確実に発揮するために、ここでは漢字クイズと要約課題を紹介しました。やり方は、一例ですので、みなさんの現場に合わせてアレンジしてください。ただし、どちらも計画的に繰り返すことが重要です。

【表 9：漢字クイズと要約課題を取り入れた例】

回			セット①	セット②	セット③
	45 分		15 分	15 分	15 分
1	オリエンテーション				
2	素材 1（手順を示しながら試行）		素材 2	素材 3	素材 4
3	漢字クイズ（15 分）	要約課題フィードバック（30 分）	素材 5	素材 6	素材 7
4			素材 8	素材 9	素材 10
5			素材 11	素材 12	素材 13
6			素材 14	素材 15	素材 16
7			素材 17	素材 18	素材 19
8			中間テスト		
9			素材 20	素材 21	素材 22
10			素材 23	素材 24	素材 25
11			素材 26	素材 27	素材 28
12			素材 29	素材 30	素材 31
13			素材 32	素材 33	素材 34
14			素材 35	素材 36	素材 37
15			素材 38	素材 39	素材 40
16	期末テスト				

CHAPTER 18

評価はどうすればいいの？

いわゆる成績を出す・点数化するための評価

評価はどのようにしたらいいのでしょうか。もちろんやりっ放しではいけませんし、授業を改善するためにも実践を何らかの形で客観的に振り返ることは不可欠です。ここでは、まずいわゆる点数化して成績評価をする場合を考えます。

この場合に最も大切なことは、活動の目標と評価対象が一致していることです。本書で取り上げた「ペアによる再話活動」の目標は、「読んだ内容を相手に伝えることができる」ですから、このプロセスの中で必要になる活動を評価の対象にすることが重要です。

一連のペアによる再話活動のプロセスで出てくる成果物は何でしょうか。Chapter17 で紹介した漢字クイズと要約課題があります。この2つは、学習者に返却する前に毎回、点数化して集計し、評価の対象にすることができます。評価の対象にすることで、毎回のクイズも課題も学習者のモチベーションになります。そして、何より継続することが重要です。

また、本書で提案しているペアによる再話活動は、学習者の読む力を伸ばすために行っていることですから、読む力を測る必要があります。読んだ内容を聞き手にわかりやすく伝えるためには、何よりまず読み手自身が素材の内容を理解できていることが必要です。そこで、素材の理解を確認するような問題を作成し、

Chapter17 の【表9】（p.119）にあるように、中間テストと期末テストを実施します。例えば、次のページの【資料24】のような例です。一度読んでいる素材ですから、漢字のルビはすべて消し、テスト中の辞書使用は認めません。

テスト時には【資料24】のように記述式にして、内容を理解しているかどうか直接確認する問題にします。

ここでのポイントは「理解の確認」ということです。素材は、中間・期末の各テストまでに読んだものの中からいくつかを取り上げて使います。一度読んだものがテスト対象ですから、学習者も余計なプレッシャーにはなりませんし、毎回の再話活動をきちんとこなしている、つまり、確実に理解し、自分のことばで話そうと努めていればテストの準備も必要ありません。テストの形式は、【資料24】の例のようなQA形式の他に、要約文を書かせる形式にしてもいいと思います。学習者は、Chapter17 で紹介した要約課題を宿題として毎回やっているので、まだ要約課題として扱っていない素材を選んで要約させます。

テストは学期末に1回でもいいかもしれませんが、中間時にテストをすることで、学習者は自分の理解を再び振り返ることになります。特に初めて再話活動を経験するため、再話活動の意義や手順を再確認することができますし、学習者にとってはその後の再話活動や課題への取り組み方を改めて考える機会にもなると考えられます。

スマホとは、スマートフォンの略です。最近では、子どもも持つようになりましたが、高齢者の中には「難しい」「高い」といった理由から持ちたくないという人もまだ多くいます。でも実は、高齢者こそスマホを持つことにはメリットがあるのです。

まず、災害時やけがをしたときなど、緊急時に家族にすぐ連絡をとり、居場所を知らせることができます。そして、離れた場所に住んでいても、写真を送り合ったりして家族との日常的なやりとりが増えます。SNS を活用して趣味を楽しんだり新たな交流を始めたりすることもできます。また、インターネットを通じていろいろな情報に触れることで認知症の予防にも効果があると言われています。

一方で、不安もあります。スマホには、買ったとき詳しい説明書が付いていないことがあります。使いながらその使用方法を覚えていくので、慣れるまでに時間がかかります。使用方法がわからないと、操作を間違ったり、有料サービスと知らずに使ってしまったりするトラブルも起こるため注意が必要です。

---

(1) 高齢者がスマホを持つことのメリットを 4 つ書いてください。

①

②

③

④

(2) 高齢者がスマホを持つことのデメリットを 3 つ書いてください。

①

②

③

また、理解の確認が中心ですので、テストに時間がかかりません。実際にやってみると45分も必要ありません。早く終わる人は30分ぐらいで終わってしまいます。ですから、Chapter17の【表9】(p.119)の中間テスト・期末テストは後半の45分で十分で、前半の45分をいつもどおり前の回の漢字クイズと要約課題のフィードバックに当てれば、授業のルーティーンを崩さずに進められます。

テスト問題に一度読んだ文章を使うと記憶力を測っていると思われるかもしれませんが、理解の確認のためなのでかまいません。むしろ、一度読んでいるにもかかわらずできないほうが問題で、その原因は「素材が不適切だった」「再話後の理解確認が不十分だった」などが考えられます。テスト結果を分析してしっかり授業改善に役立てることが必要です。もちろん、一度読んだものではなく、授業で読んでいない新しい文章を読んで内容把握問題をやるということも考えられます。しかし、それではテストと再話活動との関連が見えにくくなり、文章を読んで内容把握問題を解くという従来型の読解に逆戻りしてしまいます。テストは、学習者の学習観や学習のしかたに強く影響を与えます。再話活動の目標と評価対象を一致させることはやはりとても大切なのです。

また、記述式にすると、学習者の読む力ではなく、書く力が影響するのではないかという指摘があるかと思いますが、文章を見ながら解答を書くことができるので、それほど大きな影響はありません。もちろん不正確な記述は減点の対象とするにしても、記述の内容で理解を確認する目的であることを学習者にも伝えることで、再話活動の目標を改めて理解させます。

解答を選択式にすることもできますが、信頼性、妥当性のある選択肢を考えるのは難しいものです。

ここまで紹介した漢字クイズ、要約課題、中間・期末テストがあれば、客観的に点数化して、読解授業としてのいわゆる成績評価はできます。それぞれ記述式なので、学習者がしっか

り理解できている部分と理解があいまいな部分の判別ができ、フィードバックもしやすいと思います。

その他にも、1回の再話活動の基本セットが終わるごとに、各素材の理解を確認するタスクをするなども考えられますので、いろいろ工夫してみてください。普段の再話活動では複数のペアがあり、例えば1クラス20人の場合など、一人ひとりの理解を確認するのは不可能です。このようにしてテストを利用することでそれが無理なく可能になります。

読んで理解したことを話す力の評価

ペアによる再話活動の目標は、「読んで理解したことを相手に伝える」ですから、「伝えることができた」かどうかについても評価すべきです。この場合、一見「話す力」、いわゆる口頭表現能力を測っているように見えますが、「読んで理解し、その内容を頭の中で再構築し、自分の言葉で置き換えて話す」ことができないと再話はできません。つまり、読んだ内容を自分のことばで話し、それが相手に伝わることでその人の理解が確認され、初めて「読めた」と言えるのです。

いわゆる従来の読解では、読んだ後に内容確認の問題を解いて解答を確認することで終わっていますが、これでは与えられた選択肢の中から正解を選ぶことができたことは確認できますが、本当に内容を理解できていたかはわかりません。質問に解答できたということであって、その解答に必要な部分を部分的に理解しているだけ、そういった解答のテクニックを持っているだけだと考えることもできます。ですから、本人は理解できたつもりになっていますが、実際に読んで理解した内容を自分のことばで他の人に伝えようとすると、自分が伝えたいことを、適切な形式を使って話すことができないのです。

私たちは「読んで理解し、その内容を頭の中

で再構築し、相手がわかるように自分の言葉で置き換えて話す」までを中心に据えて授業を考えています。

この「読んで理解し、その内容を頭の中で再構築し、相手がわかるように自分の言葉で置き換えて話す」ことができているかどうかを本来教師は評価すべきです。ただ、これを客観的に測るのは難しく、授業期間中に実施するにはかなりの手間がかかるため、私たちも現在、その方法を追究している最中ですが、可能性としては、2つあります。

1つは、テスト時は学習者同士のペアではなく、一人ひとり個別に教師を相手に再話するということです。この場合も確認ということで、素材は一度読んだものでもいいですし、記述式の読みのテストを同時並行で行うのであれば、こちらは新しい素材を含めてどれだけできるか、試みてもいいと思います。その場ですぐに評価することは難しいので、ICレコーダーに録音して改めて評価し、それに基づいて学習者にフィードバックします。ただ、個別に実施す

るので時間も場所も必要になります。読みのテストの最中に個別に呼んで実施するなどの工夫が必要です。

具体的には、「読んで理解し、その内容を頭の中で再構築し、相手がわかるように自分の言葉で置き換えて話す」を「①読んで理解し、その内容を頭の中で再構築しているか」と「②相手がわかるように自分の言葉で置き換えて話しているか」に分けて評価します。

まず、「①読んで理解し、その内容を頭の中で再構築しているか」ですが、例えば、学習者が再話する素材を以下の【資料25】とします。

これは、Chapter10（p.30）で検討した素材と同じもので、Carrel（1992）を参考にして素材をアイデア・ユニットという単位に分類したものです。再話はもともと個人の読みの理解を測る手段としてあったものです。読んで理解したことを測るためには、何らかの形で理解したことを目に見えるように外に出す必要があります。そこで、読む対象を【資料25】のように、あらかじめアイデア・ユニットとして分類して

【資料25：素材 15 】

IU1 風力発電は、風の力を利用して電気を生み出します。 IU2 火力発電で使われる石油などの資源は限りがありますが、それにくらべて、 IU3 風はなくなる心配がありません。 IU4 また、電気を起こすための風車を一度作ってしまえば、 IU5 空気を汚すこともごみを出すこともないので、 IU6 環境にもいいと言えます。

IU7 しかし、最もきれいなエネルギーと言われている風力発電にも、 IU8 弱点があります。 IU9 まず、風が吹かなければ発電できません。 IU10 それから、風車が大きいと騒音が出るので、 IU11 住宅地のそばに作るのが難しいです。 IU12 山の中に作る場合も、 IU13 自然や鳥たちの生活を壊さないよう注意しなければなりません。

IU14 風力発電は、19世紀ごろに始まりましたが、 IU15 日本で注目されるようになったのは最近です。 IU16 今後、技術がさらに進み、 IU17 地方自治体や住民の理解が得られるようになれば、 IU18 風力発電の利用は大きく増えると思われます。 IU19 風力発電は21世紀の新しいエネルギーと言えるでしょう。

（和栗雅子ほか『読むトレーニング　基礎編　日本留学試験対応』（初版）スリーエーネットワークより）
＊2017年発行の『新訂版』には、この読み物は掲載されていません。
＊ IU1 の記号は本書筆者による

おき、読んだ後に再生した内容にこれらのアイデア・ユニットがいくつ含まれているかを再生率として算出し、理解度を測ります。この素材例では、**IU1**〜**IU19**のアイデア・ユニットから構成されているということになります。

例えば、Chapter10【再話データ1】（p.31）で検討した以下の学習者の【再話データ28】を見てください。

これはAとBがペアで再話している途中までを示したものですが、このBは相づちしか打っていませんから、このBを教師と考えれば、学習者Aが教師Bを相手に個別に再話している例と捉えることができます。仮にアイディア・ユニットに基づく再生率で分析すると、この学習者Aの再生率は約57.9％（11/19）となり、再生率の高さで理解を測ることができます。

各アイデア・ユニットは、本文中における重要度に差があると考えられます。そこで、菊池（1997）を参考にしてアイデア・ユニットを、テキストの内容を伝えるときに重要な「main idea」と、細部の内容を表す「supporting idea」に分けて、「main idea」を重視して再生率を測ることもできます。例えば、【資料25】の場合、「main idea」と「supporting idea」は下記のようになります（小河原・木谷・熊谷, 2015）。

> [main idea]
> **IU1** **IU2** **IU3** **IU5** **IU6** **IU8** **IU9** **IU10** **IU11** **IU13** **IU15** **IU17** **IU18** **IU19**
>
> [supporting idea]
> **IU4** **IU7** **IU12** **IU14** **IU16**

Aの発話中、「main idea」は【再話データ28】の下線部で、**IU1** **IU6** **IU8** **IU10** **IU11** **IU15** **IU17** **IU19**の8つが現れているので、「main idea」のみの再生率は約57.1％（8/14）となります。そのため、この学習者Aは半分程度しか再構築できていないと評価することができます。

【再話データ28：タイプⅠ：学習者AとBのやりとり《1》】

《1》

33　A：じゃあ、風力発電だね。えっと、ま、まず、風力発電についてのテキストですけど、えっとーま、風力発電とは、えっと、ま、風をなんというか、なんというかな、えと、風能力の力を使ってエネルギーを作る機械です **IU1**。

34　B：はい。

35　A：えっと、さ、ま、もちろん、あの、弱点も強点もあります **IU8** よ。強点はえっとー、きれいなエネルギーがつくれる **IU7** と、えーと、ま、環境、環境というか、ま、か、環境にえと環境を汚せない **IU6**、なんか、えと、発電です。

36　B：はい

37　A：弱点は、ま、一番目は、えーと、ま、大きな発電なので、えーと、ま、うるさくて、えと⑪例えばあの人がよく住んでいる地方に、ま、作ることが難しい **IU10** 、と思われています。えーと、さ、それで、んー、ま、なんか、に、まー200、100年前に初めて、えっとー、ま、発展されたのに **IU14** 、えっとー最近、えっと日本では最近、えっとーま、風力発電が、えっと、ま、なんという、えっとー、ま作られて、います **IU15**。で、んーま、技術の進みなので **IU16**、えっとー、ま、なんかやり方が、あの、この、ま、なんか、地方に住んでいる人に、えっとーわかってもらえると **IU17**、えっと、ま、んー、ま将来にはえっとー、ま、え21世紀のなんか、ま、発電と言われる **IU19** と思います。はい。｛笑い｝

38　B：｛笑い｝

次に、「②相手がわかるように自分の言葉で置き換えて話しているか」ですが、再話を次の2つの観点から評価します。

> （A）聞き手にわかりやすい構成
> （B）形式の的確さ

　（A）の「聞き手にわかりやすい構成」については、再話者が何をどう話せば相手に伝わりやすいと考えているかがポイントになります。具体的には、話すべき内容をどう整理して、どのような順番で話しているかが重要になります。素材の話の流れの通りに話すケースもあるでしょうし、内容的にまとめて話すケースもあるでしょう。その話し方によって、例えば、「1つ目は、……、2つ目は、……」や「最初に、……、次に、……」のような、文と文、段落と段落の関係を明示するような工夫も必要になるでしょう。

　（B）の「形式の的確さ」については、文章の中で使われている言葉や表現、文がどの程度適切に、かつ、的確に使用できているかがポイントになります。言い換えれば、文章の中の「他者のことば」が、理解を通して、どの程度「自分のことば」として使用できるようになっているかが評価されるということになります。

　ここで注意しなければならない点が1つあります。それは、このような評価は、素材をそのまま暗記することを助長してしまい、本来の目的から逸脱してしまう恐れがあるということです。

　「読んで理解し、その内容を頭の中で再構築し、相手がわかるように自分の言葉で置き換えて話す」というのは、「読みが深まる」「読み方が変わる」「伝え方が変わる」ということであり、そのような能力の変化や伸びを見るためには、1回の再話テストだけで判断するには無理があります。変化を捉える場合は、やはり各段階を追って継続的に見る必要があるため、授業中のペアでのやりとりを分析するしかありません。

授業中の再話活動の評価（1）　教師による評価

　そこでもう1つの可能性として考えられるのは、普段の再話活動を録音して評価する、つまり、ペアでのやりとりを分析するという方法です。これは、実は、これまでに紹介してきたペアによる実際の再話データの分析例そのものです。

　本書で紹介した再話データは、再話活動の手続きが確実にできているかどうかを確認するためと、実際に再話活動中にペアで何が起きているのかを分析するために録音したもので、学習者にもその旨を説明し、許可も取っています。テストのための評価対象として録音する場合は、そのようにオリエンテーション時に説明して実施する必要があります。

　また、評価の対象にするとなると、公平を期する必要があります。素材の難易度によって、どの回のどの素材で実施するのか、何回実施するのか、を考えなければなりません。あるいは、ペアの相手によって再話の出来不出来が影響しますし、一方がほとんど話してもう一方はほとんど話していないといったことも当然起きてきます。クラスの人数によっては、ICレコーダーの数も確保しなければなりませんし、録音がうまくいかない、録音し忘れた、隣のペアが近くて誰の声だか判別がつかないなど、実際にやってみるといろいろな問題が出てきます。再話活動を継続して分析評価する場合は、これらの問題をあらかじめ検討し、整理したうえで行う必要があります。

　では、学習者ペアでのやりとりを評価するとは、何をすることなのでしょうか。前述のように、書かれている内容を相手にわかりやすく伝えるためには、メイン・アイデアだけでなく、その他の細かい部分についても理解し説明できることが必要です。また、ペアによる再話活動を繰り返すことによって、それまで理解に至らなかった部分が理解できるようになるという可能性もあります。なぜなら、相手の再生を聞い

て、どのように理解しているかを確認したり、自分の理解を修正したりすることができるのがペアによる再話活動の意義です。再話としては一見失敗しているとしても、学習者にとっては理解したことを産出する場としてあり、何が理解できていて、何が理解できていないのかを確認するという機能もあります。

つまり、ペアでのやりとりを分析する意図は、2人でどのように理解を確認したり修正したりしているかを見るということです。

【資料 26：素材 16】

日本人の主食_{しゅしょく}は「米_{こめ}」。それを料理した「ごはん」は和食_{わしょく}にはなくてはならないものだが、このところ消費量_{しょうひりょう}が減り続_{へ つづ}けている。

日本人一人が1年間に食べる米_{こめ}の量_{りょう}は、約_{やく}60キロである。これは、40年ほど前の約_{やく}半分にすぎない。その原因_{げんいん}はいろいろあるだろうが、ほかにおいしいものがたくさんできた、ということがいちばん影響_{えいきょう}しているようだ。

（参考：2007年11月10日付け朝日新聞土曜版 be between）

（『短期マスター　日本語能力試験ドリル　N3　第2版』より）

例えば、上の【資料26】の素材を1人で再話しているとします。

❶

日本人の主食は米です。
でも、最近はあまり食べません。
その原因は、他においしいものがたくさんあるからです。

❶だと概要はわかっているかもしれませんが、細部について理解できているかはわかりません。

例えば、❷のように誤解しているかもしれません。このように、1人で読んでいるだけでは読めたつもりで終わってしまうのです。

❷

日本人の主食は米です。
でも、ごはんの料理が減っています。日本人は最近あまり食べません。前より半分しか食べません。30キロだけです。
原因は、他においしいものがたくさんあるからです。

しかし、ペアで再話すると、次のようなやりとりが起こります。

❸

日本人の主食は米です。
でも、最近はあまり食べません。
その原因は、他においしいものがたくさんあるからです。

あれ？
食べる量が抜けてるよ！
「食べる量は？」

あ、そうだった！
でもわからない。
ちゃんと読まなきゃ。

❸のように聞き手からメイン・アイデアだけでなく素材の細部への理解を問われる可能性があり、細部への注意力が喚起されます。

逆に❹のように相手の理解を聞くことで自分が細部について十分な理解をしていなかったことに気づかされることもあります。

❹

X

> 日本人の主食は米です。
> 日本人は最近あまり食べません。
> 前より半分しか食べません。
> 原因は、他においしいものがたくさんあるからです。

Y

> あ！「半分」って、「前より半分」のことなのか！　なるほど。

❼

X

> あれ？「半分」ってそういう意味？
> 私が誤解してるのかなあ。
> 「前の半分」だから、60キロが前の半分じゃない？

Y

> え？

また、❺〜❼のようにXの再話を聞くことでYが自分や相手の誤解に気づいて理解を確認したり、その理解の確認によって、Xが自分の理解の確認や修正をしたり、さらにその後に継続されるペアでのやりとりで確認や修正が進むこともあるでしょう。

このような理解の確認や修正がペアでのやりとりに起こっているかどうかを丁寧に見るということがペアでのやりとりの分析であり、教師は学習者間のやりとりの内容を丁寧に見ることによって、学習者が文章の内容をどのように理解していたかをチェックすることができます。

このように細部への注意力が上がったり、理解の確認で修正がされたりすることが繰り返されることによって、読みが深まったり読み方や伝え方が変わったりすることになり、その変化を捉えて評価の対象にすることができます。

❺

> 日本人の主食は米です。
> でも、ごはんの料理が減っています。日本人は最近あまり食べません。前より半分しか食べません。
> 原因は、他においしいものがたくさんあるからです。

> え？「ごはんの料理」が減ってる？「食べる量」じゃないの？
> 聞いてみよう。

X

> 「ごはんの料理」が減っているの？

Y

> え？　違うの？

❻

> 日本人の主食は米です。
> 和食でごはんを食べるけど、日本人は最近あまり食べません。
> 30キロだけです。
> 原因は、他においしいものがたくさんあるからです。

> え？「30キロ」なんて書いてあったっけ？
> ちゃんと読まなきゃ。

X

Y

> 「30キロ」って何？

授業中の再話活動の評価（2）　学習者による自己評価

ペアによる再話活動を学習者自身はどのように見ているでしょうか。学習者は文章を読み進める中で、自分がどれぐらい理解できているかわかっています。「ああ、この文章は難しいなあ」「ああ、このテーマはぜんぜんわからないなあ」「あっ、この文章、よくわかる」「だいたいわかるけど、この部分だけよくわからないなあ」など、学習者は自分がどれぐらい読めて、どれぐらい理解できているかをわかっています。

従来の「再話」は、読んだ後、理解した内容を一人語りすることで、当該の学習者が文章の内容をどれぐらい理解できているかを評価するために用いられてきました。しかし、本書で取り上げている「ペアによる再話活動」には、2人で伝え合うことで、一人語りの再話では出せない内容が出てくる可能性があります。パートナーの語りに刺激を受けて、自分が持っている既有知識と結びつけて、1人で読んだときには浮かんでこなかったイメージが現れ、プラスアルファの理解が進む可能性があります。そのとき、学習者は自分の頭の中にある内容を、自分が使える言葉や文を駆使して1人で語るときとは違う、高揚感を得ることができます。「ああ、そうか、そういう意味だったのか」「あの言葉の使い方はよくわからなかったけれど、ああいうふうに使えばいいんだ」とか、自分の語りとパートナーの語りを聞く中で、いろいろな発見をすることができます。

再話は、これまで何度も繰り返し述べてきたように、基本的には「テキストベース」のレベルの理解ができていないとできないと考えられます。しかし、ペアによる再話活動では、一人ひとりが「テキストベース」の処理が完全にできていない場合でも、自分が理解できていることを語り、パートナーの理解を聞き、自分の理解を修正したり確認したりすることによって、協働で文章の理解を構築していける可能性があります。だからこそ、ペアで同じ内容を読んで

自分のことばにして説明することに意義があるわけです。

もちろん最終的には1人で話せるようになるのがゴールですが、最初は的確に話せなくてもいいのです。それを繰り返すうちに、少しずつでも読んだことが口に出せる、話せるようになったと実感して、話すことが楽しくなった、うまく言えなくても言いたくなったなどの情意的な側面の変化を評価することこそが大切なのかもしれません。「再話できる」ではなくて、読んで理解したことを表現することの楽しさが伝わることのほうが大切だとも言えます。

また、1回の再話活動で何かがすぐに改善されるというものではありません。ペアによる再話活動を継続し、コース全体をトータルで考え、学習者の変化を捉えることが大切です。継続するからこそ、読みながら次にパートナーに何をどう伝えればいいかを考えることへの注意が習慣化され、他の人に伝えようという意識につながり、結果的に読み方の改善が期待できるのです。

このように考えてくると、ペアによる再話活動を学習者自身がどのように評価するかという点が非常に重要になってきます。そこで、学習者の活動への参加意識を高める方法として、ペアによる再話活動と各素材の内容理解確認問題に対する解答が終わった後、ペアで自分たちの再話活動をチェックする活動を組み入れることもできます。

具体的には、各素材のアイデア・ユニットをリスト化した「チェックシート」を準備し、ペアに1枚ずつ配り、学習者が自分たちで「この項目は話すことができた」「この項目もOK」「この項目は十分に話せなかった」「この項目は間違えた」など、自分たちで自分たちの再話活動を自己評価します（次のページの【資料27】参照）。こうすることによって、学習者はもう一度自分たちのペアによる再話活動の内容（意味と形式）を思い起こし、うまくできた部分、間違えた部分、足りない部分などを、自分たちで具体的に確認することができます。チェック

シートを読むことで、もう一度、文章の中の大切な言葉や表現、文に直接触れることができます。自分が言いたいことをどう言えばいいのか、その形式を確認することもできます。

このような自己チェックの活動の後、もう一度、同じ文章でペアによる再話活動を行うことも、文章の中の言葉や表現、文を「自分のことば」として、自分の中に取り込んでいくことを支援する可能性があるように思われます。

以上のような、学習者自身がどれぐらい読んで理解したことを話せたのかについてチェックした結果を再話活動の評価として使うこともできます。その結果と「授業中の再話活動の評価（1） 教師による評価」を合わせて、学習者の変化を捉えるといいと思います。

POINT

再話活動を評価する場合、再話活動の目標を①読んで理解し、その内容を頭の中で再構築しているか、②相手がわかるように自分の言葉で置き換えて話しているかの2つに分けて、それぞれを評価の対象にすることが理想的です。

【資料27：「チェックシート」の例】

【ペアで話したものに ✓ を書いてください。】

☐ スマホとは、スマートフォンの略です。

☐ 最近では、子どもも持つようになりましたが、高齢者の中には「難しい」「高い」といった理由から持ちたくないという人もまだ多くいます。

☐ 高齢者こそスマホを持つことにはメリットがあるのです。

☐ 災害時やけがをしたときなど、緊急時に家族にすぐ連絡をとり、居場所を知らせることができます。

☐ 離れた場所に住んでいても、写真を送り合ったりして家族との日常的なやりとりが増えます。

☐ SNS を活用して趣味を楽しんだり新たな交流を始めたりすることもできます。

☐ インターネットを通じていろいろな情報に触れることで、認知症の予防にも効果があります。

☐ 不安もあります。

☐ スマホには説明書がありません。

☐ 使いながらその使用方法を覚えていくので慣れるまでに時間がかかります。

☐ 使用方法がわからないと、操作を間違ったり、有料サービスと知らずに使ってしまったりするトラブルも起こるため注意が必要です。

CHAPTER 19

ペアの組み方、レベル差はどう考えればいいの？

　どうやってペアを組むか、レベル差をどうするかは気になるところです。実際に再話活動をやってみると、以下のような点が気になってきます。

- ・いつも同じペアだとバリエーションがなく、多様な日本語に触れられない。

- ・毎回異なるペアを作ろうと思っても、クラスの人数によっては同じペアになってしまう。

- ・レベル差がありすぎるとお互いに練習にならない。

- ・一方で、レベルの高い学習者は低い相手に教えることで、低い学習者は高い相手から教えられることでいろいろ学ぶことがある。

- ・1人の学習者の話す力が弱いため、パートナーがその学習者の発言がよくわからない。

- ・ある学習者は話す力はあるが、相手の発話を聞く力が弱い。

- ・再話の手順や7つのルールをあまり気にしない。

- ・逆に、ルールに忠実になりすぎて、ペアのやりとりに柔軟性がない。

- ・あまり積極的に話そうとせずに必要最低限のことしか話さない。

- ・相手のことを考えずに、一方的に話してしまう。

- ・「この人は好きだけど、この人はちょっと……」などと言い出す。

　このように学習者の多様性を考え出すと切りがありませんし、どんな組み方をしても学習者からの不満は必ず出てきます。これらをすべて配慮して毎回ペアを作るのは実際にやってみるとほとんど不可能です。

　そこで私たちが提案するのは、ズバリ「自由にする」です。つまり、学習者に任せるのがいいと思います。

　実際、私たちは自由にペアを組ませていますが、学習者が決めるので不満はなくなります。毎回あるペアが固定されることもありますが、それは本人たちがいいと思ったからですし、学期中風邪で休んだり、遅刻して席が変わったりすれば、自動的にペアも変わります。そうするとおもしろいもので、ずっと同じペアのほうがいいと思って継続する学習者もいれば、変わったほうがおもしろい、あるいは、変わることに

意義を見いだして積極的に変える学習者も出てきます。こうすることで、ペアの組み方は自然に決まってくるように思いますし、自分の学習に自律的になっていると考えることもできます。もちろん、たまに何らかの要因で不満が出ることもありますが、その場合は学習者も学習して、次回以降は自主的にペアを変えているようです。そのため、学期中ずっと同じペアで継続するほうが稀のように思います。

Chapter13、Chapter14、Chapter15で見た「学習者O・学習者P」のペアや「学習者O・学習者Q」のペアのように、学習者の日本語能力にかなりの差があり、一見するとうまくペアの再話が進んでいないように見える場合でも、継続することでお互いのやり方に慣れ、そこから自分の学習に結びつけるようにお互いの役割や再話のやり方を調整していくペアもあります。

このように、どのようにペアを組むかは、まず再話活動を続ける中で教師が各ペアを注意して観察し、指示した手順に沿ってやっているかどうかをチェックします。そして、いろいろなペアによる再話活動を観察して介入すべきだと判断すればそうすべきだと思います。

ただ、Chapter18「評価はどうすればいいの?」でも述べましたが、再話活動を1回だけで判断するのは禁物です。15回トータルで柔軟に考えてください。学習者が気持ちよく再話活動を楽しむことが最も大切だと思います。

なお、もしクラスの人数が奇数で1人足りない場合は、教師が入ってください。実際に担当しているクラスの学習者と再話を体験してみると、学習者の目線から見ることができるので授業改善にとても参考になります。この場合、教師がすべて支援者役になってもいいのですが、再話者役をすることでお手本を示すことになり、学習者が気づきを得る機会と言えます。「私とやりたい人〜」と教師から促すだけで、「え〜」とか「私、やりたいです!」とか声が上がり、けっこうクラスは盛り上がりますよ。

POINT
　まずペアによる再話活動を観察してください。指示した手順に沿って再話活動が行われているのであれば、ペアの組み方は学習者に任せていいと思います。どのようなペアのときに何が起きるのか、ぜひ注意して観察してみてください。

CHAPTER 20

読む素材はどうするの？

　再話するために読む素材はどうしたらいいのでしょうか。

　これまでに述べてきたように、初級を終えたばかりの学習者を対象とした場合、まとまった文章を読むことに慣れていないので読むのに時間がかかる、あるいは、読んで話すという活動をしたことがないといったことが考えられます。そこで、Chapter16 で再話活動の前に学習者の心構えとして挙げた 7 つのルールの 1 つ「③内容が理解できるものから読む」で述べたように、まずは 5、6 行で 200 字程度の短い素材で再話し、再話活動をスムーズに行うための準備をする必要があります。そして、再話に慣れた段階で、8、9 行で 300 字程度の素材へと長くしていき、内容的にも読み応えのあるものにレベルアップしていくのが効果的であると考えられます。

　再話は読んで理解したことを話す練習ですから、理解できなければ話すことができません。そのため、学習者にとって難しすぎる素材は再話には使えません。従来の読解授業では、このように難しい素材の場合、学習者のテキストベースの理解を支援するために、読む前の活動として、語彙表を渡してあらかじめキーワードの意味や概念を確認したり、背景知識を活性化するためのプリタスクを行ったりしてきました。しかし、背景知識を事前に与えたり、理解を妨げる要因をあらかじめ解消したりしてから読むという読解は、そもそも日常生活では起こりません。つまり、読む前に学習者の理解を助

けるような読解練習だけでは、日常生活で遭遇するさまざまな文章に対応できるような、実用的な読む力は育ちません。

　学習者の文章理解に影響を与える要因は、以下のようにいろいろあります。

- ・文章の長さ

- ・背景知識の有無

- ・未知の語彙や文法、表現

- ・文章の文章構造（比較対照、因果関係など）

- ・文章の論理展開のわかりやすさ・複雑さ（読み手の期待する流れとの一致度）

- ・文章のトピック（社会、経済、歴史など）

- ・文章のジャンル（説明文、論説文、エッセイ、小説など）

　文章構造と再話活動の関係について、菊池（1997）は、「比較対照」「因果関係」「問題解決」といったはっきりした構造を持つテキストは再生しやすいと述べています。トピックについて

は、背景知識や語彙、文章の長さなどの点から、学習者にとって日常的で身近な話題のほうが理解しやすいと考えられます。また、小説やエッセイは、ある程度の長さが必要であり、比喩やレトリックなど、筆者の特徴的な表現や思想の理解が求められるため、このレベルでの再話活動には適していません。

本書では初級を終えたレベルの学習者を対象としたクラスで再話活動を導入するという目的から、ジャンルとして「説明文」を取り上げます。文章構造については、これまでの先行研究から「問題解決」「比較対照」、そして本書の対象となる学習者のレベルに適切な素材を考えるために「事実列挙」「理由説明」を加えた4つの特徴を主に取り上げます。具体的には、次ページ以降の素材例を参照してください。そして、「長さ」「背景知識」「語彙・表現」「トピック」を、【表10】に示した3段階で少しずつ難易度

のレベルが上がっていくように素材を選定しました。

なお、「背景知識」と「トピック」についてはすべての学習者に対応することは難しいため、学習者にとってあまり一般的ではないと想定されるものは避けるという程度で理解していただければと思います。

また、「文章構造」の特徴によっては、ある程度の長さが必要になります。例えば、【資料33】(p.137)の素材例を見てください。これは「比較対照」の素材例ですが「キャッシュレス決済」のメリット・デメリットを比べて述べるにはそれぞれの特徴をある程度説明する必要があります。そのため、「比較対照」の素材は長くなるので、第2段階、または第3段階で使うのが適切であると思われます。

次のページから具体的な素材例を段階別に示します。

【表10：段階別素材選定の方針】

	ジャンル	長さ	背景知識	語彙・表現	トピック	文章構造の特徴
第1段階		200字程度～	有		日常的	事実列挙
第2段階	説明文	300字程度～	↓	未知語 少	↓	理由説明 問題解決
第3段階		400字程度～	無を含む		非日常的を含む	比較対照

【資料 28：素材例 17】

エスカレーターに乗るとき、片側に寄って乗るのはなぜでしょうか。片側が空いていると、急いでいる人が通りやすいからです。でも、調査によると、ラッシュなどでこんでいるときは、みんなが早く着くには片側を空けないで、2人並んで乗ったほうがいいそうです。

片側に乗るといっても、右側か左側かは地域によって異なるようです。日本だけを見ても、関東地方などの東日本では左側ですが、関西地方などの西日本では右側に乗るそうです。東京の人が大阪に行くと、つい間違って左に乗ってしまい、迷惑に思われることがあるので注意しましょう。

長さ	背景知識	語彙・表現	トピック	文章構造の特徴
251 字	有	未知語少	日常的	事実列挙

第 1 段階は、再話と活動のルールに慣れることが目的です。この素材は、文章の長さも短く、「エスカレーター」は、学習者もよく利用しますし、トピックとして日常的で背景知識も問題ないと思われます。語彙や表現も未知語は少なく、エスカレーターに片側を空けて乗る理由という内容理解も難しくありません。実は片側を空けないほうが早いとか、東西で乗り方が同じではないといった点は学習者の興味をひくものになっていて、第 1 段階として適当な素材と言えます。

【資料 29：素材例 18】

夏の暑い日にずっと外にいたりすると、体温が上がり、めまいが起きたり、気持ちが悪くなったり、頭が痛くなったりします。それは熱中症かもしれません。すぐに涼しい場所に移動して、体を冷やし、十分な水を飲んで、塩分を補給してください。大丈夫だと安心していると手遅れになることもありますから、症状が変わらなければすぐに病院に行くか、救急車を呼んでください。

熱中症は、暑い日中、屋外で起こるだけではありません。夜や屋内でも起こる可能性があるので、いつでもどこでも注意が必要です。

長さ	背景知識	語彙・表現	トピック	文章構造の特徴
232 字	有	未知語少	日常的	問題解決

この素材は、熱中症とその対応について説明した文章で、特に夏に日本にいる学習者であればよく見聞きする内容です。語彙が難しいかもしれませんが、推測ができると思います。長さも短く、学習者にとっても知っておくべき内容になっています。

【資料 30：素材例 19】

　毎日の生活の中で、夜ぐっすり眠ることは健康のためにもとても重要なことです。でも、最近はよく眠れないと悩んでいる人が増えているそうです。

　ぐっすり眠るためには、暗い部屋でゆったりとした気持ちになることが大事です。コーヒーを飲むとカフェインが含まれているので眠れなくなるのはよく知られていますが、お茶にも含まれているので避けたほうがいいです。また、手足が冷えすぎていると、眠れなくなることがあります。

　最近は、寝る直前にゲームをしたりメールを見たり、パソコンやスマホを使ったりする人も多いかと思いますが、これは、頭が興奮してしまってよく眠れなくなるので、やめたほうがいいそうです。同様に、寝酒、つまりお酒を飲んで寝るのもよくないそうです。

長さ	背景知識	語彙・表現	トピック	文章構造の特徴
315 字	有	未知語少	日常的	問題解決

　第 2 段階は、2 人で協力して再話活動をするため、少し長い文章が適当です。この素材は、ぐっすり眠るためにどうしたらいいかについて説明した文章で、なじみがあり、内容理解は難しくないと思います。手足の冷えや寝酒については、推測ができますし、新しい情報として興味をひきそうです。語彙や表現もあまり難しくありません。

【資料 31：素材例 20】

　みなさんは 100 円ショップに行ったことがありますか。100 円ショップは、なぜ安いのでしょうか。

　値段を安くするためには、商品を大量に売る必要があります。そのために、100 円ショップではいろいろな種類の商品を、全部同じ 100 円で売っています。あまり高くないので、客はついつい、「あれもほしい」「これもほしい」と、いろいろなものをたくさん買ってしまいます。

　原価は高いものと安いものがまざっているので、いろいろなものが売れるともうかるのだそうです。みんな 100 円ですから、すべての商品に値札をつける必要がありませんし、どんな商品が安いかといった広告を出す必要もありません。そのため、人件費がかかりませんから、値段を安くすることができるのです。

長さ	背景知識	語彙・表現	トピック	文章構造の特徴
307 字	有	未知語少	日常的	理由説明

　この素材は、100 円ショップが安い理由について説明した文章です。学習者もよく利用するので、語彙や背景知識は問題なく、推測しながら文章の概要を理解することはできると思います。トピックが身近で、学習者にも興味深く話しやすい内容になっています。

第3段階

【資料32：素材例 21】

　コンビニは24時間営業で、街のいろいろな所にあり、とても便利である。しかし、その分たくさんの店員が必要であり、学生などのアルバイトを雇って対応しているが、人手不足が深刻な問題になっている。特に最近では、深夜に働く人が不足していて、営業時間を短縮するコンビニも出てきている。

　そこで、大手コンビニチェーンが午前0時から5時まで売り場に店員がいない無人の状態で営業ができるかどうか調べる実験を行っている。店員がいないので、コンビニを訪れた客は、スマートフォンのアプリなどを使って自分でカギを開けて店に入る。商品を選んだら、同様にアプリか、セルフレジを使って自分でお金を支払う。お酒やたばこを買ったり、電気やガスなどの公共料金の支払いをしたりすることはできない。実験中は、防犯カメラの台数を増やすなど、店の安全を確保する。

　このようにして利用客や売り上げなどの変化を調べ、導入するかどうか検討するそうである。近い将来、コンビニから店員が1人もいなくなるかもしれない。

長さ	背景知識	語彙・表現	トピック	文章構造の特徴
427字	有	未知語少	日常的	問題解決

　第3段階は、メモの助けを借りずに2人だけで再話を実践します。ただ、もう再話に慣れてきているため、文章の長さを少し長くして、難易度を上げます。コンビニは身近なトピックで利用のしかたについての背景知識もあるので、推測しながら読むことができると思います。文章構造も問題解決型になっていて、適当な素材と言えます。

【資料33：素材例 22】

　キャッシュレス決済とは、現金を使わないでお金の支払いをすることです。現在、カードのほか、スマホなどを使って簡単に支払いができます。キャッシュレス決済のメリットとデメリットについて考えてみましょう。

　メリットは、まず現金をATMから下ろしたり持ち歩いたりする必要がありません。そのため、小銭が増えたり、財布が重くなったりすることがなく、財布自体必要ありません。そして、カードやスマホで支払えるため、簡単で時間がかかりません。アプリを使えば、お金をどれくらい使ったか自動的に記録されるので、管理がしやすくなります。

　デメリットは、まだキャッシュレスになっていない店では使えません。カードやスマホのアプリにまだ慣れていない人は、使い方がわからなかったり、操作方法を間違ったりして、トラブルになることがあります。さらに、地震などの災害時やスマホが故障して使えなくなったときは、お金を使うことができなくなってしまいます。お金が見えないため、お金の感覚がわからなくなって浪費してしまう可能性もあります。

　今後は、キャッシュレス化が進むと思いますが、まだ課題がありそうです。

長さ	背景知識	語彙・表現	トピック	文章構造の特徴
475字	有	未知語少	日常的	比較対照

　この素材は、キャッシュレス決済のメリットとデメリットを比較対照の文章構造で説明したものです。学習者の多くはスマホを持ち、キャッシュレスにすでに慣れていると考えられ、背景知識やトピックは問題ないと思います。日常生活においてキャッシュレスが進んでいる一方で、そのデメリットや日本の現状について改めて考えることができる内容になっています。

　素材として適切ではなくなってしまう可能性があります。どのような素材が適切かは、みなさんが担当する学習者の日本語レベル、属性、興味関心等に基づいて判断する必要があります。

　まずは、本書の例を自由に使って再話をスタートしてもかまいませんが、ぜひみなさんの学習者を想定して学習者に合った適切な素材を選んで使っていただければと思います。

　本章では、素材選定の方針に沿って、各段階として適切な素材例を6つ示しました。

　Chapter17の【表9】（p.119）のように再話活動を中心に取り入れたコースを設定した場合、素材は授業13回×3素材＋1素材（第1回の授業用）＝全40素材必要になります。その場合の素材例を巻末資料に示しますので、使ってみてください。ただし、これらはあくまでも本書出版時点での素材例です。素材内容の情報は時間が経つとすぐに古くなってしまい、

POINT

　初級を終えたレベルの学習者を対象としたクラスで再話活動を導入する場合、素材のジャンルは「説明文」、文章構造の特徴は「事実列挙」「理由説明」「問題解決」「比較対照」、それに、「文章の長さ」「背景知識」「語彙・表現」「トピック」を3段階で難易度を上げていくように素材を選定します。

CHAPTER 21

読む素材を選ぶコツは？

 素材を選ぶコツ

　適切な素材を選ぶといってもなかなか難しいかと思いますので、ここで改めて具体的な素材例をもとに選ぶコツを紹介します。

　Chapter20でも述べましたが、初級を終えたばかりのレベルの学習者を対象としたクラスに再話活動を導入するという目的から、素材を選ぶときは以下を踏まえて判断するといいと思います。

[ジャンル]
説明文

[難易度の観点]
長さ、背景知識、語彙・表現、トピック

[文章構造]
事実列挙、理由説明、比較対照、問題解決

[文章の特徴]
・メイン・アイデアやトピックセンテンスがあるもの
・メイン・アイデアやトピックセンテンスを支える例が挙げられているもの

[難易度の目安]
・第1段階 ＜ 第2段階 ＜ 第3段階となるように選定する

・教師が判断して簡単すぎず、かつ難しすぎないもの
・だいたい学習者が辞書を使わないでも90％ぐらい理解できるもの
・「全体的な意味はわかるけど、話そうと思うと、いくつか詰まるところが出てくる」と想定されるもの

　ここで、具体例を使っていっしょに判定をやってみましょう。

　初級を終えたレベルということで、まず、難易度を意識するといいと思います。初級文型は必ずしも運用できないかもしれませんが、一通り理解はしていると想定できますから、N3レベルからスタートし、各段階で少しずつ難易度を上げていきます。

? 考えよう！

　一例として、授業で『短期マスター日本語能力試験ドリルN3　第2版』を教材として選択した場合を想定し、その中の素材を用いて考えてみます。以下に、12の説明文を抽出し、長さ（字数）の少ない順に並べました。再話活動に適切かどうか、どの段階がいいか、「長さ」「背景知識」「語彙・表現」「トピック」「文章構造」の観点からそれぞれ判断して、各素材の下の表に「○：適切」「△：まあまあ」「×：不適切」を書いてみてください。

【資料 34：素材例 23】

　蒸し暑い夏には、冷房の効いた部屋はとても快適です。しかし、冷房の温度が低すぎたり、冷房に長時間あたりすぎたりすると、室外と室内の温度差に体がついていけなくなり、体の調子を崩してしまいます。冷房の設定温度は外の気温との差が5〜6℃までが望ましいとされます。(126字)

長さ	背景知識	語彙・表現	トピック	文章構造の特徴

【資料 35：素材例 24】

　日本人の主食は「米」。それを料理した「ごはん」は和食にはなくてはならないものだが、このところ消費量が減り続けている。

　日本人一人が1年間に食べる米の量は、約60キロである。これは、40年ほど前の約半分にすぎない。その原因はいろいろあるだろうが、ほかにおいしいものがたくさんできた、ということがいちばん影響しているようだ。(157字)

（参考：2007年11月10日付け朝日新聞土曜版 be between）

長さ	背景知識	語彙・表現	トピック	文章構造の特徴

【資料 36：素材例 25】

　ある病院で、窓口などで患者を呼ぶときに「様」をつけて呼ぶように変更した。これは患者へのサービス向上の一つの試みだった。

　ところが、この呼び方に対して「よそと違うので違和感がある」「バカにされている感じ」という苦情が殺到した。その結果、以前どおりの「さん」付けに変えられたそうだ。丁寧な呼び方ならいい、というものでもないらしい。(162字)

（参考：2008年9月7日付け朝日新聞朝刊）

長さ	背景知識	語彙・表現	トピック	文章構造の特徴

（資料 34〜36『短期マスター　日本語能力試験ドリル　N3　第2版』より）

【資料37：素材例 26】

何か新しいものを作り出すとき、発想の転換は大切である。最近、書いた文字をこすって消せるボールペンが人気だ。

これまでは、インクは色が変わらないのがいいとされ、そのための研究が盛んであった。しかし、消せるボールペンの開発チームは、色の変わるインクが作れないかと努力を続け、ついに色の消えるボールペンを世の中に送り出すことになったのである。(167字)

(参考：2009 年 9 月 7 日付け朝日新聞夕刊)

長さ	背景知識	語彙・表現	トピック	文章構造の特徴

【資料38：素材例 27】

「ファストフード」という言葉がよく聞かれる。簡単に言えば、早く食べられるものというような意味だが、ファストフードの店の利用者に、なぜそのような店へ行くのかを尋ねたら、意外な答えもあった。

それは、長時間いられる、というものである。早く食べても、そのあとゆっくり店に居座ることができるという意味だろう。確かに、早く食べ、早く立ち去らなくてもいい店もある。(175字)

(参考：2007 年 4 月 7 日付け朝日新聞土曜版 be between)

長さ	背景知識	語彙・表現	トピック	文章構造の特徴

(資料 37 ～ 38『短期マスター　日本語能力試験ドリル　N3　第 2 版』より)

　「話す」ことは、基本的にプライベートな行為である。それに対して、「書く」という行為は、話すことのようにその場で消えてしまうのではなく、文字として残る。そのことによって、「書く」ことは公共的な行為になる。

　たとえば、「あいつバカだよね」と言ったとしても、にこやかに笑いながらであれば、話す当人が、バカだと批評している相手のことをけなしているわけではなく、愛情を込め、好意をもって言ったのだと伝わる。

　しかし、それを文章で書いてしまったら、どうだろうか。その場の雰囲気やニュアンスがよほどうまく表現されていない限り、「あいつはバカだ」という言葉がそのまま文字として定着してしまう。話し言葉のニュアンスは、書き言葉ではよほどうまく表現しないかぎり伝わらない。それが書き言葉——文字の怖さである。（342字）

（齋藤孝『原稿用紙10枚を書く力』大和書房刊による）

長さ	背景知識	語彙・表現	トピック	文章構造の特徴

　富士山は東海道新幹線の中からも見ることができる。

　富士山が見えると、カメラを取り出して写真を撮る人も多いが、とても速く走っている新幹線の中できれいに撮るのは難しい。上手に撮るにはコツがいる。

　まず、富士山側の席を取ることが大切である。これが取れなかった場合は、残念だが今回はあきらめよう。

　富士山が電線にじゃまされずに一番きれいに見えるのは、富士川を渡っているときである。ここでいい写真を撮るためには、大阪方面から東京方面に向かうときがいい。なぜなら、東京方面に向かうときは、川を渡ったあと、新富士駅を通過するために少しゆっくり走るので、写真もゆっくり撮れるからである。逆に大阪方面に向かうときはスピードを上げるので、はっきり撮れなくなってしまう。

　これらのコツを頭に入れて、思い出の一枚を撮ってもらいたい。（350字）

長さ	背景知識	語彙・表現	トピック	文章構造の特徴

（資料39〜40『短期マスター　日本語能力試験ドリル　N3　第2版』より）

【資料41：素材例 30】

　インターネット上には、どんなことでも相談できる掲示板のウェブサイトがある。その中には、ある製品、サービス、団体などについて「本当はどうなのか」を知りたい人が、そのページを見ている人たちに相談するためのものがある。

　たとえば、ある製品についての評判を知りたくても、近くに使ったことのある人がいなければわからない。その製品を扱っている会社のホームページやパンフレットには、あたりまえのことだが、いいことしか書いていない。そこで、インターネットの相談掲示板で、一般の人の率直な意見を聞こう、というわけだ。

　しかし、「一般の人」といっても、人にはそれぞれ違った事情がある。好みや考え方も違う。「率直な意見」といっても自分の参考になるとはかぎらない。また、「率直な」意見ではなく、何かの目的を持って回答しているかもしれない。それらを考えたら、自分で判断するのが一番確実な気がする。(383字)

長さ	背景知識	語彙・表現	トピック	文章構造の特徴

【資料42：素材例 31】

　初めて日本に24時間営業のコンビニができたのは、1975年だと言われています。

　当時、人々は主にスーパーや町の商店で買い物をしていました。しかし、それらの店の多くは早い時間に閉まっていたので、24時間営業しているコンビニができたことで、夜遅くに利用したい人はとても便利になりました。そして、1980年代以降コンビニの数は急激に増え、今では全国に4万店以上あります。

　最近では24時間営業のスーパーも増え、またコンビニ同士の競争も激しくなったため、各コンビニは新しい工夫で客を増やそうとしています。たとえば、新しい商品を次々に発売して、客を飽きさせないようにしています。また、銀行ATMを設置したり、宅配便や郵便物を受け付けるなど、銀行や郵便局のようなサービスを行ったりもしています。ほかにも、店内で食事ができる、洋服をクリーニングに出すことができるなど、さまざまな顔を持つコンビニが増えています。(387字)

長さ	背景知識	語彙・表現	トピック	文章構造の特徴

（資料41〜42『短期マスター　日本語能力試験ドリル　N3　第2版』より）

【資料43：素材例 32】

電車の中の出来事

髙橋さやか（会社員）

　隣町の会社に勤めている私は、毎日、電車で通っています。電車の中では、本や新聞を読む人もいるし、携帯でゲームをしたりメールをしたりする人もいます。

　その日は、いつもより込んでいました。私は優先席の前に立っていましたが、次の駅でおなかの大きい女の人が乗ってきて、私の隣に立ちました。おなかに赤ちゃんがいるのだろうということがすぐわかりました。優先席に座っている人たちは、その人を見ると、目を閉じました。

　今まで本や新聞を読んでいた高校生もサラリーマンも、寝ているふりをしているのです。誰も席を立たないことに何だか悲しくなりました。それに、何もすることができない自分にもイライラしました。

　女の人は、つりかわにつかまり、窓の外を見ていました。一駅ごとに人が増えてきました。すると、高校生の女の子が、女の人の前に座っていたサラリーマンに言いました。「すみませんが、席を譲ってあげてください。」うれしくなるとともに、自分が何もできなかったことを、恥ずかしく感じました。(444字)

＊原典は、空所補充問題のため、実際は一部に空所あり。

長さ	背景知識	語彙・表現	トピック	文章構造の特徴

（資料43『短期マスター　日本語能力試験ドリル　N3　第2版』より）

「最近の若い人は会話ができない」とよく言われる。たとえば、「これを見てください」と言うべきところを「これ」しか言わない。「これがどうしたの？」と聞くと、やっと「見てください」と言う。ここまでひどくなくても、相手にきちんと自分の意思を伝え、いい関係を作る能力が低下しているのは間違いない。

その理由の一つに、スーパーマーケットが増えて、子どものころに近所の小さな商店で買い物をする機会が少なくなったことがあるのではないか。

近所のおばさんの店で買い物をするには、まず、店に入ったときに「ごめんください」などとあいさつをしなければならない。すると、「はーい」と言いながら、奥からおばさんが出てくる。ここで返事がないと、「聞こえるように大きな声で言わなきゃだめだよ」と一緒に来ている母親に注意される。そして、商品を買うときには「その○○とこの△△を一つずつください」などと、買う物と数をはっきり、にこにこして言わなければならない。目の前にいるのはただの店員ではなく、近所の人でもあるからだ。これらはコミュニケーション能力をつける最高の訓練だったのだ。

（470字）

（『短期マスター　日本語能力試験ドリル　N3　第2版』より）

長さ	背景知識	語彙・表現	トピック	文章構造の特徴

さあ、深呼吸をしてみましょう。

今、何を吸い込みましたか。たいていの人は、空気と答えたでしょう。もちろん、それで正解です。でも、空気中には、目に見えないものがたくさんただよっていて、それも一緒に吸い込まれます。その中には、病気の原因になる微生物もいます。このような微生物は、手にもたくさん付いていて、それが口を通して体に入ってくることもあります。

私たちの体は、だいたい36度から37度ぐらいの温度に保たれています。また、体の中には、水分や栄養分があります。ですから、微生物にとっては、とても住み心地がよく、増えやすい所です。病気の原因になる微生物が増えたら大変ですね。

でも、安心してください。私たちの体には、自分でも自分を守るための仕組みがあるのです。

まず、体を覆っている皮膚です。傷でもない限り、微生物は、皮膚を通して体の中に入ることはありません。それから、涙も、目から入ろうとする微生物を流してしまいます。しかも、涙は、微生物を殺す働きもします。

これら以上に大事なのは、のどの奥に生えているせん毛です。せん毛は、鼻や口から入ってきた微生物を、外へ外へと押し出す役目をしているからです。

このほかにも、私たちの体には、自分を守るための、たくさんの仕組みがあります。しかし、それにもかかわらず、微生物が、体の中に入り込んでくることがあります。

そんなときに備えて、体の中にも、微生物と戦うすばらしい仕組みができています。

（605字）

（中村桂子「体を守る仕組み」『国語四下　はばたき』（平成4年度）光村図書出版刊を一部改変）

長さ	背景知識	語彙・表現	トピック	文章構造の特徴

いかがでしょうか。以下、私たちの判定を紹介します。

下記の【表11】ように判定しましたが、実際にやってみると特に「背景知識」や「トピック」は学習者によって当たり外れがあります。例えば、【資料37：素材例 26 】の「消せるボールペン」などは、一見おもしろそうで、学習者も使っているからわかるだろうと思ってしまうのですが、意外に知らなかったり、来日したばかりの学習者だったりすると何のことを言っているのかまったくわからないことがあります。さらにもう何年かすると消せるボールペンに関する状況も変わっているかもしれません。

個人としては日常生活のことで当たり前だと思い込んでいたり、教師としてつい素材を通して日本の社会文化的背景について知らせたいと思ってしまったりすることもありますが、本活動のねらいは再話ができることです。つまり、読んでわからなければ話すこともできずに活動が止まってしまい、意味がなくなってしまいます。ここはぜひ注意してください。学習者側の視点で判断してください。

「長さ」「文章構造」については、素材を分析すればわかりますし、「語彙・表現」については、おそらく同時並行で行われている漢字・語彙クラスの状況や使用教材、学習者の学習状況から判断してください。「日本語読解学習支援システム　リーディング・チュウ太」（http://language.tiu.ac.jp/）などのサイトで難易度を判断することもできます。

【表11：素材の判定例】

素材例	総合判定	観点別判断
23	?	「長さ」△：短すぎて、覚えられてしまう。 「語彙・表現」△：漢字が多く、語彙が難しい。
24	○	「文章構造」○：因果関係があり、話題も学習者の興味をひきそう。 「語彙・表現」○：漢字・語彙も適切。 「長さ」△：少し短いので、第1段階の初期が望ましい。
25	?	「背景知識」△：病院の背景知識がないとわからない。
26	?	「背景知識」△：消せるボールペンを知らないとわかりにくい。
27	○	「文章構造」○：因果関係があり、話題も学習者の興味をひきそう。 「語彙・表現」○：漢字・語彙も適切。 「長さ」△：少し短いので、第1段階の初期が望ましい。
28	?	「語彙・表現」△：語彙が抽象的で難しい。
29	?	「背景知識」△：新幹線の背景知識がないとわからない。
30	?	「背景知識」△：相談掲示板の背景知識があるかどうか。
31	○	「トピック」○：話題が身近でおもしろく、過去と現在の比較にもなっている。第3段階の初期に使える。
32	○	「トピック」○：日常生活のある場面・状況を説明していて、学習者の興味をひきそう。第2段階の後期か、第3段階に使える。
33	?	「背景知識」△：昔の背景知識がないとわからない。
34	?	「長さ」△：長すぎて、再話の途中で忘れてしまう。

自分としてはある素材を適切であると判断して使ってみると、Chapter11で紹介したように、学習者の文章の展開予測と日本語の文章の流れの間のずれや文章中の省略表現、オノマトペなどを含む言語感覚の共有をベースにする主観的な表現、さらには、曖昧な意見表明の文章表現の意味理解の難しさが学習者の文章理解を難しくしていることがあります。これらの要因が複数絡み合った素材では難しすぎますし、再話後の教師からの説明に時間がかかるだけで再話活動には適しません。このようにうまくいくと思って使ってみると外れることもありますが、外れたらまた変えればかまいません。ぜひいろいろ試してみてください。

素材をどこから選定するかですが、著作権法などを勘案すると、まずは授業で使っている教材から選ぶのがよいでしょう。再話は理解できなければ話せないので、例えば、初級・中級ですでに一度学習した教材から素材を選んで使えば、中級、中級後半レベルの学習者でも再話活動をすることができます。いずれにしても、他の教材を使ったり、素材（著作物）を加工したりする場合は、あくまで著作権法に則った上で使用することが大原則ですので、ご注意ください。

本書では、初級が修了した初中級レベルでの再話活動を推奨していますが、中級や中級後期でも再話活動は可能だと思います。その場合は、読む素材の「長さ」「背景知識」「語彙・表現」「トピック」「文章構造」の各観点の難易度を上げることになります。

まず文章の「長さ」が長くなります。例えば、先ほど分析した【資料45：素材例 34 】は初中級レベルでは難しいと思いますが、中級になって語彙力も上がれば再話は可能だと思います。ただ、やはりあまり長いと記憶が続かない可能性があり、800字程度までが限界かと思います。

「背景知識」がないものは、やはり難しいです。
「語彙・表現」についていえば、当然ですが、文章表現として比喩などのレトリック表現、筆者の感情や表面には現れない行間を読むなど

も、難易度が上がります。

「トピック」としては、日常的なトピックから社会的、歴史的なものにするとか、新しいものを取り入れていきます。

「ジャンル」も、説明文から始め、意見文、報告書、エッセイなどを取り入れてもいいと思います。

「文章構造」も、新しい型や型が組み合わさったものを取り入れていきます。

いずれにしても、複雑な理解が必要なものへと難しくしますが、再話することが前提なので、テキストベースの理解ができることが基本です。

再話、つまり、読んで理解したことを話すことにさらに慣れてもらうためには、こういった観点からの難易度の高い素材に発展させていく必要があります。

本書では、まずペアで同じ素材を読んで行う再話がスタートになりますが、最終的には日常生活の中で1人でできることが目標です。それまでは教室でペアでやる、そして、いろいろな難易度の身近な素材でできるようになれば、ペアによる再話活動は卒業です。後は学習者に任せて1人で好きなものを自由に読んでいけばいいと思います。

素材の配列

　以上のようにして選んだ素材をどの順番で読むかですが、本書では初級を終えたレベルの学習者を対象としたクラスで再話活動を導入するという目的から、基本的には、「長さ」を中心に「背景知識」「語彙・表現」「トピック」の観点から、【図11】の①～③の矢印のように易しいものから難しいものへと並べます。

　①の矢印は、1回の授業で扱う素材間の配列を表しています。

　②の矢印は、各段階の中で4、5回の授業間で素材にどのような変化を与えるのかを考えるためのものです。

　そして、③の矢印は、第1段階から第3段階の間で素材の変化をどうすればいいかを考えるためのものです。

　ただし、③の段階ごとの変化は必要ですが、①と②については、学習者の様子を見て対応します。繰り返しますが、再話は理解できないと意味がないので、①と②では変えなくてもまったくかまいません。慣れてくると学習者のほうから難しいものを要求してくるので、そのときに変えるということも考えられます。そこで、語彙・表現が少し難しいもの、背景知識のないもの、トピックとして日常的ではないものを適宜織り交ぜると理想的です。素材として変化が生まれ、マンネリ化を防ぐことができますし、学習者のモチベーションにつながります。各段階を素材の難易度で前半後半の2つに分けるということもできると思います。

　いずれにしてもこれがベストであるとか、こうしなければいけないというルールはありませんので、クラスや学習者の様子を観察して、対応してください。

　回数を重ねるごとに素材を難しくしていることを学習者に伝えても伝えなくてもかまいませんが、ぜひ最後には初回と最後の素材を見比べる機会を作ってみてください。これだけ読めるようになったという達成感が得られ、学習者も自信がつくと思います。量的にも1回3素材×13回＝39素材ですから、ほぼ教科書1冊分を読んだことになります。

【図11：素材の難易度による配列】

③		② 素材1	素材2	素材3
	第1段階	素材4	素材5	素材6
		素材7	素材8	素材9
		素材10	素材11	素材12
	第2段階	素材13	素材14	素材15
		素材16	素材17	素材18
		素材19	素材20	素材21
		素材22	素材23	素材24
	第3段階	素材25	素材26	素材27
		素材28	素材29	素材30
		素材31	素材32	素材33
		素材34	素材35	素材36
		素材37	素材38	素材39

また、さらに発展させて、中級前期から学習者に教授していかなければならない言語知識が適度にちりばめられた素材を選定し、かつ、素材の提出順を考えて配列することが考えられます。

例えば、以下の【表12】の第2段階のように1回のクラスで扱う3素材の1つにChapter11で指摘した「省略表現」(例:「パック旅行」p.40)が含まれているものを入れ、それが別の素材でも継続的に学習できるように繰り返し配列します。「省略表現」だけでなく「主観的表現」(例:「オカリナ」p.40)を複数含んでいるものへと難易度を上げていくといったような配列も考えられます。

さらに、文章構造を積極的に学習対象として取り上げ、【表12】の第3段階のように比較対照、問題解決の構造をもつ素材を配列する、あるいは1回の授業で3素材を比較対照にして集中的に練習することもできます。

このように「長さ」「背景知識」「語彙・表現」「トピック」「文章構造」の各観点との組み合わせ方はいろいろ考えられるので、学習者の文章理解の状況を考えて、難易度を調節し、適切な配列を検討します。

なお、再話は文章の理解ができていないと意味がないので、あまり難易度調節の観点を複数、あるいは複雑に組み合わせたりしすぎるのはよくありません。特に第1段階は、再話活動に慣れることが大切です。読んだ内容を話すという再話活動の本来の目的が達成できるように素材、配列を考えてください。

POINT

素材選定のコツは、教師から判断して学習者が辞書を使わないで80〜90%理解できて、その内容を話そうとすると所々詰まると想定されるものを選ぶことです。
素材の配列は、「長さ」を基本にして段階ごとに難易度を上げていきます。

【表12:素材配列の発展例】

第1段階	素材1	素材2	素材3
	素材4	素材5	素材6
	素材7	素材8	素材9
	素材10	素材11	素材12
第2段階	素材13	素材14(省略表現)	素材15
	素材16	素材17(省略表現)	素材18
	素材19	素材20(省略表現+主観的表現)	素材21
	素材22	素材23(省略表現+主観的表現)	素材24
第3段階	素材25	素材26(比較対照)	素材27(問題解決)
	素材28	素材29(比較対照)	素材30(問題解決)
	素材31	素材32(比較対照)	素材33(問題解決)
	素材34	素材35(比較対照)	素材36(問題解決)
	素材37	素材38(比較対照)	素材39(問題解決)

CHAPTER 22 従来型の授業にどうやって取り入れたらいいの？

　本章では、従来型の読解授業に再話活動を取り入れる方法を紹介します。

　まず、今使っている従来型の読解教材の素材をそのまま使って再話活動をする方法です。一例として、みなさんが現在授業で使っている教科書の中から、Chapter21 で紹介したように、再話活動に適当な素材を抽出します。

　例えば、以下の「食品ロス」というトピックの素材（【資料 46】）を適当だと判断したとします。

【資料 46：素材例 35 】

　私たちが家で食べ残したり、店で売れ残ったりした食べ物は、ごみとして捨てられます。このように、まだ食べられるのに捨てられてしまう食品のことを「食品ロス」と言います。

　環境省の調査によると、平成 28 年度の食品ロスは年間 643 万トンと推計され、日本の人口 1 人当たりの食品ロス量は年間約 51 キログラムです。この年間 643 万トンのうち、家庭から出る食品ロスは 291 万トンで、主な原因は、食べ残したり、まったく手をつけずにそのまま捨ててしまったり、野菜や果物の皮をむきすぎたりすることだそうです。

　食品ロスが大量に発生すると、いろいろな問題が起こります。食品ロスをごみとして処理するために多額のコストがかかります。また燃やして処理することで、CO$_2$ が排出され、環境に悪影響を与えます。

　食品ロスを減らすためには、私たち一人ひとりが毎日の生活において食品ロスの削減を意識することが大切です。

　まず、買い物をするときに買いすぎないことです。買い物をする前に冷蔵庫にある食材を確認してから買い物に行きましょう。そして、料理を作るときは、残っている食材から使い、必要な分だけ作って、作りすぎないことです。外食をするときは、注文しすぎないようにしましょう。パーティーや外食で食べきれずに残してしまった料理は、お店と相談してなるべく持ち帰るようにしましょう。そして何よりも出されたものは食べきることが最も大切なことだと思います。(588 字)

この素材を使って再話活動をするとします。取り入れ方としては、「今日はいつもと違った読み方をしてみましょう」と言って、本書の再話活動の手順に沿って進めればいいだけです。この素材は、内容としておもしろく、学習者も興味をもって読めますし、文章構造も複雑ではないので読みやすく、再話に適切な素材になっています。

本書で提案している再話活動の段階としては、Chapter21で検討したように素材の「長さ」の観点から第3段階で使うのが適切でしょう。あるいは、同じ素材（【資料46】）について、以下の【資料47】のように第2段落・第3段落をカットして、素材の長さを短く調節することができれば第1段階、第2段階で使うこともできると思います。ただし、既存の教科書の素材を使う場合は、著作権法上に則って調節してください。なお、私たちが提供する素材（別冊付録を参照）であれば自由に調節してかまいません。

本書では、各素材に1つ内容理解確認問題を付けていますが、別の教材を使う場合は、それは教師が考えて作ります。あるいは、使用する教科書の各素材に問題が付いている場合は、再話活動が終わったら、その問題に解答することで理解を確認してもいいと思います。

このようにして、みなさんが使っている教科書の中から再話活動に適切な素材をいくつか抽出して、授業の中で再話活動を取り入れることができます。そうすることによって、読解授業にバリエーションが生まれると思います。

あらかじめ、使う予定の教科書から授業回数に合わせた数の素材を抽出して作成しておけば、次のページの【表13】ように、本書の段階を取り入れた再話活動も可能です。授業で使っている教科書の素材を使うので、授業の進度も遅れることはありません。なお、再話活動を取り入れるのは、授業の最初（前半）でも最後（後半）でもかまわないと思います。

担当する学習者のレベルによっては再話活動が難しい場合もあると思います。その場合は、本書で紹介する第1段階の易しい素材を使い、慣れてきたら上記のように授業で使っている教科書の素材から再話するということもできると思います。ただ、再話活動で使う素材が決まったら、その素材については予習をしないように学習者に伝えてください。

【資料47：素材例 35 の長さを調節したもの】

　私たちが家で食べ残したり、店で売れ残ったりした食べ物は、ごみとして捨てられます。このように、まだ食べられるのに捨てられてしまう食品のことを「食品ロス」と言います。

　食品ロスを減らすためには、私たち一人ひとりが毎日の生活において食品ロスの削減を意識することが大切です。

　まず、買い物をするときに買いすぎないことです。買い物をする前に冷蔵庫にある食材を確認してから買い物に行きましょう。そして、料理を作るときは、残っている食材から使い、必要な分だけ作って、作りすぎないことです。外食をするときは、注文しすぎないようにしましょう。パーティーや外食で食べきれずに残してしまった料理は、お店と相談してなるべく持ち帰るようにしましょう。そして何よりも出されたものは食べきることが最も大切なことだと思います。(345字)

以上、従来型の読解授業に再話を取り入れる方法を紹介しました。しかし、素材が1回の授業で1つだけでは再話の効果がどれだけあるか疑問です。できれば素材を少しずつ増やしていく必要があります。特に、コースや1回の授業で従来型の読解活動の割合が高い場合は、従来型の読み方、例えば、最初から逐語的に精読するような読み方をしている学習者は、おそらく再話をするときにもそのままその精読の読み方を使ってしまう可能性があります。それでは再話をする本来の意図とは異なり、効果もあまり期待できないように思います。

また、Chapter17で述べたように再話活動と並行して、漢字クイズや要約課題をするといったことも取り入れるとさらに効果的だと思います。

あるいは、1週間に読解クラスが複数ある場合は、1つを本書のような再話中心型にすることもできると思います。

本書で紹介する再話活動は、再話の経験のない学習者に無理なく効果的に再話活動ができる

ように第1段階〜第3段階の段階別に導入したもので、特に初級を終えた初中級レベルの学習者に効果的であると考えています。しかし、急に再話活動のクラスを設定することは難しいと思います。そのため、一例として、【表13】のように従来型の授業に再話活動を取り入れた案を示しましたが、そもそも再話活動と従来型の精読では、読み方も素材もまったく異なります。【表13】のように、同じ授業内で取り入れた場合にはそれぞれの活動の目的・手順を明確に区別して行うことが重要です。

POINT

これまでの読解授業を急にすべて再話活動に変更するのは、難しいと思います。そこで、まずは授業で1つ素材を使って再話活動を始めてみてください。そして、少しずつ素材を増やしていくと、スムーズに再話活動を取り入れることができます。

【表13：従来型の授業に再話活動を取り入れたスケジュール例】

回	授業内容	
1	オリエンテーション	
2	再話活動（第1段階）	
3	再話活動（第1段階）	
4	再話活動（第1段階）	
5	再話活動（第1段階）	
6	再話活動（第2段階）	
7	再話活動（第2段階）	
8	再話活動（第2段階）	従来型の授業活動
9	再話活動（第2段階）	
10	再話活動（第3段階）	
11	再話活動（第3段階）	
12	再話活動（第3段階）	
13	再話活動（第3段階）	
14	再話活動（第3段階）	
15	期末テスト	

CHAPTER 23 再話活動時の フィードバックは どうすればいいの？

再話活動時に教師が学習者にするフィードバックのタイミングとしては、以下の(1)〜(7)の再話活動の手順の中の、主に「(3) ペアによる再話活動」と「(6) クラス全体での内容確認」の際の2つになります。(3)では再話活動の手順、(6)では素材の内容理解の確認とペアでのやりとりについてのフィードバックをします。

再話活動の手順について

「(3) ペアによる再話活動」中に行うフィードバックは再話活動の手順についてのものです。各段階で、以下のようなことが考えられます。

【再話活動の基本セット】

(1) 学習者にペアになるように指示

(2) 個人の読み作業

(3) **ペアによる再話活動**
    （第1段階・第2段階・第3段階）

(4) 内容理解確認問題への解答

(5) 学習者1人を指名して音読

(6) **クラス全体での内容確認**

(7) 全体音読

【第1段階】
・再話者が再話中に素材を見ていないか
・再話者がキーワードを書いているか
・支援者が支援をせずに答えを話してしまっていないか
・支援者が再話者の再話を促す質問をしているか

【第2段階】
・各自がキーワードを書いているか
・各自がキーワードを使って再話しているか
・再話中に素材を見ていないか
・再話の流れによって、再話者・支援者の役割を交替しながら、2人で協力して再話しているか

【第3段階】
・再話中に素材を見ていないか
・再話の流れによって、再話者・支援者の役割を交替しながら、2人で協力して再話しているか

【各段階共通】
・母語で話していないか
・暗記して再生していないか
・逐語的に読んでいないか
・文章と関係ないのことを話していないか
・辞書を使って読んでいないか
・1人が一方的に話していないか

これらの点が確実に実行されないと再話活動の効果が期待できません。そのため、「(3) ペアによる再話活動」時には、教師はなるべく多くのペアを観察して、上記の点に問題があれば、その場で注意します。特に、第1段階など、まだ再話活動に慣れていないときは個別だけでなく、全体でも共有します。

内容理解の確認

「(6) クラス全体での内容確認」時に行うフィードバックとしては、まず素材の内容理解の確認をする必要があります。「(3) ペアによる再話活動」時にやりとりがうまく進まなかった場合や、ペアで行う「(4) 内容理解確認問題への解答」の活動で、学習者の多くの理解が不十分であると観察された場合などは、全体で内容理解を確認するといいでしょう。

再話活動がうまく進まない要因は、学習者やペアのやりとりのしかたの問題だけでなく、Chapter11で紹介したように素材の中にあることもあります。思ったより素材が難しかったということもあるため、クラス全体で理解を確認します。ペアによる再話活動がうまく進んでいない場合は、事前に教師が素材を分析した際には気づかなかった難しい要因がある可能性があります。

そのような場合は、各ペアのやりとりを観察して、その要因を把握するようにします。そして、文章中にある語が未知語だったり、省略さ

れている語があったりすることが理解を難しくしている要因だとわかった場合は、その語を言い換えたり、補ったりして示し、確認します。また、論理展開の把握に問題があった場合は、スライドや板書などで視覚的に論理展開の構造等を図示しながら説明します。また、素材の内容理解に必要な背景知識がないことが、語や文の理解を難しくしていたり誤読を招いている場合もあります（Chapter11 素材例 **3**「オカリナ」、素材例 **4**「温泉旅館の料理」参照）。背景知識が問われそうな箇所を授業前にあらかじめ予想しておき、情報を補うような実物や画像、動画、スライドなどを用意しておくと効果的です。

教師が一方的に説明、フィードバックするだけでなく、他の学習者の読み方や再生のしかたを観察しておき、正確に内容理解ができていたり、背景知識や未知語についての情報を持っていたりする学習者やペアがあれば、彼らに話してもらうなど、全体で共有することも考えられます。

ペアのやりとりについて：支援者へのフィードバック

再話活動の中で、最も重要なのは「(3) ペアによる再話活動」です。ここがうまく進まないと再話の効果が発揮されません。各段階において望ましい理想的なやりとりがあれば、それを提示することができますが、ペアでのやりとりはそもそも多様ですし、型を明示することでそれに当てはめようとしてしまうと逆効果です。

そこで、効果的な再話が起きるように、手順を注意するだけでなく、うまく再話が進められているペアの例を示したり、再話中聞き役である支援者としての役割を示したりすることは効果的だと思います。この場合、その場で良い例を再現することはできないため、前のクラスまで、あるいは前学期までに、IC レコーダーでいくつかのペアの再話を録音しておき、共有す

べきやりとりをあらかじめ準備して、「(6) クラス全体での内容確認」が終わった段階で、全体で共有する形でペアでのやりとりについてフィードバックすることになります。

本書で提案する3つの段階を取り入れた再話活動の場合、第1段階ではペアの一方は素材を見ていて、相手の再生を聞いています。このとき、素材を見ている人が相手の再生を聞いて不十分な点を理解したうえで、その不十分な点について質問したり発話を促したりする、つまり、相手の話を聞いて自分の理解を確認していることが再話の練習になっていると言えます。そのため、素材を見ている人が相手に良い質問、あるいは再生を促す、引き出すような発話をしているかどうか、つまり、再話者にとって良い支援者になっているかがポイントになります。ただ、支援者としてこのような良い質問や発話はなかなか簡単にできるものではありません。

そこで、第1段階では適切な質問のしかたを例示することも効果的です。具体例は、これまでの再話活動を踏まえて教師が考えてもかまいませんし、実際の学習者ペアの事例を集めておくといいと思います。録音しておいた中から適切な質問をしている事例を選んで聞かせ、「このように質問すると、パートナーが話しやすくなります」といった形で紹介すると、質問や発話のしかたにも意味があることに気がつきます。また、適切な質問とそうではない質問の事例を比較して示すことで学習者に何が違うのか、どうすれば良い質問になるのかについて考えさせてもいいと思います。第1段階でこの質問や発話のしかたが意識づけられると、第2段階、第3段階と進むにつれて効果的な質問や発話ができるようになっていく可能性があります。

第2段階、第3段階になると、キーワードがあるかないかにかかわらず、ペアで再生するので、再話者と支援者の役割が活動中最後まで固定して進むこともあれば、再話中に再話者と支援者が入れ替わりながらやりとりが進むこと

もあります。そのため、1人がどれくらい再生できているか、それを受けてもう1人がどれくらい補足できているか、最終的に2人でどれくらい再構築できているか、さらにはメインの部分がきちんと補足されてお互いに質問される、補われているかがポイントになります。この点について教師がただ説明しても抽象的になるだけなので、録音した談話を分析し、うまくできているペアの事例を用いて、できていないペアとの比較をしながら具体的に説明するといいと思います。

ペアのやりとりについて：再話者への フィードバック

本書で提案する再話活動は、従来の読解授業のように単に「読む」だけでなく、「話す」を含む総合的なコミュニケーション能力の底上げができる、つまり、学習者の口頭表現能力をどのように引き上げるのかという課題解決に結びつく1つの効果的な教室活動になると考えています。

本書が対象にしている初中級から中級前期の学習者は、まとまった内容を持つ文章をしっかり読むという訓練がまだ十分にできていません。そのため、素材を読んでも、なんとなくわかった、だいたいこういうことを言っているんだろうというような曖昧な理解でとどまっている可能性があります。だからこそ、「読んで理解できたことをパートナーに向かって話す」というペアによる再話活動を導入することによって、自分のことばで「話す」ことになり、自分が読んで「わかった」ことを再確認しながら、同時に「話す」能力も高められる可能性があるのです。

そのため、再話活動の中でどうしたら理解した内容を自分のことばでうまく話すことができるのか、そういった話す力を引き上げるサポートができるのかが重要になります。そのためには、再話活動の中でどうしたら話す力を上げる

サポートができるのか、つまり、再話者の再生のしかたについてどうフィードバックするのかも重要なポイントです。

　例えば、素材の文章構造を把握しそれを利用して「まず〜。次に〜。」とか、「理由は3つあります。1つは〜。もう1つは〜。最後に〜。」といった形で話すと聞き手にわかりやすく伝わります。ただし、初中級レベルの学習者には、それらをクラスで全体に口頭で説明したりフィードバックするだけではなかなか意識に残りません。そのため、Chapter17で紹介したように要約課題という形で理解の整理のしかたについてフィードバックすることができます。

　例えば、ある問題の解決のために3つの課題を説明する文章を要約する場合、その文章構造にそってまず問題を説明してから3つの課題をコンパクトに整理することになります。これなら視覚的に示せますし、うまく整理できている学習者の例を紹介し、全体で共有することができます。

　そして、それらを繰り返すことで再話活動では何が重要なのかを考える機会となり、意識に残る可能性が高まります。もちろん学習者によっては、比較対照の素材内容から「AとBについての話です。Aは〜。Bは〜。」といった文章構造を踏まえた形で再生できる学習者もいるため、前述のようにできる学習者の適切な再生についても録音しておき、全体で共有する、あるいは他の学習者の再生と比較して考えさせることは効果的です。学期中にそういった変化が起きた学習者の再生を共有することでさらに他の学習者のモチベーションを促すことにつながります。

　また、第1段階・第2段階では、学習者はキーワードをメモしますが、何をキーワードとしてメモをするかが再話の達成に大きく影響します。適切なキーワードがメモできるように、特に初期段階では、あらかじめ教師がキーワードをメモにした例を示すといいでしょう。キーワードにもかかわらず文で書いてしまう学習者には注意し、1分間という短い時間ですばやく

適切なキーワードをつかむことを意識するように促します。

　Chapter17で紹介したように第1段階・第2段階の要約課題では、QAをつなげるだけで要約になるようになっているので、それらを意識させ、キーワードをつなげることで適切な再話に結びつけられるようにします。素材内容によっては、キーワードによる単語ではなく、文章構造をもとに図示したり表にしたりして自ら再話しやすいようにキーワードのメモのしかたを工夫しているも学習者もいます。そのようなメモがあれば、積極的に取り上げて全体で共有すると他の学習者の良い参考になると思います。

　以上、再話活動時のフィードバックについて述べてきましたが、フィードバックするだけだとフィードバックした内容がどれだけ学習者に理解されているか、また、それによって再生のしかたや内容がどれだけ適切に修正できるのかについては確認することができません。そこで、上記の再話活動の基本ユニットの「(6) クラス全体での内容確認」の後に、教師からのフィードバックを受けてさらに「もう一度同じ素材で再話する」という活動を入れてもいいと思います。そこでフィードバックした内容が修正されているかどうかを確認することができます。ただ、その分時間がかかってしまうので、内容理解が十分になされずに再話がうまくいかなかった場合に限って行うなどの調整が必要です。

POINT

　教師によるフィードバックは、再話活動の手順がルールに則って行われているか、内容が正確に理解できているかについて行います。そして、ペアによる再話活動をよく観察し、再話者・支援者のそれぞれの役割がうまくできているかについてフィードバックします。

漢字・語彙、表現、
文法はどうするの？

漢字・語彙については、これまでにも述べてきましたが、ここで文法の扱いとあわせて整理して述べます。

まず、Chapter16でも述べましたが、漢字がわからなければ文章を理解することはできず、相手に話すこともできません。そのため、素材を選ぶ段階でおおむね80％程度は理解できるようにコントロールされているはずなので、未習の漢字の数も限られていることになります。

そして、それらの漢字は、素材の文脈の中で、しかも再話を通して使用語彙としても学習され始めているので、そのままにしておくのはもったいないと言えます。

そこで、それらの漢字の中からいくつかを抽出して作成した漢字の読みのクイズの例をChapter17で紹介しました。また、以下の【資料48】ように、一度読んだ素材の各漢字の上にルビを振るというクイズもできると思います。

漢字の書きについても練習することはできると思いますが、やはり授業時間内では足りません。そこで、次のページの【資料49】のように文章に現れる漢字を繰り返し書いて練習するプリントなどを作成し、宿題として次回までの課題に加えることもできると思います。特に、非漢字圏の学習者にとって繰り返し書くことは大切です。

同様に、次のページの【資料50】のように（　）に漢字を書くというクイズもできます。

【資料48：「漢字クイズ」の例】

日本には、地方によっていろいろな言葉の違い、つまり方言があります。例えば、「捨てる」は、北海道・東北では「なげる」、名古屋では「ほかる」、関西では「ほかす」、その他にも「ほたる」「うっせる」などと言われます。

しかし、最近では、地方を出て都会に住む人が増え、テレビやインターネットが普及して、方言が使われなくなってきています。便利になるのはいいのですが、言葉の多様性がなくなっていくのはさびしい感じがします。そこで地方では、方言を守るために、なるべく方言を使うようにしたり、方言を使った商品を売り出したりしています。

【資料49：「漢字練習プリント」の例】

地方				
言葉				
違い				
捨てる				

【資料50：「漢字クイズ」の例】

　　日本には、地方によっていろいろな（ことば　　）の（ちが　　）い、つまり方言があります。例えば、「（す　　）てる」は、（ほっかいどう・とうほく　　　　　　）では「なげる」、（なごや　　　）では「ほかる」、（かんさい　　　）では「ほかす」、その他にも「ほたる」「うっせる」などと言われます。

　　しかし、（さいきん　　）では、地方を出て（とかい　　）に住む人が（ふ　　）え、テレビやインターネットが（ふきゅう　　　）して、方言が使われなくなってきています。（べんり　　）になるのはいいのですが、言葉の（たようせい　　　）がなくなっていくのはさびしい（かん　　）じがします。そこで地方では、方言を（まも　　）るために、なるべく方言を使うようにしたり、方言を使った（しょうひん　　　）を売り出したりしています。

　　漢字と同様に、語彙と文法も未習のものは各素材についてそれほど多くないはずです。そこで、同時並行で行われている漢字・語彙、文法クラスと連携し、使用している教材のどこにそれらの新出漢字・語彙・文法が出てくるかをあらかじめチェックしておきます。こちらのクラスが先に提出することになれば説明が必要になりますが、後であれば復習ということになりますから、新出項目が相互に何度も、かつ新しい文脈でスパイラルに学習することができます。

　　また、読解教材の素材本文の中に出てくる新出の語彙・表現、文法を使った例文作りをすることもできます。次のページの【資料51】のようにクイズやテストにするということも考えられます。

　　しかし、あまり漢字・語彙や表現、文法に力を入れすぎると従来型の読解授業と変わらないことになり、再話活動の目標や良さが失われてしまいます。

　　日本には、地方（　①　）いろいろな言葉の違い、（　②　）方言があります。例えば、
「捨てる」は、北海道・東北では「なげる」、名古屋では「ほかる」、関西では「ほかす」、
その他にも「ほたる」「うっせる」などと言われます。

　　しかし、最近では、地方を出て都会に住む人が増え、テレビやインターネットが
普及して、方言が（　③　）なくなってきています。便利になるのはいいのですが、
言葉の多様性がなくなって（　④　）のはさびしい感じがします。（　⑤　）地方では、
方言を守るために、なるべく方言を使うようにしたり、方言を使った商品を売り出
したりしています。

Q. ①〜⑤の中に入る最もよいものを、1・2・3・4 から 1 つ選んで○を書いてください。

①　1　にとって　　　　2　によって　　　　3　によると　　　　4　にしては

②　1　そして　　　　　2　それに　　　　　3　ただし　　　　　4　つまり

③　1　使わ　　　　　　2　使い　　　　　　3　使われ　　　　　4　使う

④　1　いく　　　　　　2　ばかり　　　　　3　ある　　　　　　4　おく

⑤　1　なぜなら　　　　2　つまり　　　　　3　そこで　　　　　4　やはり

本書で紹介するのは、再話活動を取り入れた読解授業であって、漢字・語彙や表現、文法の学習を目的にしたクラスではありません。あくまで再話、つまり、読んで理解したことを相手に話すことができるようになることが目的です。だからこそ、本活動の対象は、初中級レベル、つまり、初級が終わった段階で、Chapter1 に挙げたような悩みを共有する学習者なのであり、まずは再話を通して読んで理解したことを自分のことばで話せるようになることの意義とその学習方法を理解し、身につけることを第一義とします。

実際に再話活動を通して学習者は、漢字・語彙や表現、文法を学んでいます。例えば、Chapter10 で検討した以下の再話例（【再話データ 4】）を見てください。

7C の「観光客」が 14D で「環境」と訂正されています。11C で「空気を汚しません」と言えないことで、2 人は 16D まで「汚す」の活用に

ついて考えています。

もちろん、考えたからといって必ず正解が導かれたり訂正されたりするとはかぎりませんが、少なくとも自分の理解の不十分な点は明確になり、再話活動後に再度素材を見る際には注意して読むはずです。このように、2 人で再話することによってアウトプットする機会を得て、語彙や文法に関する自分の理解や知識、ルールについて考える契機になっていると考えられます。

また、再話例の続き（【再話データ 5】）を見てみましょう。

学習者 C は、文章中の「風車が大きいと騒音が出るので、住宅地のそばにつくるのが難しいです」という 1 文を 29C から 35C までで「機械は大きくてうるさいから、どこでもつくりません、人が住んでいる地域はだめです」と表現しています。

【再話データ 4：タイプⅡ：学習者 C と D のやりとり《1》】

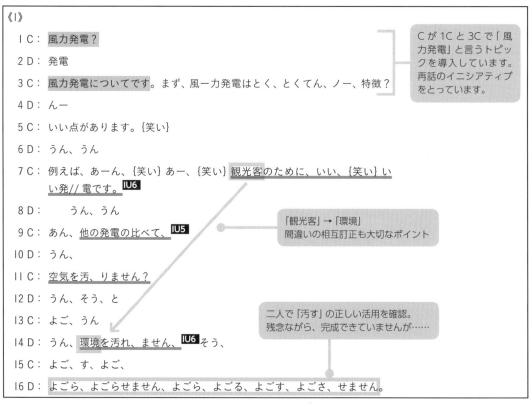

《1》

1 C： 風力発電？

2 D： 発電

3 C： 風力発電についてです。まず、風—力発電はとく、とくてん、ノー、特徴？

4 D： んー

5 C： いい点があります。｛笑い｝

6 D： うん、うん

7 C： 例えば、あーん、｛笑い｝あー、｛笑い｝観光客のために、いい、｛笑い｝いい発// 電です。 IU6

8 D：　　うん、うん

9 C： あん、他の発電の比べて、 IU5

10 D： うん、

11 C： 空気を汚、りません？

12 D： うん、そう、と

13 C： よご、うん

14 D： うん、環境を汚れ、ません、 IU6 そう、

15 C： よご、す、よご、

16 D： よごら、よごらせません、よごら、よごる、よごす、よごさ、せません。

C が 1C と 3C で「風力発電」と言うトピックを導入しています。再話のイニシアティブをとっています。

「観光客」→「環境」
間違いの相互訂正も大切なポイント

二人で「汚す」の正しい活用を確認。残念ながら、完成できていませんが……

【再話データ５：タイプⅡ：学習者ＣとＤのやりとり《２》】

《2》

17 C： じゃ、でも

18 D： うん

19 C： **IU8** 弱点もあります。 ●————

> C が第 2 段落へ話を展開しています。
> 19C で第 1 段落の風力発電の「いい点」に対して、
> 「弱点もあります」という頭出しをしています。

20 D： うん、はい

21 C： **IU9** まずは、風が、吹いていませんが、ああ、のときは、あー電気が、

22 D： はい

23 C： ありません。

> C は、21C と 23C で「風が吹かないと電気がない」という弱点を話しています。

24 D： うん、うん、

25 C： そして、あん、あー風力を使うのは、

26 D： うん

27 C： 大きい

28 D： そう

29 C： あー、**IU10** 機械は大きい、大きくて、あーうるさい、うるさいだから

30 D： うんうん

31 C： あー、いつ、あ、どこでも、

32 D： うん

33 C： つくりません。

> C は、25C、27C、29C、31C、33C で、「風力発電の機械は大きいから、どこにでもつくれるわけではない」という弱点を説明しています。

34 D： はい、

35 C： 例えば、**IU11** 住んで、あ、人が住んでいる、の地域はだめです ●

> 35C で、C は「人が住んでいる地域には、風力発電はダメ」だという弱点を説明しています。

36 D： うん、そう、たぶん、

37 C： そし// て

38 D： **IU12** **IU13** 他の地方にも、動物の、うん

39 C： あ、はい、

40 D： 生活

> 注目!! 再話のイニシアティブが C から D へ移動しています。D が **IU12** **IU13** の IU について話し始めます。

41 C： 鳥とか、鳥、はいはい// はい、

42 D：　　　　　　　うん、うん

43 C： そして一三番目のひゃく弱点がありますか？

44 D： あーんー

45 C： 多分ないね。

> 再話のイニシアティブが再び C に戻ります。

46 D： 多分ありません。そう

このように再話では、指示をしなくても、文章内での語彙や表現をそのまま使って再生するとはかぎりません。学習者は、自分のレベルで言えることばで話しますし、言い換えもします。自分の言い方や表現ではないものが文章にあるのだとすると、それを使えるようになるかもしれないし、そこに自分が気づくかもしれません。ここにこそ、新しい語彙、表現が増える可能性があります。

学習者は、一度習ったからといってそれをすぐに使えるようにはなりません。「ここでどう言ったらいいんだ!?」「あれ？　そういえば前に習ったような気がする」と思って、思い出して使ってみるかもしれません。あるいは、「何て言うんだっけ？」と相手に聞くかもしれません。そのときは、そのままスルーしてしまっても、後で自分で調べるかもしれません。はたまた後日の再話活動で、相手がその表現、文法を使って話すかもしれません。

このようにして、学習者自らが気づいたことは、その後も忘れないものです。読んだことを相手に話すことを通して、まさに文脈の中で語彙、表現、文法を形・意味・機能とともに学んでいると言えるかもしれません。

初中級段階で本書のような再話、読んで理解したことを相手にわかりやすく話すことができれば、後はこれまでのようにいろいろな文章を読み、新たな漢字・語彙、表現、文法へと発展させていくことができると思います。

POINT

漢字・語彙や表現、文法は、再話活動を繰り返すことによって学習できます。読んで理解したことを相手に話すことを通して、学習者が文脈の中で自らそれらに気づき、使っていこうとするからです。

CHAPTER 25

学習者の声は？

ここまで教師側の立場から再話活動について述べてきましたが、それを受ける学習者はどのように捉えているのでしょうか。

学習者が実際にどのように受け止めているのかについては、直接学習者に聞いてみるのが最も確実な方法です。そこで、ある学期の終了時に、本書で紹介した3段階方式の再話活動を実践したときのアンケート結果の一部を紹介します。

ただし、みなさんもおわかりのように授業後の授業評価としてアンケートをしても良いことしか書かない、「良いです」の一言で終わる、5段階評価の数字を書くだけで具体的な記述は書かないといったことがよくあります。そのため、この結果も不十分で、全学習者からコメントが得られたわけでもありません。学習者からのフィードバックを得るための適切な方法については、今後改めて検討が必要ですが、参考として紹介します。

まず、「授業で良かったところがあれば書いてください」という質問をしました。その回答として、以下のような記述がありました。

「授業で良かったところがあれば書いてください」

・テキストの理解の能力はよくなると思います。毎週色々な練習ができましたから。

・よくテキストをよんでわかるようになったと思う。毎回たくさんテキストをよんだからです。

・日本語を勉強することを好きになった授業です。

次に、特に再話活動について「ペアで読んだことを話す練習について、どう思いますか」という質問をしました。以下のような回答／コメントが寄せられました。

「ペアで読んだことを話す練習について、どう思いますか」

・本当にいいと思います。みなの前で話すことははずかしいのです。そしてこのようにもっとれんしゅうできます。

・それは日本語で話すレベルを上がるために、もっともやくにたったと思う。

・よかったと思う。よんだあと、すぐわかるようになったと思う。

- いいと思います。読むだけは簡単なと思って、実際に話すが難しいです。どうやって自分が話せる言葉で伝われるようになるため、大切な練習と思います。

- よかったです。あの時、「はなせることがきける」ということをあまり気づかなかった。

- よかったです。いいれんしゅうだと思った。

- レベルが大体同じの人と練習することはとてもよかったと思います。

- 人によって違いましたが、だいたいよかったと思います。（クラス以外）日本人と話すときもっと分かりやすいと思います。

- ちょっと難しいと思います。

　肯定的なコメントからは、大きく「読む力が上がった」と「話す力が上がった」ということがうかがえます。これらから、この再話活動の最低限の目的は達成できたと言えそうです。
　また、「読むと話す」「話すと聞く」のように2つのスキルの関係についてのコメントがあります。これは、そもそも「話す」「聞く」「読む」「書く」の4技能は独立しているものではなく、私たちはそれらを相互に連関させたコミュニケーションをしています。そういった日常生活での言語活動を念頭に置いた再話活動のねらいをうまく意識させることができたものと考えられます。特に、網掛け部分（著者による）のコメントは、学習者が相手を意識して、読んだ内容をどのように的確に伝えるかということの大切さを指摘しており、まさに本書で繰り返し述べてきたことです。
　一方で、「難しい」というコメントもありますが、これだけでは素材が難しいのか、話すのが難しいのか、その実態はわかりません。こういった声は学期中にも学習者から出てきますので、そういった声を注意して聞く、あるいは、こちらから聞くようにして情報収集し、何が難しいのかによって素材を変えるなど、適切に対応を考えていく必要があります。

POINT

　再話活動に限らず、学習者が実際にどのように授業を受け止めているのかについては、コース中、コース後に学習者に直接聞いてみることが最も有効です。そして、再話活動中の学習者の様子をよく観察しておき、その結果と照らし合わせて判断するといいと思います。

教室談話の分析は必要？

これまで私たちの実践に基づいた再話活動の基本的な枠組みについて述べてきました。ただ、実際に実践し、学習者ペアの再話活動の分析を繰り返していると、「もっとこうしたらいいんじゃないか」とか、「こんな可能性もあるよね」といった、再話活動を改善し、より効果的に実践するためのヒントや課題が見えてきます。

再話活動を基本ユニットの手順のようにただやるだけではうまくいきません。なぜなら、ペアの活動で何が起きているのかを把握しなければ何が問題なのかがわかりませんし、評価もフィードバックもできません。そのため、より効果的に行うためにはペアでのやりとりを録音して分析することをおすすめします。

何も全ペアを録音する必要はありません。初めはICレコーダー1台でかまいません。1台でもいいので、ぜひ学期を通していろいろなペアのやりとりを聞いてみてください。最初は文字化せずに、聞くだけでかまいません。いろいろな気づきが得られると思います。

しかし、私たちはこれまでに一定期間再話活動したグループとしないグループで成績を比較したり、再話活動をする前と後でテストをしてその効果の有意差を測ったりといった、いわゆる実証的な実験をしたわけではありません。実際に授業でやった実践について、ペアでの再話活動の中でいったい何が起きているのかを一つひとつ丁寧に分析した結果からわかったことを述べただけです。各学習者の再話のデータをまんべんなく、かつ、なるべく多く収集できるように、限られたICレコーダーをペアに渡して録音し、文字化し、ペアでのやりとりを本書で見てきたように繰り返し分析してきました。

一度分析してみると、おもしろいもので、次から次へと興味がわいてきます。再話ができているペアとできていないペアがあるのはなぜか、相手に一方的に自分の理解を話していた人が次第に相手といっしょに内容を再生するようになるのはなぜか、同じペアなのに再話できるときとできないときがあるのはなぜか、そして、想いも寄らない新たな気づきも起こります。

例えば、コースの最初から最後までたまたま同じ人同士で組んだペアがありました。そのプロセスを分析してみると、第1段階、第2段階ではほとんどやりとりがなかったのに、第3段階になって急にやりとりが増えたり、再生率が上がったりすることがありました。それらを文字化して分析してみた一例は、Chapter12〜Chapter15で紹介したとおりです。

おそらくクイズや課題、テストをしていただけでは、これらのことには気づかなかったと思います。ただ、各ペアで何が起きているのかは教師としては気になります。そこで、学習者のやりとりを録音して分析してみたところ、この分析自体が本書で述べてきたような、自分たちの考えた実践を裏づける作業になっていたわけです。もちろんそれらは実験的に検証したわけではありません。しかし、日々の実践で起きていることに興味を持ち、授業活動として何か小

さなルールを決めてその実践の一部として収集し、それらを繰り返し分析して蓄積していくと、本書のような実践のストーリーが浮かび上がり、描けていきます。何も新しいことをする必要はなく、ある目標、目的、意図をもって実践したことによって何が起きるのか、その事実を丁寧に観ることが大切なのです。新たなヒントは実践の中にこそあります。分析を繰り返すことで初めて実践の意義が自分なりに検証できたとき、自信がつきますし、実践をしておもしろいと感じることができます。そして、もっとよくしていこうという意欲がわいてきます。

　ただ、再話データの分析は１人ではなかなか続きません。仮に、そう思って録音を始めても、現場ではその授業だけをしているわけではなく、そもそももう一度録音を聞くことだけでも面倒ですし、すべてのデータを文字化するなど不可能です。実際にはどんどん録音データだけが溜まっていきます。やはり、再話活動に興味をもっている人や実践をしている人といっしょにやるのがいちばんです。そうすることで、お互いに実践について意見交換をすることができますし、励まし合うこともできます。

　教室では必ず学習者のやりとりが起きます。それらは私たち教師にしか得られない宝物のようなものです。それらは日々当たり前のように起こって、すぐに消えてなくなります。ぜひ一度録音して分析してみてください。

　分析といっても、研究論文を書くわけではありませんから、かたく考えずに、まずは気軽に聞くだけでいいと思います。授業で指示したことがちゃんとできているのか、授業で見ていなかったペアでは何が起きていたのか、それだけでいろいろな発見があると思います。分析を繰り返していると、ある傾向や共通点に気づくかもしれません。同じペアや学習者に注目して分析してみるのもいいと思います。

　また、文字化することで、聞くだけでは気づかない発見があったりします。文字化する場合は、まずは本書の再話データの例のように発話をなるべく忠実に書き起こしてください。もちろん、研究として談話分析や会話分析をする場合は、沈黙の有無・長さ、笑いなどの非言語行動、発話の重なりなど、より厳密な文字化のルールに従う必要がありますが、最初はペアでどんなやりとりが起きているのかがわかればいいと思います。

　なお、録音をすることで学習者には「あ、監視されている」「サボれない」「母語は使えない」というある意味で肯定的なプラスのプレッシャーを与えることができます。ただ、前述しましたが、評価の対象となるとマイナスのプレッシャーになる可能性もありますので、学習者の様子を見て対応する必要があります。

POINT

　再話活動は、読んで話すだけですから簡単ですが、やりっ放しにもなりがちです。ペアで一体どのようなやりとりが行われているのかを観察してみる、録音して聞いてみる、文字化してみる、そして、何が起こっているのかぜひ考えて分析してみてください。新しい発見が必ずあります。

CHAPTER
27

教師の役割は？

これまでいくつかの学会や研究会で私たちの実践について発表をしてきました。そのときに言われたコメントの中に、「教師は何をするんですか」「何もしなくていいんですか」という質問がありました。

ここまでお読みいただいたみなさんはもうおわかりだと思いますが、従来型の読解活動のほうがはるかに楽です。また、再話活動の意義や手順を十分に踏まえずに、今使っている読解教材の素材をそのまま使って、ただ再話活動をするだけであれば、確かに授業はできますし、楽だと思います。ただ、それではまったく効果がないことはおわかりかと思います。なぜならそれは目的も計画もなくただ放置すること、やりっぱなしになってしまうからです。

例えば、20人のクラスだとすると10ペアが再話活動をすることになります。使用教材の中にある素材を対象に、「読んで話してください」とだけ伝えて再話活動を始めたとすると、何が起こるでしょうか。「何でこんなことするの？」「難しくて読めない」といった声や、辞書を使って精読を始める、素材を見ながら話す、母語で話す、関係ない話をして終わるなど、各自が好き勝手にバラバラなことをして終わってしまいます。これでは従来型の授業を続けたほうがいいでしょう。

再話活動を導入するための教師の役割として重要なことは、まず再話活動を取り入れる意義を十分に理解していることが前提となります。

そのうえで、次の3つの役割があります。

> (1) 日本語コースの中に再話を位置づけて、何をどのように実施するかデザインする
>
> (2) 再話活動中に何が起きているのかを把握する
>
> (3) 把握した結果に基づいて活動を改善する

これら3つの役割に基づいて、本書で紹介している段階を設定した再話活動を実施するうえで必要なことを次のページのチェックリストにまとめました（【表14】）。授業活動に導入する前に、ぜひチェックしてみてください。なお、本書の該当箇所を示したので、参考にしてください。

これらが授業前に計画されていれば問題ないと思います。これから新たに導入する場合は、特に、「導入前段階」と「再話活動導入決定後」の「①コース前段階」の項目が重要で、「②コース中」「③コース後」の項目は実践を繰り返しながら改善していけばいいと思います。

このように再話活動は、専用の教科書があるわけではありませんし、従来の読解教材の使い方を工夫しなければならないため、最初はかなり負担になると思います。ただ、教師がその意義を十分に理解して実践しさえすれば、必ず成果はあると思いますし、本書で紹介した手順以

【表14：再話活動前のチェックリスト】

導入前段階（再話活動を導入するかどうか）		Chapter
✓	自分の授業の課題は何か	Chap.1
✓	再話でその課題が改善できるか（＝再話の意義が明確になっているか）	Chap.2 - 12
✓	自分の授業で再話活動を導入できるか	Chap.12, 23

再話活動導入決定後		
①コース前段階		
✓	再話活動が日本語コース（特に読解クラス）に位置づけられているか	—
✓	全授業回が段階別にデザインされているか	Chap.12 - 15
✓	各段階で目標に合っている素材が準備されているか	Chap.17, 22
✓	学習者に対するオリエンテーションがあるか（再話活動の意義が理解されているか）	Chap.16
✓	再話活動をサポートする活動（クイズ、宿題など）が計画されているか	Chap.18
✓	再話活動の評価がデザインされているか	Chap.19
✓	言語形式に関する知識の学習が組み込まれているか	Chap.24
②コース中		
✓	ペアによる再話活動を観察しているか	Chap.21, 25
✓	ペアによる再話活動の手順が確実に実施されているか（内容のポイントが話されているか）	Chap.25
✓	素材の難易度が学習者に合っているか（内容理解ができているか）	Chap.11
✓	学習者にフィードバックをしているか	Chap.25
③コース後		
✓	学習者の再話活動を評価しているか	Chap.19
✓	学習者からのフィードバックをもらう機会があるか	Chap.20
✓	再話活動を改善しているか（素材、手順など）	Chap.26

外にもいろいろな可能性がひろがると思います。ぜひいろいろ試してみてください。そして、おもしろいと感じていただければと思います。

上記のチェックリストがチェックされていれば、計画、実践、分析、改善が自動的に行われるはずなので、実践の結果を報告してその成果を共有していただければと思います。

POINT

再話活動における教師の役割は、再話活動を取り入れる意義を理解した上で、授業にどうやって取り入れるかを考えて実践し、実際に何が起きているかを知り、それに基づいて実践を少しずつ変えていくことです。

おわりに

　本書の著者の2人は、20余年以上にわたってさまざまな外国人学習者に日本語を教えてきました。いろいろなレベルの学習者に、文法、会話、作文、読解、聴解、いろいろな授業を行ってきました。その中で、特に読解や聴解、いわゆるインプット理解に関わる授業について、ずっと漠然とした満たされない想いを感じてきました。「学習者は、内容理解確認の練習問題には正しく答えられていたけど、それはたまたま解答が合っただけではないのだろうか」「話し手や書き手のメッセージをどこまで正しく理解できたのだろうか」「聞いて／読んで理解した内容をうまく話せないのはどうしてだろうか」……。常々、そんな不安や不満を感じてきました。

　そんなときです。小河原さんのペアによる再話活動の実践について知りました。ペアのやりとりを録音して分析してみたところ、いろいろ新しい気づきがありました。

　まず、学習者の素材を読む目的が今までの授業と大きく変わりました。今までの授業では、学習者は素材の後に付されている内容理解確認の練習問題に正しく答えるために素材を読んでいました。多くの場合、正答選択式の練習問題ですから、厳密に理解できなくても、おおよその理解で答えられたり、自分が答えられなくても他の人の答えを聞いて、自分の理解を確認したりすることができました。しかし、新しい挑戦では、パートナーに自分が読んで理解したことを話さなければなりません。同じ素材を読んでいるから大丈夫、わからなくてもパートナーが話してくれるという言い逃れがあるかもしれませんが、2人がそのような気持ちで活動に取り組んでいたら、そのペアは何も学べないことになってしまいます。ですから、学習者はできない人はできないなりに、自分がわかるところまでは何とかパートナーに伝えようと、一生懸命に話すようになりました。

　もう1つ、大きな変化は、読んで理解したことを、自分のことばで話すようになったことです。今までの授業では、素材を読んで自分が何を理解したか、それを他の人に話す必要はありませんでした。読んで理解した内容と与えられた選択肢のどれが一致するかを自分1人で答えられればそれでよかったのですが、この新しい授業では、自分が理解したことを他の人に話さなければなりません。ですから、学習者にとって自分の理解をどう話すかを考える時間が非常に重要になりました。もちろん、自分がうまく理解できなかった部分は話すことができません。

　じゃあ、どうするか──。

　そこで、3つめの大きな変化が見られました。パートナーの話をよく聞くようになったことです。特に自分がうまく理解できなかったところをパートナーがどう話すか、学習者は自分が知りたいことを頭の中に置いて、パートナーの話を聞くようになりました。自分の理解とパートナーの理解が違っている部分も同様です。つまり、学習者は自分の理解とパートナーの理解を比べることによって、自分の素材理解を確認する作業ができるようになりました。これらの変化は、今までの読解の授業ではほとんど見られなかった学習者の変化でした。

　変化は学習者だけではありませんでした。私たち教師もこの新しい授業から多くのことを学ぶことができました。本書の中にも書きましたが、私たちはペアの再話活動を録音して、学習者が読んで理解した内容をどのように伝え合っているか、かれらの談話を分析してみました。その結果、学習者はお互いに助け合いながら自分たちが読んだ素材の内容を何とか再生しようと努力していることがわかりました。最初の数回の授業では、読む能力が十分ではないためか、

パートナーにうまく話せなかった学習者が、回を重ねることによって少しずつ話せる量が増えていったり、パートナーの話を聞いて自分が理解した内容を思い出し、わずかながらも素材の内容を付け加えたり自分から再話の口火を切ったりすることができるようになっていきました。聴解や読解の授業では、学習者が何をどこまで理解できているのかを確認することは難しかったのですが、ペアによる再話活動を授業に取り入れ、2人のやりとりを後で教師が確認することによって、一人ひとりの学習者の理解を確認することができるようになりました。そして、学習者の理解を踏まえたフィードバックも可能になりました。

これはいい方法だと思い、筆者たちは次の学期も次の学期も同じような実践を続けました。ところが、柳の下にドジョウが何匹もいるわけではありません。学習者のレベル、人数、学習経験、学習ビリーフなどの違いによって、すべての学習者が同じようにペアによる再話活動に積極的に取り組めるというわけではありませんでした。そこで、私たちは、1つの学期、全16回（オリエンテーション、中間テストや最終テストを含む）の授業を3つの段階に分け、学習者の日本語能力に合わせて、使用する素材の日本語レベル、長さ、トピック、文章構造などが変えられるような仕組みを考えました。そうすることによって、学習者が自分の日本語能力に合わせて「読んで理解する活動」と「理解した内容をパートナーに伝える活動」を無理なく楽しめるような授業を考えました。

本書は、私たちの実践——私たちの挑戦と挫折と再挑戦の道筋——を忠実になぞるような構成で書かれています。読解や聴解の授業に漠然とした不安や満たされない気持ちを感じていらっしゃる先生方に、ぜひ手にとって読んでいただければと思います。私たちの実践は、ほんの出発点にすぎません。ですが、教壇に立って、「目の前にいる学習者たちは、この素材を読んで（あるいは聞いて）どれぐらい理解してい

るんだろう」「理解できたことをどれぐらい他の人に伝えられるんだろう」「素材を読んで学んだ知識をどれぐらい運用できるようになっているんだろう」というような疑問を少しでも明らかにしようと思われる方は、「ペアによる再話活動」を試してみてはいかがでしょうか。学習者間のやりとりに注目して見ると、学習者の頭の中を少しのぞき見ることができます。学習者の談話を分析してみることで、私たち教師の眼は大きく開かれると思います。

「再話活動」の効果を上げるためにはまだまだ工夫が必要です。再話は、読んで話すことを通して頭の中の理解が整理されるという効果を生み出します。そのためには、再話活動の実践の蓄積が不可欠です。本書で述べているように、計画的な実践を行い、何が起きているのかその事実を分析し、改善して実践するプロセスを繰り返していく必要があります。そのためには、いろいろな現場での実践が報告され、共有される必要があります。本書では、再話に興味を持った方々に無理なく各現場に導入できるように工夫して書いたつもりです。さらに、その結果を分析するプロセスも具体的に明示しました。是非みなさんがみなさんの現場で再話活動を実践され、その結果を報告し合い、共有することができればと願っています。本書が少しでもその力になれれば幸いです。本書を読んでくださったみなさんと学習者の「読みの理解」と「理解した内容の発信」がつながる世界の多様な姿を共有し、さらなる議論や思考が深められることを期待しています。

2020 年 4 月
木谷　直之

参考文献／参考教材リスト

【参考文献】

池田玲子・舘岡洋子（2007）『ピア・ラーニング入門――創造的な学びのデザインのために』ひつじ書房.

卯城祐司（2009）『英語リーディングの科学――「読めたつもり」の謎を解く』研究社.

卯城祐司（2011）『英語で英語を読む授業』研究社.

大村彰道（監修）・秋田喜代美・久野雅樹（編集）（2001）『文章理解の心理学――認知、発達、教育の広がりの中で』北大路書房.

小河原義朗（2018）「学習者ペアによる再話活動における相互行為の変化――再話活動を段階的に取り入れた実践を通して」『文化』82(1・2), pp.1-21.

小河原義朗・木谷直之（2016）「再話活動のデータを用いた読解素材の分析――読解授業の改善に向けて」『言語教育実践イマ×ココ』4, pp.114-127, ココ出版.

小河原義朗・木谷直之・熊谷智子（2012）「学習者ペアによる読解後の再話活動に見られる相互行為」『日本語教育方法研究会誌』19(1), pp.6-7, 日本語教育方法研究会.

小河原義朗・木谷直之・熊谷智子（2015）「読解授業における再話――学習者ペア活動の相互行為分析」『小出記念日本語教育研究会論文集』23, pp.5-17, 小出記念日本語教育研究会.

菊池民子（1997）「日本語の読解におけるテキスト構造の影響と読解前指導の効果」『日本語教育』95, pp.25-36, 日本語教育学会.

岸学（2008）『説明文理解の心理学』北大路書房.

甲田直美（2009）『文章を理解するとは――認知の仕組みから読解教育への応用まで』スリーエーネットワーク.

佐藤公治（1996）『認知心理学からみた読みの世界――対話と協同的学習をめざして』北大路書房.

白石知代（1999）「日本語記事文の読解における再話の効果――再話プロトコルの観察を通して」『日本語教育』101, pp.11-20, 日本語教育学会.

舘岡洋子（2005）『ひとりで読むことからピア・リーディングへ――日本語学習者の読解過程と対話的協働学習』東海大学出版会.

中村哲也（2002）「読解指導と表現指導の接点を考える――国語教育における「再話=retelling」の意義と可能性」『言文』50, pp.52-64, 福島大学国語教育文化学会.

中村哲也（2017）「国語教育における『リテリング』(retelling= 再話）の実践――その多様な展開の系譜と新たな可能性」『岐阜聖徳学園大学国語国文学』36, pp.1-27, 岐阜聖徳学園大学.

ボイクマン総子（2011）「自己理解の説明をめぐる学習者間の相互交渉――読解授業の試み」『日本語教育方法研究会誌』18(2), pp.6-7, 日本語教育方法研究会.

ミハイル・バフチン［伊東一郎（訳）］（1996）『小説の言葉』平凡社ライブラリー.

渡辺由美（1998）「物語文の読解過程――母語による再生と読解中のメモを通して」『日本語教育』97, pp.25-36, 日本語教育学会.

Benson, V., & Cummins, C. (2000). *The power of retelling: Developmental steps for building comprehension.* Bothell, WA: McGraw-Hill.

Carrell, P. L. (1992). Awareness of text structure: Effects on recall. *Language Learning, 42*(1), 1-20.

Gambrell, L. B., Koskinen, P. S., & Kapinus, B. A. (1991). Retelling and the reading comprehension of proficient and less-proficient readers. *The Journal of Educational Research, 84(6),* 356-362.

Kai, A. (2008). The effects of retelling on narrative comprehension: Focusing on learners' L2 proficiency and the importance of text information. *ARELE (Annual Review of English Language Education in Japan), 19,* 21-30.

Kai, A. (2009). Achieving global coherence through retelling. *ARELE (Annual Review of English Language Education in Japan), 20,* 41-50.

Kai, A. (2011). Comparison of two post-reading tasks: Retelling vs. recall. *ARELE (Annual Review of English Language Education in Japan), 22,* 249-264.

Kintsch, W. (1994). Text comprehension, memory, and learning. *American Psychologist, 49*(4), 294-303.

Kintsch, W. (1998). *Comprehension; A paradigm for cognition.* Cambridge Univerisity Press.

Meyer, B. J. F. (1985). *Understanding expository text : A theoretical and practical handbook for analyzing explanatory text.* Eds. by Britton, B. K., Black, J. B., Lawrence Erlbaum Assoc. Inc. New Jersy.

Muranoi, H. (2007). Output practice in the L2 classroom. In R. DeKeyser (Ed.), *Practice in a second language: Perspectives from applied linguistics and cognitive psychology.* Cambridge University Press.

Sarig, G. (1987). High-level reading in the first and in the foreign language. In Devine, J., Carrell, P. L. & Eskey, D. E. (eds). *Research in reading in English as a second language.* Washington : Teachers of English to Speakers of other Languages.

【参考教材】

『新完全マスター読解　日本語能力試験 N3』（2014）スリーエーネットワーク．

『新・毎日の聞きとり 50 日（上）　第 2 版』（2009）凡人社．

『短期マスター　日本語能力試験ドリル N2　第 2 版』（2013）凡人社．

『短期マスター　日本語能力試験ドリル N3　第 2 版』（2013）凡人社．

『ドリル＆ドリル日本語能力試験 N3　聴解・読解』（2014）ユニコム．

『日本語学習者のための　読解厳選テーマ 25+10　［初中級]』（2018）凡人社．

『日本語能力試験スーパー模試 N3』（2011）アルク．

『読むトレーニング　基礎編　日本留学試験対応』［初版］（2004）スリーエーネットワーク．

『N3 読解問題 55+　日本語能力試験 N3 用』（2011）ノースアイランド．

「素材例集」について

　この素材例集には、40 の素材例を入れました。すべて本書の著者 2 名が書きおろした
ものです。初中級学習者対象の読解コース（1 コマ 90 分×全 16 回分）を対象にしています。
1 回の授業で 3 つの素材を使用することを想定し、第 1 段階は、4 回の授業と初回練習用
に計 13、第 2 段階は、4 回の授業用に計 12、第 3 段階は、5 回の授業用に計 15 の素材が、
文章の長さ（文字数）の少ない順に並べてあります。旧日本語能力試験の 2 級以上の語彙に
はルビがつけてあります。

　各素材には、授業でそのまま使えるように内容理解確認問題がつけてあります。内容理
解確認問題は、学習者が素材の内容を理解しているかどうかを短時間で確認するためにあ
ります。そのため、内容を理解していれば答えられる簡単なもので、原則、文章の流れに沿っ
て、選択肢が並べてあります。

　どの素材を、どのような順で使うかは、学習者の興味関心や学習環境に合わせて、各段
階で適当な素材を取捨選択して柔軟に考えてください。ここに挙げた素材は、本書の執筆
にあたって筆者があくまで「例」として作成したものですので、素材として難しいという可
能性もあります。どこがどのように難しいのか、実践を振り返って分析してみてください。
そして、是非、オリジナルの素材を作って試してみてください。

　素材の文章や内容理解確認問題は、学習者に合わせて自由に改変して使ってかまいませ
ん。ただし、以下のルールを守ってお使いください。

［使い方］

＊「別冊付録」に掲載した素材の文章ならびに内容理解確認問題については、お使いに
　なるクラスの状況に合わせて、適宜、改変を加えていただいてかまいません。
　（「別冊付録」に掲載している素材に限り、著作権者への申請なしに、複写・複製な
　らびに改変してご利用いただけます。）

＊「別冊付録」に掲載した素材例のデータもご利用いただけます。
　改変・編集をしてお使いになる場合は、こちらもご活用ください。
　凡人社ウェブサイトよりアクセスしてください。
　［URL］　https://www.bonjinsha.com/wp/saiwa

（2020 年 3 月現在）

 **本冊に掲載している市販教材の文章については、コピーをして学習者に配布する
などしないようにお願いします。**
　上記「使い方」の適用範囲は、「別冊付録」に掲載した素材例に限ります。
　著作者から承諾を得ずに、無断で、転載・複写・複製することは法律で固く禁じ
られています。著作権法に則った利用をお願いいたします。

［著者紹介］

小河原 義朗（おがわら　よしろう）
東北大学大学院文学研究科日本語教育学専攻教授.
東北大学大学院文学研究科博士課程修了.
国立国語研究所日本語教育センター研究員，北海道大学留学生
センター助教授などを経て現職.
専門は，日本語教育学.

木谷 直之（きたに　なおゆき）
独立行政法人国際交流基金日本語国際センター専任講師.
京都大学大学院文学研究科修士課程，ロンドン大学 Birkbeck
College M. A.（応用言語学）修了.
国際交流基金日本語教育派遣専門家（エジプト国カイロ大学），
国際交流基金ロンドン日本語センター主任講師，国際交流基金
ジャカルタ日本文化センター主任講師を経て現職.
専門は，日本語教育，教師教育.

「再話」を取り入れた日本語授業
初中級からの読解
読んで理解したことが伝えられるようになるために

2020 年 5 月 25 日　初版第 1 刷発行

著　　　者	小河原義朗，木谷直之
発　　　行	株式会社 凡人社
	〒102-0093　東京都千代田区平河町 1-3-13
	電話 03-3263-3959
イラスト	酒井弘美
カバーデザイン	株式会社クオリアデザイン事務所
印刷・製本	倉敷印刷株式会社

定価はカバーに表示してあります. 乱丁本・落丁本はお取り換えいたします.
＊本書の一部あるいは全部について，著作者から文書による承諾を得ずに，いかなる方法に
　おいても無断で，転載・複写・複製することは法律で固く禁じられています.

ISBN 978-4-89358-972-9
©OGAWARA Yoshiro, KITANI Naoyuki 2020 Printed in Japan